上海金融法院文库

金融类案诉讼争点与裁判指引

林晓镍 / 主编

独立保函纠纷

LEGAL ISSUES AND ADJUDICATIVE GUIDELINES FOR FINANCIAL DISPUTES: DEMAND GUARANTEE

法律出版社 | LAW PRESS
北京

图书在版编目(CIP)数据

金融类案诉讼争点与裁判指引：独立保函纠纷 / 林晓镍主编. -- 北京：法律出版社, 2023
ISBN 978-7-5197-7653-4

Ⅰ. ①金… Ⅱ. ①林… Ⅲ. ①金融-经济纠纷-案例-中国②担保-经济合同-经济纠纷-案例-中国 Ⅳ. ①D922.280.5②D923.65

中国国家版本馆 CIP 数据核字(2023)第 037174 号

金融类案诉讼争点与裁判指引:独立保函纠纷
JINRONG LEI'AN SUSONG ZHENGDIAN YU CAIPAN ZHIYIN: DULI BAOHAN JIUFEN

林晓镍 主编

策划编辑 沈小英
责任编辑 刘晓萌
装帧设计 鲍龙卉

出版发行 法律出版社
编辑统筹 法治与经济出版分社
责任校对 王 丰 李景美
责任印制 吕亚莉
经　　销 新华书店

开本 710 毫米×1000 毫米 1/16
印张 22.5　**字数** 379 千
版本 2023 年 6 月第 1 版
印次 2023 年 6 月第 1 次印刷
印刷 固安华明印业有限公司

地址:北京市丰台区莲花池西里 7 号(100073)
网址:www.lawpress.com.cn
投稿邮箱:info@lawpress.com.cn
举报盗版邮箱:jbwq@lawpress.com.cn

销售电话:010-83938349
客服电话:010-83938350
咨询电话:010-63939796

书号:ISBN 978-7-5197-7653-4
定价:108.00 元

凡购买本社图书,如有印装错误,我社负责退换。电话:010-83938349

序　言

同案同判与依法裁判是审判工作中十分重要且紧密关联的两个问题。在同案同判的基础上实现依法裁判，是人民法院深入贯彻落实习近平总书记全面依法治国理念的重要举措，加强审判权力运行监督的具体行动，也是推动审判能力现代化、满足人民群众日益增长司法需求的内在要求。

在金融审判中做到同案同判，更具有紧迫的现实意义。金融裁判标准统一是提升金融司法公信力的必然要求，金融产品的同质化现象决定了金融案件类型化突出的特点，如果具有同质诉请的金融案件裁判尺度不同，将会极大损害金融司法权威性。金融裁判标准统一是提升金融案件审理质效的必要条件，形成可供法官在裁判说理时直接援引的裁判规则，将有效缩短个案审理周期，提高法律适用的准确性；是稳定金融市场主体预期的有力举措，增强金融审判的公开性、透明度和可预期性，从而更好发挥裁判规则引导交易行为、稳定交易秩序、强化投资信心的作用；是促进金融法律体系完善的重要手段，能有效缓解金融新业态规制需求与成文法相对滞后之间的矛盾，以类案裁判规则填补法律适用空白，促进监管规则完善，增加金融法治供给。

推动金融裁判标准统一是一项复杂的系统工程，需要司法理念、制度设计、配套机制等多方面协同。这项工作的出发点是“同案识别”，即两个金融案件如何才能视为同类案件，应当以什么标准来判断；落脚点是“规则明确”，即聚焦同类案件的共性问题，确立审理的基本思路，形成明确的裁判规则；关键点是“准确理解和把握金融本质规律”，以科学的新时代金融审判理念为指引，切实克服隐藏风险识别难、合同效力认定难和金融机构责任界定难三大核心难点带来的审判尺度不一问题。

作为全国首家金融专门法院，上海金融法院自建院以来，始终将金融裁判标准统一作为法院高起点建设、高质量发展的基础性工作。强化建章立制，制定《关于进一步规范法官自由裁量权行使、促进裁判标准统一的规定》，坚持用制度规范行为、明确标准、填补漏洞。压实主体责任，明确法官在统一法律适用方面的主体责任以及证券业、银行业、保险业等法官专业委员会的主导责任，将其作为评价金融审判质效的重要指标和审判管理督察的重点内容。激发机制活力，持续规范合议庭评议机制、专业法官会议机制和审判委员会讨论机制，突出审判团队在有效识别类案、强制类案检索方面的基础作用，强化院庭长在协调类案审理、避免适法分歧方面的管理作用，发挥审委会在总结裁判经验、明确适法标准方面的职能作用。

在确保本院裁判标准统一的基础上，上海金融法院也大力推动更大范围内的金融裁判标准统一。充分发挥中级人民法院承上启下的纽带桥梁作用，通过二审改发讲评、提级管辖审理等，推动辖区内金融案件"同案同判"；充分发挥典型案例的规则引导作用，建立金融典型案例年度发布机制和中英文推介机制，为中外金融市场主体交易树立规则、明确预期；充分发挥金融专门法院区域协同作用，先后建立长三角金融司法合作机制和全国金融专业化审判合作机制，推动金融裁判标准在全国范围内统一。

《金融类案诉讼争点与裁判指引》系列是上海金融法院推动同案同判的又一扎实创新举措。本系列立足金融审判实践，以案件审理为脉络，聚焦诉讼争点，梳理观点分歧，明确表达司法态度，以期为金融类案裁判提供有益参考，有效回应金融市场对热点疑难法律问题的关切。

积跬步，以至千里。希望以系列丛书编撰为契机，强化金融裁判适法统一，让人民群众在每一个司法案件中感受到公平正义，进一步确立金融裁判的"中国规则""上海标准"，推动上海建设成为国际金融纠纷解决的优选地。

是为序。

赵红

2023 年 3 月

前　言

统一法律适用标准是新时代公正司法的内在要求，也是深化司法体制综合配套改革、加快推进执法司法制约监督体系改革和建设的重要举措。上海金融法院自设立开始，一直致力于加强金融裁判标准的统一，为当事人提供可预期的司法裁判。建院初期，上海金融法院成立了银行业、证券业和保险业三个法官专业委员会，其核心职能即适法统一。法官专业委员会统一裁判标准的形式是多样的，包括召开法官专业委员会案件讨论会，为法官提供参考性的裁判意见；编发《判解参考》，将具有裁判规则意义的案件梳理出可供参考的裁判要旨等。编写诉讼争点与裁判指引是其中更为系统和全面的统一裁判标准的一种形式，它以类案为专题，围绕诉讼争点，成体系地回应类案裁判中的基本点、疑难点，为该类案件的司法实践提供全方位的指引。自 2020 年开始，上海金融法院各法官专业委员会相继开始诉讼争点与裁判指引编写工作，目前已初步形成系列，本套书就是该系列的出版成果。

当前，推进法律适用统一的工作越来越得到各级法院的重视，编写相关的类案裁判指引也并不鲜见，归纳起来，大致有几种体例：一是条文式，即以规章制度条款形式进行表述，有的还增加条文解释进行补充；二是要件式，即以案件审查要件为脉络编撰，形成“立案审查—原告诉请审查—被告抗辩审查—要件事实审查和裁判规则”的编撰体例；三是思路式，重在阐述类案的审判思路；四是要点式，强调类案的裁判要点。本系列裁判指引顾名思义，在体例上围绕当事人的诉讼争点展开，可以归纳为争点式。每一争点基本都包括五方面内容：诉讼争点、裁判指引、相关规定、典型案例和拓展研究。体系上采先总后分体系。第一章至第二章为总论。第一章介绍该类案件的概况，通过具体的司法统计分析该类纠纷案件的范围、特点、相关法律制度和趋势等；第二章阐明此类案件的裁判思路，包括裁判的理念与方法、需要把握的基本原则、需要处理好的相关关系等。第三章至第十一章为分论，以从程序到实体的脉络分专题展开，每个专题围绕争点进行分析。

归纳起来，本系列裁判指引具有以下几个特点：

1. 既从法官视角出发，又贴近当事人诉讼实践。

法官审理案件非常重要的一点就是要归纳当事人的争议焦点，只有争议焦点明确了，案件审理才有展开的方向。本系列从诉讼争点出发，与法官的审理视角相吻合，对于审判实践的指导更具有实战性。同时，围绕争议焦点进行诉辩意见的整理和证据的开示也是当事人进行诉讼的基本路径，本系列围绕争点展开，更符合当事人的习惯，便利当事人了解相关纠纷的争议问题。

2. 既有点上聚焦，又有面上覆盖。

本系列以诉讼争点为重点，聚焦重大争议点的裁判规则统一，同时在开头专门设置两章，作为总论，从面上对类案的基本情况和裁判思路进行阐述；分论部分每一专题开头亦设概述，对本专题涉及的内容从面上做介绍，包括该章的基本问题与争议不大有统一认识的规则，然后分争点展开，让读者对于该类纠纷既有全面的了解，又有重点的掌握。

3. 既有实务指引，又有研究拓展。

本系列立足审判实践，对于类案诉讼中的争议问题进行深入分析，并提出具体可操作的裁判规则。同时，在每一个争点全面梳理了相关法律、司法解释和有关规定，为裁判规则提供相应法律依据，并精选全国法院的相关典型案例，为争点问题提供案例参考。在提供实务指引的基础上，就重大争点进行研究拓展，从理论的基础、比较法的视角、历史沿革以及与争点相关的问题等方面展开论述，进一步丰富对争点的研究，提升问题的理论深度。

以诉讼争点为脉络撰写裁判指引是上海金融法院统一裁判标准的一项新的尝试。由于诉讼争点一般争议很大，许多都没有统一的认识，因此要对每一个争点树立统一的裁判规则是十分艰难的工作。尽管我们对每一项指引规则都反复研究讨论,但错误疏漏在所难免,还请各位读者包涵,也欢迎大家提出批评意见。而且,每个案件的情况都不完全一样,每个争点的裁判依据和理念也会随着情况的变化而有所调整,所以裁判指引只能为司法实务提供具有价值的参考,不能简单照搬适用,特此说明。

2023 年 3 月

目录 CONTENTS

第一章

独立保函纠纷案件概览

在现代商业社会,保障交易的迅捷与安全是民商法的一项重要目标,独立保函是集信用担保、支付及相关服务为一体的金融产品,其灵活性、便利性、“先赔付,后争议”的交易模式使它们在国内外的经济活动中得到了广泛的应用。随着中国经济和世界经济的融合,尤其在“一带一路”倡议提出后,中国企业在国际商务活动中“走出去”,参与到“一带一路”沿线国家和地区的开发和建设中。为维护交易安全、降低交易风险等目的,独立保函作为一种新型的金融方式在国内、国际经济交往过程中不可或缺。2017 年我国国内保函发生额为 1.4 万余亿元,涉外保函发生额为 4000 多亿美元。上海虽不是独立保函纠纷的高频地,但作为国际金融中心的上海有着较为完善的金融机构和市场体系,银行出具保函数量大,且独立保函纠纷案件涉案金额巨大、难点问题较多、各地做法不一,为解决此类案件审理中适法统一的问题,上海金融法院撰写了这本独立保函类案裁判指南。

一、独立保函概述

独立保函有诸多名称,实践中独立担保(independent guarantee)、见索即付的保函、履约保函(performance guarantee)、预付款保函等均属于独立保函,它们在本质上并无大的区别。

(一)独立保函的特征

1. 独立性

独立保函中一般涉及三重法律关系:申请人与受益人之间的基础交易关系;申请人与开立人之间的申请开立关系;开立人与受益人之间的独立保函关系。保函的独立性,包括独立保函构成开立人对受益人的直接债务,独立保函在效力和履行上与基础交易脱钩,开立人承担付款责任的金额与受益人在基础交易项下的损失相分离。传统的保证合同则是具有从属性、非独立的合同,它依赖主合同的存在而存在,不具有抽象独立性。

2. 单据性

单据性是指出具独立保函法律行为的特征与跟单信用证和票据等法律行为极其相似,独立担保人在独立担保业务中处理的是单据。

第一类是受益人自己出具的单据。此类单据条件最典型的包括付款请求书、违约声明等,与基础交易的关联性最弱,赔付效率最高,但极易滋生保函欺诈。第二类是中立第三方出具的独立评估意见等材料。该类单据条件包括独立审计机构、鉴定机构、评估机构、公证机构等作出的独立评估意见、鉴定意见、公证书等。第三类是争议解决机构作出的生效裁判文书。该类单据条件与基础交易直接关联,开立人的权利保障强度最大。生效裁判文书如认定申请人确有违约行为,才达到索赔条件,开立人的审查难度最小,保函欺诈难以实施,开立人权利保障更为充分,在实际效果上,趋近于开立人拥有"先诉抗辩权"。

3. 无条件性和不可撤销性

国际的银行保函通常有“无条件与不可撤销”的表述，国际商会的相关文件也肯定了“无条件与不可撤销”的表述的有效性。国际通常认为，约定有“无条件与不可撤销”条款的担保合同应解释为独立担保合同。不可撤销也不是独立担保的特有属性，但是独立担保一定是不可撤销的。

4. 非典型性

传统的保证合同是法律规定的典型合同，独立担保合同则是一种非典型合同。独立担保合同在法律上尚未被确定一定的名称和规则，而是规定了可以由合同的当事人依意思自治原则、在法律许可范围内确定其独立于基础合同的具体内容。独立担保有合同型的独立担保，以独立保证合同为其著例，也有单方行为型的独立担保，如信用证、独立保函、备用信用证、票据保证等。

（二）独立保函的分类

1. 根据开具方式的不同，独立保函可以分为直接独立保函（direct bank guarantee）和间接独立保函（indirect bank guarantee）。直接独立保函根据传递方式的不同又可分为直开保函和转递保函。之所以存在“转递”的问题，是因为有些中东国家如沙特阿拉伯法律规定，以本国居民或法人为受益人的直接独立保函必须经本国银行验证并转递，以确保该保函条款符合本国法律。这种情况下，往往要求受益人本国的一家银行作为“通知行”（advising bank）向受益人转递保函。在间接独立保函中，同样在受益人本国向受益人出具保函的是真正的“保证人”，是直接对申请人及指示行承担保证责任的保证人。间接独立保函又称“转开独立保函”。

2. 根据功能用途分类，独立保函可以分为付款/还款保函（payment guarantee/refund guarantee）、借款保函（bank guarantee for loan）、预付款保函（advance payment guarantee）、补偿贸易保函（guarantee under compensation trade）、租赁保函（leasing guarantee）、投标保函（bidding bond/tender security guarantee）、履约保函（performance bond）、质量保函（quality guarantee/warranty bond）、维修保函（maintenance guarantee）。

3. 根据付款条件分类，独立保函可以分为：(1)无条件见索即付独立银行保函(payment on first demand)，这种独立保函在实务中又有两种形式：一种是纯粹见索即付或简单见索即付独立保函(simple demand guarantee)，此种保函只需要受益人向保证人出具并提交一份书面索款要求，不再需要其他任何文件，保证人就必须向受益人付款。另一种则明确要求受益人的索赔文件须包括：受益人出具并提交的书面索赔要求；受益人出具并提交的关于保函申请人违约的声明书面声明，或受益人在其书面索赔要求中包含关于保函申请人违约责任事实的声明。(2)要求提交第三方单据付款的独立保函(payment upon the third-party documents)，由于此种保函是以受益人提交第三方出具的单据作为保证人付款的必要条件，因此，实践中也常被称为“跟单独立保函”(documentary guarantee)，或者被称为“有条件见索即付独立保函”。根据单据的提交者以及所提交单据的不同，这种独立保函在实践中也通常表现为两种形式：一种是要求受益人提交某种由中立第三方(公证人)出具的证明申请人违约的单据；另一种是要求保函申请人提交某种由中立第三方(公证人)出具的证明其已履行基础合同的单据。(3)要求提交法院判决或仲裁裁决的有条件独立保函(payment upon arbitration award or court judgement order)，这种独立保函以受益人向保证人提出索款要求时，需要同时提交一份证实申请人对受益人负有责任的法院判决或仲裁裁决，作为向受益人付款的必要条件。此处，法院判决或仲裁裁决应该是在涉及申请人和受益人之间的违约责任争议的主诉程序中作出的，应该含有对基础交易有关事实及法律适用的完整评述。

4. 根据其支付前提、付款性质分类，独立保函可以分为：(1)付款类保函，是指保证人为某种必然发生的支付行为提供的担保。此处的“支付行为”指基础交易活动本身所需要的支付行为和支付义务。付款保函、预付款保函、延期付款保函、补偿贸易保函、借款保函、透支保函等都属于付款类保函。(2)信用类保函，是指保证人为基础交易合同项下的一方当事人(保函申请人)出现违约行为而使其在合同项下承担赔偿责任时发生支付的保函。投标保函、履约保函、质量保函(维修保函)等都属于信用类保函的范畴。

二、独立保函法律规则概况

考虑到独立保函制度在实践中的重要性及内容逐渐复杂化,为了给国际商事交易当事人在国际商事中的信用担保提供统一的指导规则,国际商会等相关国际组织自 20 世纪 60 年代开始就致力于信用担保法的国际统一工作,国际商会于 1978 年制定了《合同担保统一规则》(Uniform Rules for Contract Guarantees, URCG 325),1982 年制定了《开立合约保证书模范格式》,供实际业务参考与使用。随着国际经济贸易的发展和变化,1991 年国际商会又对《合同担保统一规则》进行了修订,1992 年 4 月出版发行《见索即付保函统一规则》(Uniform Rules for Demand Guarantees, URDG)458 版本,2010 年又对其进行了修订(2010 年修订的 758 版本,以下简称 URDG 758)。联合国国际贸易委员会经过 5 年于 1995 年 12 月 11 日在联合国大会上正式通过《联合国独立担保和备用信用证公约》(United Nations Convention on Independent Guarantees and Stand-by Letters of Credit,以下简称《独立担保公约》),该公约于 2000 年 1 月 1 日正式生效,但我国暂未加入该公约。这些国际公约与国际惯例对日常交易提供了法律的确定性,构筑了国际担保的统一法律基础,同时对促进我国银行担保业务实践的快速发展产生了积极影响并提供了立法参考。

独立保函在我国的发展和使用不断增多,一开始主要是参照国际惯例解决涉外独立保函纠纷。后来,随着"一带一路"倡议以及企业"走出去"等国家战略的持续深入推进,独立保函已经成为我国企业参与境外交易和签署合同的必要条件之一。近年来,诉至法院的独立保函纠纷案件逐年增多,各地法院对制定独立保函纠纷裁判规则的需求十分迫切。2016 年 11 月 22 日,最高人民法院召开新闻发布会,公开发布《最高人民法院关于审理独立保函纠纷案件若干问题的规定》(以下简称《独立保函司法解释》),为我国独立保函业务的全球化发展提供法治保障。该司法解释全文共 26 条,自 2016 年 12 月 1 日起实施,至此,我国有了针对独立保函的司法解释。《中华人民共和国民法典》(以下简称《民法典》)

实施后，该司法解释于2020年12月29日发布修订版，2021年1月1日起实施。

随着《独立保函司法解释》的颁布，独立担保的问题得到明确，独立保函的适用范围也逐步从国际商事交易领域扩展到国内商事交易领域。2019年12月23日，最高人民法院发布的《全国法院民商事审判工作会议纪要》在“关于担保的一般规则”中对“独立担保”予以规定，明确了国内商事领域中独立保函的效力，并认定银行或者非银行金融机构之外的当事人开立的独立保函排除担保从属性约定为无效。但是，根据“无效法律行为的转换”原理，在否定其独立担保效力的同时，应当将其认定为从属性担保。此时，如果主合同有效，则担保合同有效，担保人与主债务人承担连带保证责任。主合同无效，则该所谓的独立担保也随之无效，担保人无过错的，不承担责任；担保人有过错的，其承担民事责任的部分，不应超过债务人不能清偿部分的1/3。

2020年出台的《民法典》虽未对独立担保制度有明确的规定，但在第682条中明确可通过法律规定的形式排除担保的从属性。2021年《最高人民法院关于适用〈中华人民共和国民法典〉有关担保制度的解释》（以下简称《担保制度司法解释》）中共有3条涉及保函，其中第2条第2款强调因金融机构开立的独立保函发生的纠纷适用《独立保函司法解释》。

三、独立保函纠纷案件概况

在司法实践中，独立保函纠纷主要呈现以下特点。

（一）全国类案基数逐年上升，近年来稍有回落

根据裁判文书网的查询结果，自2012年至2022年2月全国涉独立保函案件共有7178件，其中，上海市涉及独立保函案件审结35件，仅占不到0.49%，涉独立保函案件较多的省份为广东省（259件）、山东省（661件）、广西壮族自治区（395件）、湖南省（1409件）、河南省（441件）、四川省（354件）和江苏省（366件）等（见图1），合计占全国数量的54.12%。

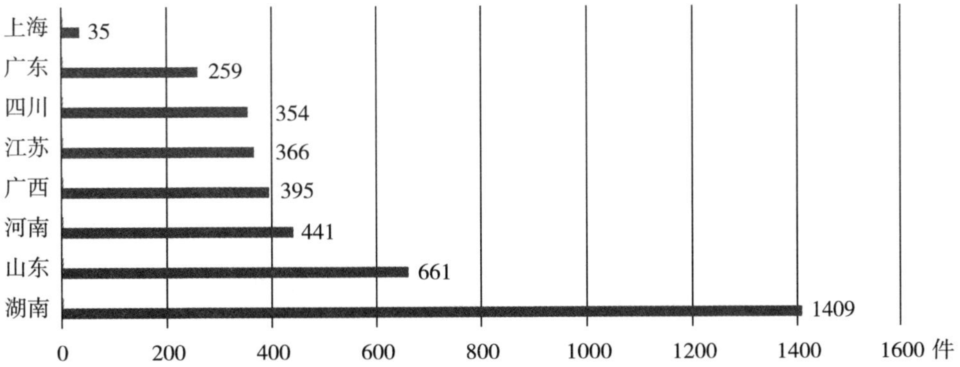

图 1　独立保函案件数量(按地区)

随着海外工程承包、海外建厂并购等数量的不断上升,独立保函纠纷数量呈现逐年增长的态势,自 2020 年起稍有回落。① 2012 年审结 4 件,2013 年审结 1 件,2014 年审结 14 件,2015 年审结 27 件,2016 年审结 112 件,2017 年审结 282 件,2018 年审结 850 件,2019 年审结 2728 件,2020 年审结 1871 件,2021 年审结 1277 件(见图 2)。

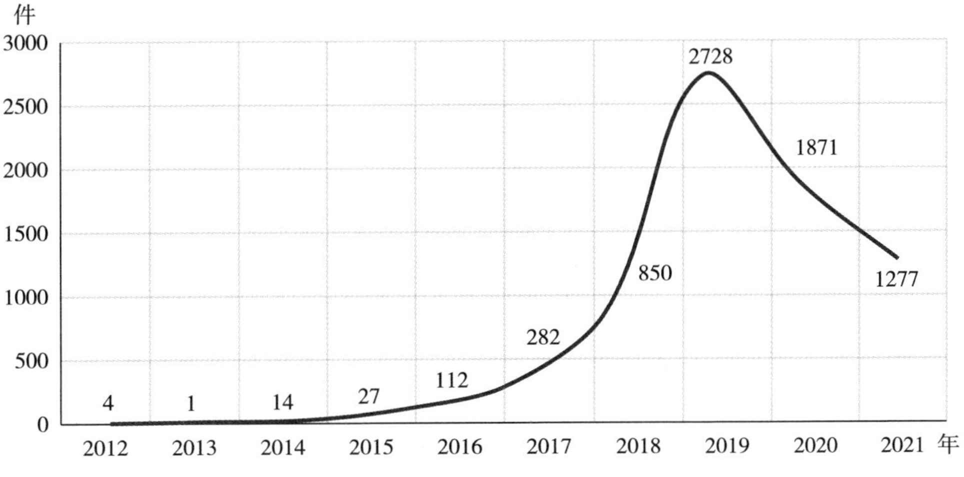

图 2　独立保函案件数量(按年份)

① 上述数据于 2022 年 2 月 13 日通过中国裁判文书网中输入“独立保函”“民事案件”的关键词搜索计算得出。这样的搜索结果显示的独立保函数量较多,但实际案由为独立保函纠纷的案件远少于搜索数据,但是这个结果可以从侧面反映出近些年直接或间接涉及独立保函业务的案件数量的走势。

为进一步观察独立保函相关案件的具体案由,我们对上海市的案件数据作一个具体的分析。上海法院受理的 35 件案件中,判决 7 件,裁定 28 件,涉及保函欺诈、管辖异议、付款请求权、利率等法律问题。裁定中主要集中在申请中止支付保函项下款项纠纷案件(23 件)、申请承认国际商会国际仲裁院作出的仲裁裁决(1 件)、独立保函侵权(1 件)、独立保函付款纠纷案件的管辖异议(1 件)、其他合同纠纷的管辖事宜(1 件)及独立保函纠纷案件的撤诉(1 件)(见图 3)。

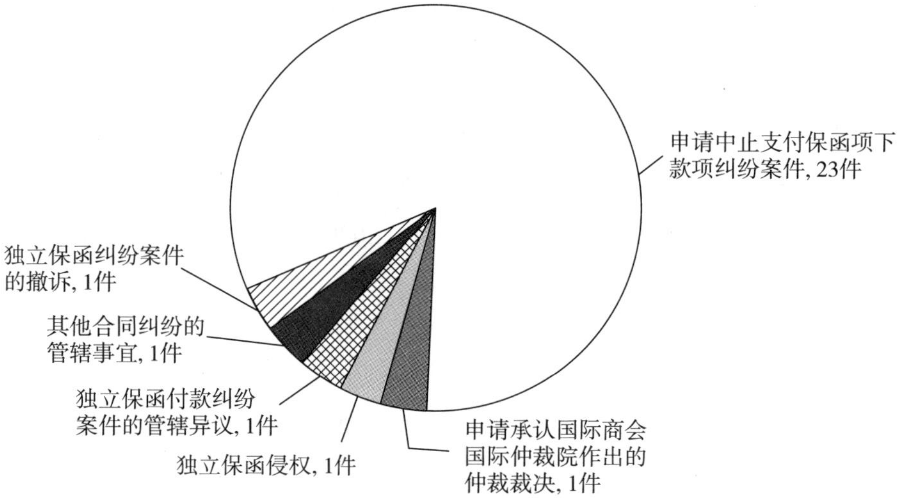

图 3　上海地区涉独立保函裁定的分类

判决案件中争议焦点,主要集中于涉案保函性质的识别(2 件)、是否在保函有效期内提出请求(1 件)、是否需要支付利息(1 件)、保函欺诈(1 件)、是否系附条件生效的保函(1 件)、独立保函的主体问题(1 件)、是否滥用索赔权(1 件)等(因部分案件的争议焦点有多个且重合,故实际争议焦点数量多于案件数量)(见图 4)。

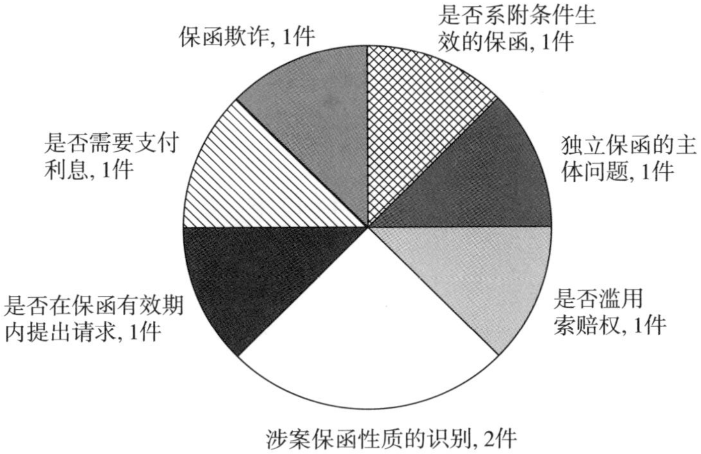

图4　上海地区涉独立保函判决的分类

另因2021年《民事案件案由规定》第八部分与公司、证券、保险、票据等有关的民事纠纷项下新增了独立保函纠纷这一新案由，在这新案由下新设7个子案由，分别为独立保函开立纠纷、独立保函付款纠纷、独立保函追偿纠纷、独立保函欺诈纠纷、独立保函转让金纠纷、独立保函通知纠纷、独立保函撤销纠纷。在此之前，并无专门的案由予以规定，只是分散在各类案件中，如借款合同纠纷、侵权责任纠纷、保险纠纷、信用证纠纷、申请保全案件等。同时，该类案件涉及的保函类型也较广，有履约保函、预付款保函、反担保函、借款保函、质量保函、留置保函等类型，不同类型下所引发的纠纷也不相同，涉及独立保函欺诈纠纷、保函性质纠纷、法律适用和管辖权的纠纷、独立保函付款请求权的纠纷、保函追偿权纠纷等。笔者于2022年5月2日通过中国裁判文书网，①利用关键词“独立保函开立纠纷”“独立保函付款纠纷”“独立保函追偿纠纷”“独立保函欺诈纠纷”“独立保函转让金纠纷”“独立保函通知纠纷”“独立保函撤销纠纷”分别予以检索，共搜索出独立保函纠纷案件144件、独立保函付款纠纷15件、独立保函追偿纠纷24件、独立保函欺诈纠纷99件，合计282件，删掉重合的部分后为248件（其

① 该部分统计区间为2012年至2022年5月2日近10年的已上裁判文书网的独立保函案件。

中，以裁定结案的141件，判决结案的107件）。①

从地域分布分析，福建省与北京市占绝大多数，北京市案件数量多有其特殊的地理原因（最高人民法院所在辖区，一审、二审不服后当事人会申请到最高人民法院再审）。其次，河南省（18件）、浙江省（15件）、江苏省（15件）、广西壮族自治区（15件）、山东省（14件）、广东省（14件）、辽宁省（12件）、上海市（9件）、湖南省（7件）等地均有一定数量的案件，其他地区案件数量较少（见图5）。

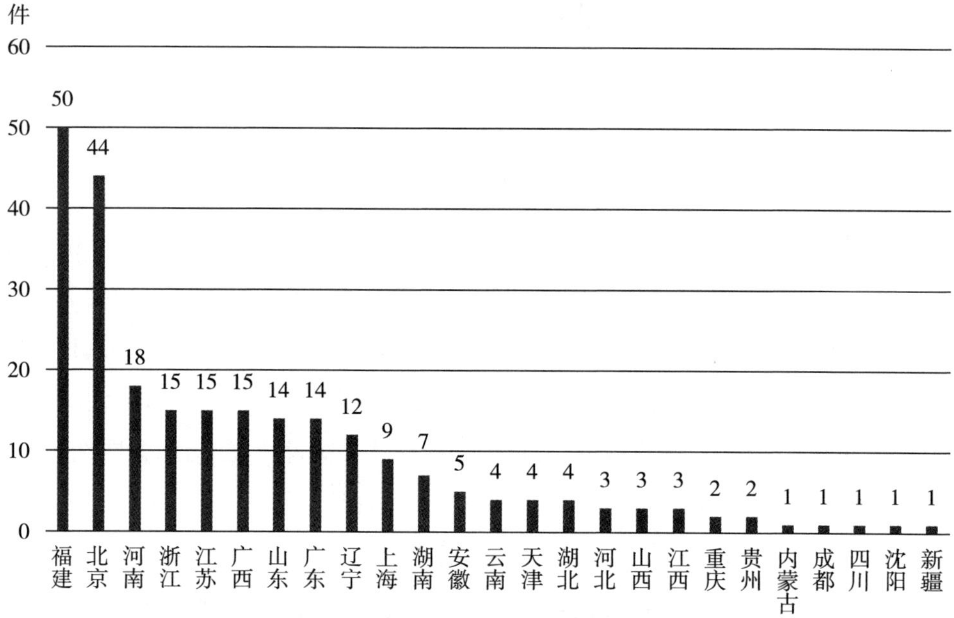

图5 独立保函案件分布（按地区）

从每年案件数量来看，案件数量从2016年开始逐步增长，至2020年小有回落，2021年案件数量最多（2022年的统计数量不具有参考性，但为了完整性将其纳入）。总体的增长趋势在2015～2020年与前述的增长态势表相似，2021年的

① 与独立保函相关的案由于2021年正式纳入《民事案件案由规定》中，2021年之前各地法院对独立保函案件审理中案由的写法不一，部分会以其他合同纠纷、信用证纠纷、信用证欺诈纠纷等其他案由予以标注，也有部分法院会主动修改实际案由，将其纳入相应的独立保函纠纷案中。由于在本次统计中使用的是关键词搜索法，会使一部分无上述关键词的案件未纳入统计范围，故统计数值与实际数值有一定程度的偏差。

增长与前述增长态势不同,究其原因有部分是由于2021年的案由改革后,各地对独立保函案件的审理趋于规范化,通过关键词搜索可以搜索到相关案件,故在2021年的数据上有很大的提升,而2021年之前各地对独立保函案件案由的写法不一,有些直接以信用证纠纷案件的相关案由输入系统(见图6)。

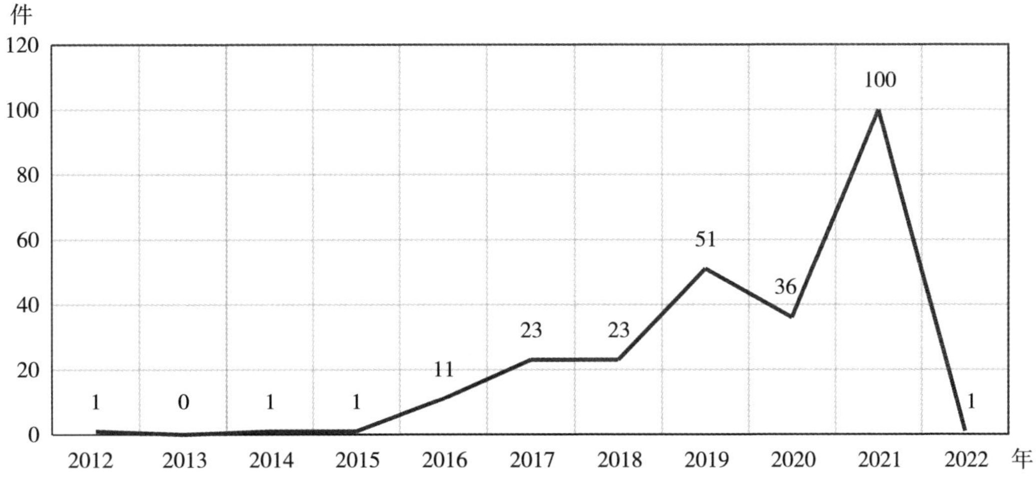

图6　独立保函案件分布(按年份)

(二)可适用的法律较少,《独立保函司法解释》实施年限较短

1995年10月1日施行的原《中华人民共和国担保法》(以下简称《担保法》)只规范了传统意义上的保证,即从属性保证,主债务人承担第一性付款责任,担保人承担第二性付款责任。2000年12月13日《最高人民法院关于适用〈中华人民共和国担保法〉若干问题的解释》中亦没有关于独立保函的规范。这与独立保函的使用规模显得不相称。中国银行业协会贸易金融委员会交换数据显示,2017年我国国内保函发生额为14,841亿元,涉外保函发生额为4113亿美元。[①] 立法滞后导致司法的不统一,经济发展需要法律的规范,同时又催化法律的产生。最高人民法院发布《独立保函司法解释》《全国法院民商事审判工作会议纪要》,对规范独立保函具有重要意义。2020年5月28日,第十三届全国人

① 参见蒋琪主编:《中国独立保函法律实务精要与判例详解》,法律出版社2020年版,第2页。

民代表大会第三次会议通过的《民法典》并未对独立保函予以直接规定。《担保制度司法解释》共有 3 条涉及保函,其中第 2 条第 2 款强调因金融机构开立的独立保函发生的纠纷适用《独立保函司法解释》。总体而言,针对独立保函的法律不多,主要是依靠《独立保函司法解释》,而该司法解释由于出台时间并不长,司法实务中还存在一些认识不一致的地方。

(三)独立保函案件审理难度大、争议焦点多

独立保函作为担保制度体系的异类,其对传统担保的挑战和颠覆,让审判实践中很难依据传统担保的相关规定予以衡量和裁决。正因为其对担保人义务的苛刻和对受益人的极大保护,保函纠纷案件中,尤其是在受益人提起索款诉讼中,第一争议焦点可能就是对保函识别的问题,独立性和单据性是独立保函的实质特征。《独立保函司法解释》第 3 条给出区分独立保函与传统从属性保证、识别独立保函的标准,但实务中涉及的条款千差万别,部分保函的措辞对保函属性的描述并不清晰,保函究竟是独立保函还是传统的从属性保证经常争议很大,而保函属性的认定会直接影响其法律后果。实践中,各种保函名称和条款纷繁复杂,因此独立保函的识别是独立保函纠纷的前提问题和审判难点。例如,由于历史原因或因受传统担保的影响,保函付款条件在实践中常存在混合描述,既设定凭单付款的付款条件又在付款条件中设定被担保人违约的限定条件,既设定凭单付款的付款责任又表明保函系连带责任保证,往往也成为认定保函性质的难点,实践中的判决也不尽一致。与此同时,因《独立保函司法解释》将独立保函开立主体限定为银行或非银行金融机构,司法审判中在认定非金融机构或是否属于金融机构分类不明确的主体开立的保函的性质时,存在不同看法。一种观点认为,上述主体开立的保函因不符合《独立保函司法解释》第 1 条的规定不应认定为独立保函;另一种观点则认为,应注重双方当事人的意思自治,尊重双方对保函独立性的约定。

除此之外,独立保函的欺诈止付也是司法实务中最常见的独立保函纠纷之一。《独立保函司法解释》明确规定了欺诈例外情形以及司法救济措施,可以威慑受益人不得利用独立保函的独立性在明知没有索赔权利的情形下滥用该权利

损害被担保人和保函开立人的合法权益，为独立保函欺诈情形下独立保函申请人、开立人或指示人提供了司法救济手段。《独立保函司法解释》第 12 条规定的认定欺诈标准从措辞上看，相对比较严格。该条不仅列明了欺诈的情形，而且要求更高，例如，第 4 项列举的“基础交易债务已得到完全履行或者独立保函载明的付款到期事件并未发生”需经“受益人确认”，第 3 项“基础交易债务人没有付款或赔偿责任”限定为系经“法院判决或仲裁裁决认定”等。虽然第 5 项“受益人明知其没有付款请求权仍滥用该权利的其他情形”作为兜底条款可以涵盖独立保函欺诈的其他情形，但该条列明的欺诈情形仍然表明了最高人民法院对独立保函欺诈认定的慎重态度。应当说，采用严格的欺诈标准和证明标准，有助于发挥独立保函的商业效用，维护独立保函为受益人提供迅捷资金补偿的流通性功能，减少滥用司法救济的可能性，遏制不当止付案件上升，规范保函止付案件的处理，在维护中国企业和银行免受欺诈侵害的同时，维护中国银行业和法院的整体声誉，有利于中国企业和银行参与国际竞争。但实务中，以欺诈为由向法院申请止付独立保函的案件并不少见。在程序方面，基于开立机构不同、交易对象不同，不同的法院在认定是否应当程序止付时，宽严尺度有所区别。在实体止付方面，不同法院在法律适用、管辖机构、对基础合同审查程度等方面存在不同认识，在司法实践中产生分歧。

总体来说，虽然存在《独立保函司法解释》，但实务是复杂多变的，法院在不同案件中对独立保函的法律争议可能采取不同观点，会影响到独立保函申请人、开立人、受益人的权利义务。因此，相关的法律问题、具体观点值得进一步梳理和分析，以此更好地为司法实践提供指引。

第二章

独立保函纠纷案件的裁判思路

随着独立保函规则和制度的完善以及商事主体对独立保函的认可,独立保函的适用范围越来越广泛,既可以在国际业务中使用,也可以在国内业务中使用,场景越来越多元化。在基础交易方面更是应用广泛,不仅是建设施工、招投标、技术买卖、货物和服务买卖、船舶建造等实体经济可以应用,还有一些融资类业务也在积极使用。随着独立保函适用范围的扩大,相应的法律纠纷也会进入司法诉讼中,给法官带来挑战,需要有一个应对思路。

总体来说,审理此类案件,首先需对独立保函进行识别,识别独立保函是应用独立保函相关规则的前提,如果一个保函不是独立保函而只是一般的保证,就无法适用独立保函的规则。在准确识别为独立保函之后,接下来需要仔细区分独立保函业务中的三种法律关系,并精确判断所发生的纠纷属于这三种法律关系中哪一类。归入不同的法律关系,会适用不同的规则、准据法以及由不同的争议解决机构解决纠纷。处理具体纠纷时,既要尊重当事人的约定,也要注意到法律的特殊规定以及一些特殊的规则。独立保函纠纷多样化,既可能是当事人约定不明产生的纠纷,也可能是保函开立人对单据审查存在分歧，还有的申请人以欺诈为由要求止付保函，这些纠纷的审理有其各自特点，需要采取不同措施进行应对。另外，独立保函的规则也在不断完善过程中，相关制度与科技在进化中，法官要及时关注这些变化，了解这些变化对审判实践的影响。基于以上几点，笔者总结了如下裁判思路。

一、仔细识别独立保函与普通保证

保函性质的认定，即涉案保函是独立保函还是担保法上的保证，这是每一个涉及独立保函纠纷案件绕不开的话题，亦是确定法律适用的前提。独立保函的关键特征在于担保的独立性，其是指将担保与基础合同相分离，使担保能够独立地产生（生效）、独立地约定担保的内容、作为独立的交易客体流通转让、独立地消灭以及担保人无法援引基础债权的抗辩对抗债权人的效果。相反，如果是普通的保证，保证人有一些抗辩权，与基础交易紧密相关，如一般保证人的先诉抗辩权、主债务擅自扩大抗辩权、主债务人擅自变更抗辩权、催告抗辩权和保证期限抗辩权等。这些抗辩权使普通的保证无法独立于主债务。

在独立保函业务的实践中，当事人本意是开立独立保函，但由于案涉保函缺少独立保函必备的要件而被法院认定为从属性保函的案例屡见不鲜。在一些情况下，保函的一些条款为了适应基础交易的需要进行定制，一旦定制得不够完整或者出现矛盾之处，涉案保函就会出现一些比较模糊和存在争议的条款，导致独立保函的识别出现较大的争议。比如，有的银行保函虽然采用了独立保函的许多文本格式以及清楚写明不可撤销，但是为了控制风险，同时载明一旦基础合同变更，保函自动失效。还有一些保函开立人如非银行金融机构，对独立保函业务平时涉及不多，但为了业务需要突然进入这个领域，在缺乏相应经验的情况下开立保函，也会造成一些独立保函识别的争议。一些根据我国法律不允许开立独立保函的主体，如某些企业或者个人，为了业务需要也对外开立独立保函，这也给独立保函的识别与效力带来争议。

在出现争议的情况下，法院应根据保函条款的内容、当事人的具体意思表示进一步判断。《独立保函司法解释》第 3 条规定："保函具有下列情形之一，当事人主张保函性质为独立保函的，人民法院应予支持，但保函未载明据以付款的单据和最高金额的除外：（一）保函载明见索即付；（二）保函载明适用国际商会《见索即付保函统一规则》等独立保函交易示范规则；（三）根据保函文本内容，开立人的付款义务独立于基础交易关系及保函申请法律关系，其仅承担相符交单的付款责任。当事人以独立保函记载了对应的基础交易为由，主张该保函性质为一般保证或连带保证的，人民法院不予支持。当事人主张独立保函适用民法典关于一般保证或连带保证规定的，人民法院不予支持。"从这一具体规定来看，在识别独立保函的时候，着眼点主要在于独立于基础交易关系、见索即付、单据化、金额固定化、不可撤销等。笔者认为，如果能够把握这些特征，就能够较好地识别独立保函。如果保函的条款中出现与这些特征冲突的内容，通常情况下应倾向维护独立保函的效力，但如果冲突性的条款导致某些保函已经明显缺少独立保函特征或者受制于基础交易关系，则可以认定保函为从属性保函，并适用不同的规则。如果某些不被允许开立独立保函的商事主体开立了独立保函，也只能认定为从属性保函。从属性保函就需要适用普通保证的规则，由人民法院审查相关的抗辩权，再决定保证人是否要承担保证责任。

二、区分独立保函业务中的三种法律关系

独立保函中存在三种法律关系，需要清晰识别，才能更好地处理相关纠纷。一是基础交易法律关系，如建设施工合同关系、货物买卖合同关系、借贷合同关系等，这是交易双方签订的基础交易合同所形成的法律关系，也是独立保函开立的原因关系。该法律关系仅存在于基础交易双方当事人之间，仅约束基础交易双方当事人，故其争议解决条款不会扩展适用至独立保函纠纷。二是独立保函申请法律关系。为了完成基础交易，交易一方往往会向金融机构申请开立独立保函。该法律关系仅存在于独立保函申请人和开立人之间，仅约束保函申请双方当事人，我国《独立保函司法解释》第 9 条规定，除非受益人提交的单据存在

不符点,否则开立人在依据独立保函承担付款责任的,可以向独立保函的申请人追偿。三是独立保函法律关系。开立人向受益人发出独立保函的时间就是开立独立保函的时间。独立保函一经担保人出具或开立就生效了,除非独立保函另行载明了生效日期或事件。此外,独立保函一旦生效,除非独立保函载明可撤销,否则当事人不得主张独立保函可撤销。据此可以看出,独立保函实质上是开立人的一种承诺,即承诺在受益人提交的单据符合独立保函的要求的第一时间付款,而且是不可撤销的承诺。这种承诺受到合同法的约束,由此在开立人与受益人之间形成了法律关系,并且可以单独约定其适用的法律、规则以及争议解决条款。

这三种关系紧密结合,但不可混为一谈。每一种法律关系都有相对应的当事人及其应当承担的法律责任、适用的法律和争议解决机构。比如,独立保函虽然独立于基础交易法律关系,但并不能完全脱离基础交易法律关系而独立存在。由于该法律关系仅存在于基础交易双方当事人之间,仅约束基础交易双方当事人,因此基础交易合同的约定,包括争议解决条款不能适用于独立保函而产生的纠纷。这点与普通保证或者从属性保函有所不同。比如,在约定管辖方面,如果基础交易合同约定了某法院管辖,而从属性保函并未约定管辖或者约定了其他管辖法院,则从属性保函仍需要按照基础交易合同这一主合同的管辖确定具体的管辖法院。

三、尊重单据化约定并遵循“表面相符”标准

独立保函是一项单据交易,虽然其是为了担保基础交易的履行而开立,但其一经开立便独立于基础交易,申请人或开立人控制该笔资金能否被受益人提取的能力完全取决于该独立保函所要求的单据,因此单据化约定是独立保函的特征之一。单据性原则的确立,使独立保函制度的运行具有了形式的合理性,一方面开立人可以避免卷入基础合同纠纷,另一方面开立人也可以在自己的业务能力内迅速高效地对是否向受益人偿款作出判断。这样一来,独立保函开立人在

开立保函时，通常并不需要了解基础合同的交易实质，开立人也不具备审查基础合同履行情况的专业技术能力。开立人无须征得保函申请人的同意，就可以完全依据保函条款审查条款约定之单据，决定是否付款给受益人，大大提高了效率。因此，能否控制资金的对外支付，其实主要看单据化的具体约定。否则，只要受益人依据独立保函的约定，提供了相应的单据，向独立保函开立人主张付款，开立人就必须承担付款责任。

鉴于此，独立保函载明的索赔单据越简单，对受益人越有利。独立保函交易的各方当事人往往在谈判时根据自身利益和交易对手风险，约定独立保函的付款单据，通常有以下三类：第一类是受益人自己出具的单据，如付款请求书、违约声明、汇票和发票；第二类是第三方出具的单据，如第三方出具的文件；第三类是司法机构的判决或者仲裁机构的裁决。上述单据取得的难易程度不同，与基础交易关联性强弱有别，第一种对受益人的制约最少，独立保函开立人的控制力极其有限，因此在独立保函的业务中最常使用，当然这也为受益人实施欺诈行为提供了可乘之机。因此，司法实务中，法官应当区分和尊重不同类别的单据约定，有针对性地进行审查并做出判断。

如果是当事人对单据判断出现了分歧，根据《独立保函司法解释》以及URDG的相关规定，在审查单据并且决定是否付款时，采用的是表面相符的标准。因此在出现此类纠纷时，法官必须考虑这一原则，只要受益人提交的单据与独立保函条款、单据与单据之间在表面上相符，开立人就必须独立承担付款义务，开立人不得利用基础交易或开立申请关系对受益人行使抗辩。换言之，开立人只负责审查单据的表面真实性和相符性，而无论基础交易项下的债务是否未得到履行，均应承担付款义务。司法实践中不宜违背这一原则，如果实质性地审查基础交易情况，将会导致独立保函失去独立性与单据性这些特征，相关业务无法开展。需要强调的一点是，独立保函受益人对保函记载的单据条件有信赖利益保护，如果双方因保函文本内容对单据条件约定不够明确，理解存有争议的，法官应尽量做出不利于独立保函开立人的解释，因为独立保函的开立人通常是具有丰富经验的金融机构，相对于其他普通商事主体来言，银行等金融机构对于独立保函的条款和用语更加熟悉，如果起草过程出现模糊争议之处，应承担不利的后果。

四、选择或并行适用国内外法律与国际规则

由于独立保函包含了不同的法律关系,因此在独立保函相关纠纷中,法官需要根据纠纷的具体情况,选择适用或者并行适用国内、国外法律与国际规则。除了前面所述的三种法律关系,在国际业务比如国际建设工程、国际货物买卖、跨境借贷中,由于基础交易双方分别处于不同的国家,在使用独立保函的情况下,基本都会涉及转开保函,还增加了一种法律关系。在发生纠纷并进入审理程序时,法官需要注意的是,无论是哪一种法律关系,其仅约束相对应的当事人,且都有相对应的法律适用规则。处于不同国家的当事人,往往根据其谈判能力的强弱,选择对其最有利、最熟悉的国家法律作为准据法。这一点在基础交易合同中最为明显。独立保函纠纷,由于存在相对成熟的 URDG 规则,当事人在独立保函中往往在约定独立保函争议的准据法时,还另外约定适用 URDG 规则。

不同的法律关系,带来了各式各样的准据法,也给纠纷的审理者带来挑战。有的纠纷中,涉及不止一方当事人,这时候很难笼统地说选择哪一种准据法或者法律规则。有的纠纷如追偿纠纷,仅涉及国内合同法;有的纠纷,涉及独立保函的识别,需要适用《独立保函司法解释》;有的纠纷,当事人约定了适用 URDG 规则,则这种意思自治应予尊重;有的纠纷,直接约定某外国法作为保函纠纷准据法,亦无不可;还有的纠纷,如保函欺诈止付,又涉及法院地法的强行适用。这里面并无统一的规则,而是根据纠纷的不同场景,需要法官区分识别对待。因此,案件的审理,不仅要根据当事人之间的法律关系选择规则,同时要考虑独立保函的不同环节如开立、流转、付款等明确准据法。因此,许多案件中,法官需要选择或并行适用国内外法律与国际规则。

需要强调的是,法官应当尊重当事人约定,而不应该越俎代庖根据自己基于本国法的理解处理所有的法律关系。不同的准据法,其中的法律概念、实体规则,甚至是程序规则、证据规则有可能大不相同,往往会导致同一纠纷出现不同的裁判结果。比如,基础合同约定了其他国家的法律,而申请人申请独立保函欺

诈止付时,法官不宜运用本国法对基础合同进行全面审理并得出是否存在欺诈的结论。又如,独立保函中约定了其他国家的裁判文书或者仲裁机构的裁决书作为付款的“单据”,法官也不能以本国法视角解读这些“单据”并认定“单据”存在错误,进而允许独立保函开立人拒绝付款。

五、审慎处理独立保函欺诈纠纷案件并实施有限审查原则

独立保函欺诈支付纠纷是最常见的独立保函纠纷之一。独立保函的独立性要求独立保函不受基础交易履行情况的影响,因此独立保函的开立人仅负责审核单据是否与付款条件相符,而不涉足基础交易。与此同时,独立保函项下的大多数单据比较简单,由此带来了独立保函不得不面对的各种欺诈风险,并发展出欺诈例外规则。即在某些特殊情况下,如果有充足证据怀疑受益人可能存在欺诈行为,可以由法院通过裁判的方式禁止独立保函开立人向受益人支付保函项下的款项。不过,由于各国法律对欺诈的定义与认识有所不同,URDG 对欺诈例外规则予以回避,因此这个领域主要是由各国国内法予以规制。各国也基于不同的法理基础形成了宽严不一的欺诈例外规则,并不断发展与完善。

尽管如此,独立性是此独立保函业务的基础。欺诈止付的规定则是针对独立性的例外情形的适用规则,是特殊情况下金融机构付款的阻却事由,只有在相关要件均符合的情况下方可适用。如果忽略法律规则的特殊要件要求,随意裁定要求银行中止付款,表面上看可能损害受益人的索款利益,深层次上则是对银行独立付款义务的否认。因为作为被申请人的银行或者其他金融机构一旦被止付,即有可能在商业信誉和信用方面遭受损失,如果保函是涉外保函,被申请人可能还要承担在海外被诉的风险及巨额的经济损失。银行信用的缺失,将导致整个独立担保制度的失效,独立保函将成为无源之水,无本之木。因此,我国《独立保函司法解释》列举了欺诈性索赔情形以及例外情形,规范了欺诈止付申请的受理条件以及裁定止付的程序。法官应充分认识到这些都是比较严格的条件。从我国司法实务来看,申请人或开立人能够以独立保函欺诈为由终止支付

的概率并不高,这体现了我国充分尊重独立保函“先付款,后争议”的原则和运作机制,将极大地提高我国银行和非银行金融机构开出的独立保函在国内、国际交易中的声誉,并使其受到广泛认可。

《独立保函司法解释》将欺诈的高度可能性、情况的紧急性、损失的难以弥补性及担保的足额性列为中止独立保函开立人付款的基本要件。该司法解释对构成独立保函欺诈的情形在第 12 条进行了界定,这是独立保函止付的最关键要件,法官必须审查基础合同的履行情况,才能确定受益人的索偿是否存在欺诈。需要注意的是,在这个过程中应当实行有限审查原则,即对基础交易中的权利义务关系和案件事实作一个有限审查,不宜过度干预并依据本国法全面审查基础合同并得出结论。因为法院此时处理的仍是独立保函法律关系,而非基础交易合同法律关系,后者可能另行约定了准据法和争议解决机构。

在欺诈止付案件中,需要注意程序上的处理。独立保函的欺诈止付又分为程序性中止支付与实体审理后认定欺诈并终止支付,这两个阶段紧密结合。前者应当在 48 小时内作出书面裁定,后者则是在止付裁定作出后 30 日内启动,否则法院应解除止付裁定。实务中特别需要注意以下两点:一是程序性中止支付不同于一般案件的财产保全,并非申请人一提供担保就应裁定程序性止付,而是应当进行初步实质审查并在裁定书中写清楚理由。如果随意降低程序性止付的门槛,就会破坏独立保函的独立性原则以及先付款后争议的特点,并且引发不必要的国际纷争,影响我国金融机构作为独立保函开立人的声誉。二是出于临时救济的效率要求,法官必须在 48 小时内基于申请人提供的证据材料作出裁定,在如此短的时间内仅凭申请人提供单方面证据,要求法官对“欺诈的高度可能性”作出判断,的确是非常困难的。通常而言,“高度可能性”标准不同于普通民事案件中的“优势证据”标准,而是表明依据相关证据,法官对存在欺诈的内心确信程度应达到 80% ~90% 的标准。为了提高内心的确信程度,在具备条件的情况下,法官可以通过电话等现代化通信方式联系独立保函开立人的工作人员、受益人的工作人员(尤其是受益人系本国受益人时),听取他们的意见,以避免受到止付申请人单方材料的误导。如有的情况下,会发现保函开立人已经善意对外支付,法院缺乏出具止付裁定的条件。

六、特别关注独立保函使用于国内业务时产生的新问题

独立保函一开始在我国仅允许在国际业务中使用,后来允许扩展到国内业务使用,对于国内的交易主体而言,对独立保函的使用有一个不断熟悉的过程。即便是作为保函开立人的金融机构,除银行等经常接触独立保函的主体以外,其他的非银行金融机构也需要一个逐步上手的过程。因此,在国内业务使用独立保函所引发的案件中,经常会有一些特殊之处。比如,保函开立人或者基础交易的当事人会要求在保函当中做出一些特殊的约定,这些约定经常会导致对独立保函的识别产生较大的争议。另外有些约定的条件,如果不能够进行单据化处理和转换,也会使独立保函在索偿时产生一定的争议。

除此之外,有一些保函开立人因条件所限,并未像国际业务那样使用SWIFT电文开立保函,而是书面盖章出具保函,这给一些犯罪分子伪造变造保函以可乘之机。特别是许多书面保函,不进入相应的银行系统,受益人往往无法核实真伪。还有的独立保函条款约定,索偿之时应交还保函原件,有的犯罪分子便内外勾结在交易过程中调包真保函,导致受益人索偿时无法交还真保函而产生纠纷。这些法律争议,无法仅凭《独立保函司法解释》或者URDG规则去解决,而是需要法官依据内部授权、表见代理等规则根据案情认定各方对于造成损失的过错与责任。当然,这些问题已经偏离传统的独立保函纠纷,但在司法实践中会不时遇到,法官在处理相关纠纷时需要特别注意。

七、其他需要注意的问题

以上是一些法官在面对独立保函纠纷时需要掌握的裁判思路。当然,这些思路并不能涵盖全部的独立保函纠纷,还需要法官在个案中根据具体案情作出裁判。除此之外,还应该进一步关注独立保函相关国际规则、制度的变化,了解

它们对司法实务的影响。比如,关于见索即付的独立保函的规则,国际商会银行技术与惯例委员会在 URDG 458 的基础上经过两年多的修改,在 2010 年完成了 URDG 758。它在形式和内容上都做了重大改进,相比 URDG 458 更加精确、更加清晰、更加全面,而且进行了大量的创新,特别是细化了反担保函的规定,明确了保函的失效机制,区分了保函转让和款项让渡两种模式,并设专章规定不可抗力条款。通过这些修改弥补 URDG 458 的空白和不足,使 URDG 758 更符合保函实务的需要。因此,面对一些纠纷,如果能够对比两个版本的升级之处,就能理解规则变化的原因,使纠纷迎刃而解。又如,2021 年 11 月 21 日,SWIFT 保函报文在全球同步升级,此次升级使 SWIFT 保函报文发生了根本性和颠覆性的变化,这也是一次 SWIFT 保函报文发展历史上具有里程碑意义的大事件。在升级内容上,首先,由之前的自由报文格式转变为结构化报文格式,SWIFT 保函报文向结构化、标准化和数字化方向发展。以 MT760 保函开立报文为例,可以填写的栏位场次由 7 个变为 70 个,同时引入大量标准化代码来替代以往的文字表述,总体来说是由之前的"作文题"变成了"填空题"。其次,报文种类更丰富,用途更明确。升级前,保函业务主要使用 MT760 用于开立、MT767 用于修改、MT799 用于其他交涉往来业务。报文的使用也尚未涉及对保函性质的明确区分,即对独立保函和从属保函的区分。升级后,见索即付保函的开立和修改需使用 MT760 和 MT767,从属性保函的开立和修改需使用 MT759,索赔需使用 MT765,拒付需使用 MT786,自动展期不再展期通知需使用 MT785,对修改的回复需使用 MT787,其他信息的交涉需使用 MT759,并选择相应业务代码。[①] 这种升级在很大程度上解决了司法实务中的一些争议。比如,关于独立保函与从属保函,升级的规则就要求保函开立人在开立时通过代码明确表明自身对保函性质的态度,而不再是模棱两可。开立人明确了态度,受益人要么接受,要么拒绝,这样在随后的保函执行过程中,会降低因独立保函识别问题引起纠纷的可能性。

---

① 参见李伟:《SWIFT 保函报文升级的影响》,载《中国外汇》2022 年第 2 期。

第三章

独立保函纠纷案件的管辖

管辖权是国家对人和物进行控制、支配或管理的权力。国际民事管辖权是指一国法院根据本国缔结或参加的国际条约和国内法的规定,对特定的涉外民事案件行使审判权的资格。①

管辖权的确定是法院受理案件的必要前提,在国际民事诉讼中,其决定着冲突法的适用,直接影响案件的审理结果,因此明确独立保函案件的管辖权具有重要的意义。

民商事案件的司法管辖一般遵循以下原则。

1. 意思自治原则。意思自治即协议管辖原则,是指诉讼双方当事人在纠纷发生之前或之后,以协议的方式确定纠纷由哪个国家或地区的法院管辖。

2. 最密切联系原则。最密切联系原则,是指当事人为了确保法院判决得到顺利执行,侵权行为能够得到有效制止,会选择在与案件具有密切联系的地方,如侵权行为地、可供扣押财产所在地或者诉讼标的物所在地提起诉讼。如果法

① 参见赵相林主编:《国际私法》(第3版),中国政法大学出版社2011年版,第400页。

院认为与案件有密切联系，可依此确定具有管辖权。

3. 不方便法院原则。不方便法院原则源于英美法系，是指在法院依法受理案件后，在审理过程中发现案件存在诸多“不方便管辖”的因素，认为当事人可以向域外更方便的法院提起诉讼，从而放弃对案件的管辖权。

基于独立保函独立性的本质特征，独立保函案件的管辖权也具有独立性，主要体现为独立保函案件的管辖不受基础交易合同中仲裁或诉讼管辖条款的影响。在确定独立保函案件管辖权的问题上，各国均赋予了独立保函当事人的协议管辖的权利，协议管辖条款被普遍接受。如果独立保函中载有争议解决条款（包括仲裁条款及法院选择条款）或虽没有拟订争议解决条款，但当事人在事后达成了仲裁或诉讼管辖协议，则在确定管辖权时对上述协议应当优先适用。若独立保函中没有协议管辖条款或当事人事后亦未达成相关协议，则一般认为独立保函开立人所在地或营业地法院是具有管辖权的法院。我国《独立保函司法解释》第 21 条规定，受益人和开立人之间因独立保函而产生的纠纷案件，由开立人住所地或被告住所地人民法院管辖，独立保函载明由其他法院管辖或提交仲裁的除外。当事人主张根据基础交易合同争议解决条款确定管辖法院或提交仲裁的，人民法院不予支持。在美国法上，《统一商法典》第 5 – 109 条（b）款明确规定作出禁令的法院必须为“能够行使管辖权的法院”，[①]强调了独立担保纠纷管辖权的独立性。

本部分将以审判实践中常见的独立保函管辖权问题为出发点，从基础合同的争议解决条款对独立保函案件管辖权的影响、平行程序对独立保函纠纷案件管辖权的影响，以及独立保函欺诈纠纷案件管辖权与独立保函纠纷案件管辖权间的相互关系 3 个角度对独立保函纠纷案件的管辖权问题进行探讨，以明确相关裁判尺度和规则。

---

① Uniform Commercial Code (1995), Article 5 – 109(b).

一、基础合同的争议解决条款是否影响独立保函纠纷案件的管辖权确定

诉讼争点

实践中,独立保函尤其是涉外独立保函申请人与受益人之间的相关基础交易合同基于各种因素的考量,在争议解决机制方面常会约定诉讼管辖法院或是仲裁条款,如果就独立保函产生争议,当事人往往援引基础合同中的争议解决条款提出管辖异议,主张当前立案受理的法院对案件无管辖权。对于此类管辖异议,主要存在两种对立观点。

第一种观点认为,应肯定基础合同争议解决条款的约束力。一方面,虽然理论上独立保函独立于基础合同,但是在案件审理过程中将不可避免地牵连到基础合同,尤其是在保函欺诈案件中,或多或少地还将对基础合同进行一定的实质性审查,否定基础合同争议条款的约束力有悖于当事人的约定本意,并在事实上侵犯了本来具备管辖权的法院或是仲裁庭对基础合同纠纷的管辖权。另一方面,当事人完全可以在法院审理独立保函纠纷案件的同时,依据基础合同的争议解决条款发起诉讼和仲裁,由此可能出现不同法院之间或者法院和仲裁庭对同一争议问题作出不同认定或是相互等待审理结果的尴尬局面,对于争议的解决毫无益处。

第二种观点认为,应否定基础合同争议解决条款的约束力。独立保函纠纷通常发生于受益人与开立人之间,而基础合同系申请人与受益人签订,两者当事人并不相同,承认基础合同争议解决条款对独立保函纠纷具备约束力缺乏法理基础。至于独立保函欺诈纠纷,虽然通常发生于申请人与受益人之间,但本质上系侵权纠纷,亦无基础合同争议解决条款的适用空间。独立保函只是整个基础合同交易中的一个担保或者付款工具,如果保函项下的索赔被拒付,其实并不影响受益人作为债权人的地位,受益人依然可以根据基础合同项下的管辖权约定

提起仲裁或者诉讼,要求申请人付款。[①]

裁判指引

司法实务中笔者倾向于第二种观点。

根据《独立保函司法解释》第 21 条的规定,无论是因独立保函本身争议引发的独立保函纠纷还是独立保函欺诈纠纷案件,当事人对管辖有约定的从约定,无约定的均由开立人住所地或被告住所地人民法院管辖,[②]基础合同约定的争议解决条款均无约束力,对案件的管辖权确定并不会造成影响。

审判实践中,还需注意以下问题:

第一,独立保函纠纷的管辖权不受基础合同争议解决条款的约束,并不意味着独立保函纠纷本身不可事先约定争议解决条款,当事人完全可以在保函中载明管辖法院或是仲裁条款。但是,独立保函欺诈纠纷属侵权纠纷,相应案件的管辖既不受基础合同争议解决条款的约束,也不受保函自身争议解决条款的约束,而是由侵权行为地或者被告住所地人民法院管辖,但允许当事人另行进行约定。[③]

第二,在确定独立保函纠纷管辖权时,当事人的明示选择依然是第一顺位的考量因素。因此,如果申请人、开立人、受益人事先共同协议,共同选定争议解决的管辖法院或者仲裁机构,该协议对独立保函纠纷案件的管辖权确定应当具有

---

① 参见苑超:《关于最高人民法院独立保函司法解释实务解析》,中国商务出版社 2019 年版,第 25 页。

② 《独立保函司法解释》关于独立保函纠纷案件的管辖规定与 URDG 758 的规定基本一致。URDG 758 第 35 条规定:"a. 除非保函另有约定,担保人与受益人之间有关保函的任何争议应由担保人开立保函的分支机构或营业场所所在地有管辖权的法院专属管辖。b. 除非反担保函另有约定,反担保人与担保人之间有关反担保函的任何争议应由反担保人开立反担保函的分支机构或营业场所所在地有管辖权的法院专属管辖。"

③ 从《独立保函司法解释》第 21 条第 1 款、第 2 款的文字表述差异来看,司法解释并不认可保函自身所载的争议解决条款对独立保函欺诈纠纷有约束力。但是,就侵权纠纷是否可以事先约定争议解决条款这一本质问题而言,《最高人民法院公报》公布的 2 起案例曾有过相反的裁判。在《最高人民法院公报》1989 年第 1 期中国技术进出口总公司诉瑞士工业资源公司侵权损害赔偿纠纷上诉案和 1998 年第 3 期江苏省物资集团轻工纺织总公司诉(香港)裕亿集团有限公司、(加拿大)太子发展有限公司侵权损害赔偿纠纷上诉案中,法院的裁判思路截然相反。参见蒋琪主编:《中国独立保函法律实务精要与判例详解》,法律出版社 2020 年版,第 78 ~ 79 页。

约束力。

第三,独立保函的独立性原则是维系独立保函“先付款,后争议”运作机制稳定性的根基,基础交易和见索即付保函交易是相互独立的交易,一般情况下,审理独立保函纠纷的法院不应涉及基础合同的履约问题,以保函欺诈否定独立保函的独立性属于特殊的例外情形。因此,即使为判断保函欺诈之例外情形是否成立的需要,法院在审理独立保函欺诈纠纷案件时可以审查也必须审查基础合同的部分事实,但应当明确,此种审查的范围是十分有限的,并不是对基础合同纠纷的全面审理。法院经过审理最终确认保函项下的索赔是否构成欺诈,这与审理基础合同争议是两个不同的问题,两者之间分属不同的司法管辖权,法院对独立保函纠纷或独立保函欺诈纠纷行使管辖权,并不影响其他法院或是仲裁庭依据基础合同争议解决条款对基础合同纠纷享有的管辖权,同时无须等待其他法院或是仲裁庭对基础合同纠纷的审理结果。①

相关规定

《中华人民共和国民事诉讼法》

第二十九条　因侵权行为提起的诉讼,由侵权行为地或者被告住所地人民法院管辖。

《独立保函司法解释》

第二十一条　受益人和开立人之间因独立保函而产生的纠纷案件,由开立人住所地或被告住所地人民法院管辖,独立保函载明由其他法院管辖或提交仲裁的除外。当事人主张根据基础交易合同争议解决条款确定管辖法院或提交仲裁的,人民法院不予支持。

独立保函欺诈纠纷案件由被请求止付的独立保函的开立人住所地或被告住所地人民法院管辖,当事人书面协议由其他法院管辖或提交仲裁的除外。当事人主张根据基础交易合同或独立保函的争议解决条款确定管辖法院或提交仲裁

---

① 参见龙口市东海贸易有限公司与必租必拓销售公司、第三人上海浦东发展银行济南分行保函欺诈纠纷案,山东省高级人民法院(2008)鲁民四终字第26号民事判决书。

的，人民法院不予支持。

典型案例

印度 GMR 卡玛朗加能源公司与山东电力基本建设总公司涉外保函欺诈纠纷案

最高人民法院(2018)最高法民辖终 156 号

案情介绍

申请人山东电力基本建设总公司(以下简称山东电建)通过上海浦东发展银行股份有限公司济南分行(以下简称浦发银行济南分行)向中国工商银行股份有限公司山东省分行(以下简称工行山东省分行)开具《预付款反担保保函 1》《预付款反担保保函 2》，工行山东省分行向印度国家银行上海分行开具《预付款反担保保函 3》《预付款反担保保函 4》，印度国家银行上海分行向印度国家银行班加罗尔分行开具《预付款反担保保函 5》《预付款反担保保函 6》，印度国家银行班加罗尔分行向印度 GMR 卡玛朗加能源公司(以下简称能源公司)开具《预付款反担保函 7》《预付款反担保保函 8》。

山东电建公司通过浦发银行济南分行向印度国家银行上海分行开具《预付款反担保保函 9》，印度国家银行上海分行向印度国家银行班加罗尔分行开具《预付款反担保保函 10》、印度国家银行班加罗尔分行向印度能源公司开具《预付款反担保保函 11》。

山东电建公司以保函欺诈为由向一审法院起诉，请求判令：(1)浦发银行济南分行终止向工行山东省分行支付《预付款反担保保函 1》《预付款反担保保函 2》项下款项；(2)工行山东省分行终止向印度国家银行上海分行支付《预付款反担保保函 3》《预付款反担保保函 4》项下款项；(3)印度国家银行上海分行终止向印度国家银行班加罗尔分行支付《预付款反担保保函 5》《预付款反担保保函 6》项下款项；(4)浦发银行济南分行终止向印度国家银行上海分行支付《预付款反担保保函 9》项下款项；(5)印度国家银行班加罗尔分行终止向能源公司支付《预付款反担保函7》《预付款反担保函8》《预付款反担保函11》项下款项。

印度能源公司和印度国家银行上海分行在提交答辩状期间，对管辖权提出异议。

法院裁判

一审法院山东省高级人民法院认为，山东电建以能源公司存在保函欺诈行为为由提起诉讼，本案属于涉外独立保函欺诈纠纷。案涉保函均约定适用URDG 458。依据《独立保函司法解释》第21条第2款的规定，山东电建公司请求止付的反担保函的开立人系浦发银行济南分行，其住所地位于山东省济南市，且被告之一工行山东省分行的住所地亦位于山东省济南市，属一审法院辖区，一审法院作为独立保函开立人住所地及被告住所地法院对本案享有管辖权。本案系保函欺诈纠纷，不是因基础交易合同引发的纠纷，故不受基础交易合同条款的约束。基础交易合同中是否存在仲裁条款对本案没有约束力。境外法院是否受理同一争议，不影响本案管辖权的确定。一审法院裁定：驳回能源公司、印度国家银行上海分行提出的管辖权异议。

印度能源公司不服一审裁定，向最高人民法院提起上诉称：（1）一审法院依据《独立保函司法解释》第21条第2款的规定，确定其对本案享有管辖权存在事实和法律上的错误。能源公司为使保函不失效而请求保函开立人将保函展期，但若未能展期的，则该“请求”将被视为其在保函下的索赔。所以，保函下并不存在山东电建所主张的欺诈或滥用权利的事实。《独立保函司法解释》不适用于本案。（2）退一步而言，即使依据《独立保函司法解释》确定管辖权，一审法院的理由也不能成立。山东电建所主张的所谓欺诈情形如果存在，亦只能存在于印度国家银行班加罗尔分行开立的保函下，而非针对各国内银行开立的反担保保函。一审法院不应以其为国内银行所在地的法院为由，建立对本案的管辖权。而且如果保函下的欺诈成立，则反担保函自然可以不予给付。山东电建在印度已经采取针对保函的止付法律行动且获得救济，一审法院应遵循国际通行的“先受理法院规则”，不宜在印度法院已经受理的情况下再受理本案，以避免重复诉讼的结果。（3）山东电建本来是将上述各国内银行列为“第三人”的，后又通过变更诉讼地位申请将其变更为本案的被告，但未能指出各国内银行有任何违法行为。山东电建正是意识到一审法院对本案无管辖权，这才通过将国内银行变更为被告，试图违法达到一审法院取得本案管辖的目的。综上，请求依法撤销一审裁定，驳回山东电建的起诉。

最高人民法院认为，案涉保函均载明适用 URDG 458。山东电建起诉认为能源公司索赔全部保函项下的全部金额，属于欺诈性的恶意索赔，鉴于能源公司的索赔，印度国家银行班加罗尔分行、印度国家银行上海分行、工行山东省分行和浦发银行济南分行会顺序向反担保函的申请人山东电建索款，一旦各反担保函对外支付，山东电建将遭受不可挽回的损失，故其提起本案诉讼，请求判令相关银行终止支付案涉保函项下的款项。一审法院据此认定本案为涉外保函欺诈纠纷，依据《独立保函司法解释》确定本案的管辖权是正确的。《独立保函司法解释》第 21 条第 2 款规定："独立保函欺诈纠纷案件由被请求止付的独立保函的开立人住所地或被告住所地人民法院管辖，当事人书面协议由其他法院管辖或提交仲裁的除外。当事人主张根据基础交易合同或独立保函的争议解决条款确定管辖法院或提交仲裁的，人民法院不予支持。"浦发银行济南分行及工行山东省分行既是本案的被告，亦是山东电建请求止付的案涉相关保函的开立人，浦发银行济南分行及工行山东省分行的住所地均位于山东省济南市，属于一审法院的辖区。依照上述规定，一审法院对本案具有管辖权。印度法院是否受理有关案件，并不对一审法院对本案的管辖权产生影响。至于山东电建所主张的欺诈或滥用权利的事实是否存在，其诉讼请求能否得到支持，需要人民法院经过实体审理以后作出认定。二审法院裁定：驳回上诉，维持原裁定。

评析

本案对独立保函欺诈纠纷案件的管辖规则以及是否受基础合同仲裁条款约束的问题进行了明确：首先，独立保函欺诈纠纷案件系侵权纠纷，根据《独立保函司法解释》第 21 条第 2 款的规定，独立保函开立人的住所地人民法院依法具有管辖权；其次，涉外独立保函欺诈纠纷管辖权的确定，不受基础合同仲裁条款的影响，申请人与受益人在基础合同中约定的仲裁条款效力不及于独立保函欺诈纠纷案件;最后,在未缔结或参加可判断在此种情形下有无管辖权的国际条约的情况下,涉外独立保函欺诈纠纷管辖权的确定亦不受其他国家的法院或仲裁机构是否受理关联案件的影响。

安徽省技术进出口股份有限公司与奥斯沃化王肥料有限公司、第三人中国银行安徽省分行、印度国家银行保函欺诈纠纷案

安徽省合肥市中级人民法院(2006)合民四终字第03号

案情介绍

2001年11月3日,奥斯沃化王肥料有限公司(以下简称奥斯沃公司)为订购磷矿砂向安徽省技术进出口股份有限公司(以下简称安徽省进出口公司)发出订单,安徽省进出口公司嗣后接受了该订单。订单约定,由安徽省进出口公司向奥斯沃公司出口磷矿砂,单价为每千吨25美元,FOB南京,装运期为2001年12月31日;安徽省进出口公司在规定的装船期内提前15天通知奥斯沃公司,以便奥斯沃公司派遣船只,此通知需随附英斯贝克检验公司的预检报告以确认符合要求的货已备妥。订单还载明了磷矿砂的具体规格,其中水分含量不超过2.5%;对货物的重量以英斯贝克检验或SGS检验为准,并由英斯贝克或SGS检验机构在装运港进行取样分析核实是否符合约定的质量要求。订单中约定的付款方式为不可撤销即期信用证,具体内容为“买方在收到卖方的履约保函后立即通过一类国际银行开出以卖方为受益人的不可撤销即期信用证,卖方保证在2001年12月31日前发出第一批货,因卖方原因造成不能实现此约定的所有费用由卖方承担,从履约保证金中扣减,不足的另行补偿。印度境外的银行费用由卖方承担。卖方保证2001年12月31日装船发运货物,买方同意于2001年11月20日前开出信用证”;并对信用证随附单据进行了明确。该订单同时要求安徽省进出口公司提供银行履约担保,约定的具体内容为“卖方须在此订单生效后7日内向买方提供不可撤销履约保函,保函金额为信用证的3%,其后每批发货均重开同样的保函,此履约保函有效期为自开出起六个月,此履约保函应由国际性银行开出,见索即付。此履约保函在买方开出信用证后

才可生效"。

2001 年 11 月 12 日,奥斯沃公司向安徽省进出口公司回函确认合同的装运日期由原定的 2001 年 12 月 31 日延至 2002 年 1 月 15 日。2001 年 11 月 21 日,应奥斯沃公司的申请印度东方商业银行开出以安徽省进出口公司为受益人的信用证,金额为 100 万美元,FOB 南京,到期日为 2002 年 2 月 5 日,特别条款约定货物从南京港运至印度巴拉帝浦港,装运日期不迟于 2002 年 1 月 15 日,最迟装运期和到运期为 2002 年 1 月 15 日和 2002 年 2 月 5 日,货物重量以及信用证金额可上下浮动 10%。后应开证申请人奥斯沃公司的申请,上述信用证做出几次修改,包括装运港由南京改为镇江,最后装运日期和到运日期分别改为 2002 年 1 月 25 日和 2002 年 2 月 15 日,货物描述条款中每千吨 25 美元改为 24.7 美元等。2002 年 1 月 8 日,英斯贝克检验机构出具装船前检验报告。2002 年 1 月 13 日,中国国际贸易促进委员会出具原产地证,证明从镇江港运到印度巴拉帝浦港的散装磷矿砂的原产地为中国。2002 年 1 月 21 日,案涉散装磷矿砂从镇江装运。同日,英斯贝克检验机构出具了重量证书和质量分析证书,证明检验地点为镇江港,磷矿砂质量符合约定要求。安徽省进出口公司将信用证所要求的单据提交银行后,于 2002 年 1 月 31 日,收到信用证项下款项 1,043,534.25 美元。

为履行上述合同,安徽省进出口公司于 2001 年 11 月 13 日向中国银行安徽省分行(以下简称安徽省中行)申请开立保函。安徽省中行接受安徽省进出口公司的申请,于 2001 年 11 月 13 日请求印度国家银行开出以奥斯沃公司为受益人的履约保函,并同时向印度国家银行出具反担保保函。该反担保保函承诺,在保函有效期内收到印度国家银行提交的已被受益人索赔的书面声明时,即付给印度国家银行金额不超过 33,000 美元的款项。印度国家银行据此开出以奥斯沃公司为受益人的履约保函,载明在受益人(奥斯沃公司)索赔时向受益人支付最高为 33,000 美元的款项,保函有效期自 2001 年 11 月 14 日至 2002 年 3 月 31 日,条件是卖方未按合同履行义务,印度国家银行收到受益人书面索赔函及所附的确认卖方未按合同履行的声明。2001 年 12 月 25 日,安徽省中行应安徽省进出口公司请求,致函印度国家银行,将上述履约保函的金额提高至 66,000 美元,保函有效期展至 2002 年 6 月 30 日。2002 年 2 月 20 日,安徽省中行应安徽省进出口公司的请求，再次致函印度国家银行，将上述履约保函的金额再度提高至99,000美元，保函有效期展至2002年9月。印度国家银行亦两次按照安徽省中行的要求修改了履约保函。2002年6月11日，奥斯沃公司向印度国家银行确认安徽省进出口公司未履行2001年11月3日签订的合同，要求印度国家银行支付0480301CG002291号履约保函项下的99,000美元。2002年6月13日，印度国家银行要求安徽省中行履行反担保义务，安徽省进出口公司遂提起保函欺诈止付诉讼。

法院裁判

一审法院认为，本案系因保函欺诈引起的侵权纠纷，侵权行为结果发生地和可供扣押财产所在地均在合肥，故该院有管辖权，且应选择适用中华人民共和国法律。本案所涉保函虽为独立保函，但国际上普遍接受"欺诈例外"原则，即在保函受益人存在欺诈的情况下，担保行不应履行保函项下的付款义务。最终一审法院认定奥斯沃公司的索赔行为构成欺诈。

安徽省中行上诉称，本案基础交易合同确定的争议解决方式为提交国际商会仲裁，且应适用英国法律，仲裁地点为新加坡。因此，原审法院没有管辖权。安徽省进出口公司未就奥斯沃公司是否构成欺诈及如何欺诈进行举证证明，原审法院认定奥斯沃公司主张保函权利行为构成欺诈，既违背了案件的基本事实，也违反了最高人民法院《关于民事诉讼证据的若干规定》的相关规定。本案所涉保函独立于基础交易合同，其独立性受法律保护，不应受到基础交易合同双方当事人履行合同所发生争议的影响。

印度国家银行上诉称，安徽省进出口公司与奥斯沃公司之间签订的《购货定单》约定的争议解决方式为提交国际商会仲裁，排除了法院对本案的管辖权。印度国家银行与安徽省中行之间就保函事宜往来的法律文件，确认了因本案所涉保函及反担保函引发的争议应适用印度法律，并由印度法院管辖。

二审法院认为：关于原审法院对本案是否有管辖权及法律适用问题。本案中，安徽省进出口公司以奥斯沃公司为被告，以安徽省中行与印度国家银行为第三人向原审法院提起保函欺诈诉讼，依据的是认为奥斯沃公司不当索取保函项下款项的行为侵害了安徽省进出口公司合法权益之事实，而非依据安徽省进出口公司与奥斯沃公司之间签订的交易合同违约之事实，亦非依据保函及反担保函争议之事实，故该诉讼法律关系的性质应为侵权诉讼。安徽省进出口公司委托安徽省中行开立保函，并向安徽省中行交纳了保证金，后安徽省中行委托印度国家银行开立出以奥斯沃公司为受益人的银行独立保函。一旦奥斯沃公司主张保函项下的款项，实际付款人（可能的受害人）应为安徽省进出口公司。上述行为虽跨越了中国与印度两个国家，但行为的结果发生地在中国。依照我国法律及最高人民法院司法解释中关于侵权行为准据法的相关规定（参见《中华人民共和国民法通则》第146条、最高人民法院《关于贯彻执行〈中华人民共和国民法通则〉若干问题的意见》第187条、《中华人民共和国民事诉讼法》第243条[①]），侵权行为地（包括侵权行为实施地和侵权结果发生地）法院有管辖权，并可选择适用侵权结果发生地法律。原审法院以此确定本案的管辖权，并选择适用中国法律及国际惯例，符合法律规定。因此，安徽省中行与印度国家银行均以交易合同中确认的争议解决方式排除司法管辖为由上诉称原审法院无管辖权，印度国家银行以其与安徽省中行之间就保函事宜往来的法律文件确认了因本案所涉保函及反担保函引发的争议应适用印度法律，并由印度法院管辖的上诉理由，均依法不能成立。

二审法院最终判决：驳回上诉，维持原判。

评析

保函在开立后即与基础合同关系相互独立，对保函欺诈纠纷的审理与基础合同关系的审理并不具有关联性。在《独立保函司法解释》施行之前，长期以来我国司法实践中对独立保函欺诈纠纷案件的管辖是否受基础合同的影响这一问题，裁判尺度均较为统一：保函欺诈系侵权纠纷，基础合同中约定的争议解决方式，对独立保函欺诈纠纷案件没有约束力。

---

① 现参见《中华人民共和国民事诉讼法》第29条、《最高人民法院关于适用〈中华人民共和国民事诉讼法〉的解释》第24条、《中华人民共和国涉外民事关系法律适用法》第44条。

拓展研究

实践中，基于利益平衡的考量，一些独立保函中可能会设置仲裁前置条款，如在保函中约定，如果受益人索赔保函后，申请人可以在保函约定的付款期内根据基础合同的约定提起仲裁或者诉讼，一旦提起基础合同项下的纠纷解决之诉，开立人自动中止保函项下的付款，等待基础合同项下的裁决或者判决，根据裁判文书对外赔付或者拒付。①

虽然各国法院对“约定了仲裁前置条款的保函是否仍具有独立性”的问题观点不一，但无论如何，此类仲裁前置条款其实是为独立保函项下的索赔和付款设置了程序性条件，而非对独立保函本身纠纷解决事项的约定，故对独立保函纠纷案件的管辖权并无影响。独立保函中可以载明由特定法院管辖或提交仲裁，这属于约定管辖的范畴，该管辖约定对保函开立人和受益人均具有约束力。一旦发生保函项下的纠纷，应予优先适用。若保函文本中未作管辖约定，则应当根据《独立保函司法解释》的相关规定确定管辖法院。当然，仲裁前置条款是否影响独立保函纠纷案件的审理进程和实体裁判结果，尚待有管辖权的法院自主作出判断。

另有观点认为，当出现独立保函侵权纠纷时，若止付申请人对独立保函中的仲裁前置条款无异议，则仲裁前置条款中的管辖约定亦可以视为独立保函当事人对独立保函侵权纠纷管辖的书面协议，可据此确定独立保函侵权纠纷的案件管辖。

二、平行程序是否影响独立保函纠纷案件的管辖权确定

诉讼争点

独立保函纠纷与基础合同争议管辖权的相互独立意味着涉外独立保函很可

① 参见苑超：《关于最高人民法院独立保函司法解释实务解析》，中国商务出版社 2019 年版，第 25 页。

能出现平行程序问题。

所谓平行程序，是指在国际商事争议中，当事人基于同一诉由、同时或者先后在两个或者两个以上不同国家或者地区提起诉讼或/和仲裁，并且都被法院或/和仲裁机构受理的现象。① 平行程序分为两种情况：一种是同一原告先后在两个或两个以上的法院或是仲裁机构提起诉讼或是仲裁的重复式平行程序；另一种是双方当事人在不同的法院或是仲裁机构进行反向诉讼或仲裁，原告成为被告，被告成为原告的对抗式平行程序。

平行程序问题的产生，主要是源于独立保函关联的多个法律关系分别约定适用不同法律、受不同的法院或者仲裁机构管辖。面对这种多个管辖权并存的情形，当事人都希望在自己更为熟悉的法律环境中解决问题，因此各方当事人会利用保函、基础合同中对其有利的约定寻求其所在地的法院或仲裁机构的管辖。也正是基于此，一旦出现平行程序，各方当事人就会从对自身有利的立场出发，认可其中的部分诉讼或仲裁程序，而在其他程序中提出管辖异议。

对于此类管辖异议，第一种观点认为，“先受理法院规则”具有简单明确的优点，可操作性强，可以使跨国民事诉讼管辖权具有更强的可预见性。为避免导致当事人面临多个不同的甚至是相反的判决、裁决结果，应当尊重在先受理法院或仲裁机构的排他管辖权。第二种观点认为，司法管辖是国家主权的重要组成部分，不可轻易让渡，尤其是在国际上普遍存在扩张本院司法管辖趋势的背景下，“先受理法院规则”明显不合时宜，独立保函纠纷案件的管辖权，不应受到外国法院或是仲裁机构是否受理关联纠纷的影响。

裁判指引

当前我国的司法实务基本采取第二种观点。《最高人民法院关于适用〈中华人民共和国民事诉讼法〉的解释》第 531 条规定：“中华人民共和国法院和外国法院都有管辖权的案件，一方当事人向外国法院起诉，而另一方当事人向中华人民共和国法院起诉的，人民法院可予受理……”可见，我国允许平行诉讼的存

① 参见蒋琪主编：《中国独立保函法律实务精要与判例详解》，法律出版社 2020 年版，第 79 页。

在，独立保函纠纷案件的管辖，仅需根据《独立保函司法解释》第 21 条的规定判断，不受外国法院或是仲裁机构是否受理关联纠纷的影响。但与此同时，实践中尚有一些细节问题需要注意。

首先，独立保函纠纷管辖权的确定不受其他国家或地区法院或仲裁机构是否受理关联案件的影响，这仅是一项原则，而并非绝对规则，若我国与其他国家共同缔结或者参加的国际条约对平行程序问题另有规定的，应优先适用该国际条约的有关规定判断国内法院在此种情形下有无管辖权。

其次，若国外的关联案件程序已形成裁判结果，且经当事人依据我国与相关国家或地区之间的国际条约、协议向国内法院申请，国内法院已承认该裁判结果的，则相应平行诉讼不再被允许发生。本质上，这属于禁止一案两诉的范畴。

最后，如出现上述情况，当事人诉至国内法院的纠纷，与已被国内法院承认裁判结果的纠纷，是否属于“同一争议”，往往会成为当事人的争议焦点。这一方面诚然需要通过具体案情加以认定，另一方面，《最高人民法院关于适用〈中华人民共和国民事诉讼法〉的解释》中关于重复起诉的判定标准，亦可作为重要参考。

相关规定

《最高人民法院关于适用〈中华人民共和国民事诉讼法〉的解释》

第二百四十七条　当事人就已经提起诉讼的事项在诉讼过程中或者裁判生效后再次起诉，同时符合下列条件的，构成重复起诉：

（一）后诉与前诉的当事人相同；

（二）后诉与前诉的诉讼标的相同；

（三）后诉与前诉的诉讼请求相同，或者后诉的诉讼请求实质上否定前诉裁判结果。

当事人重复起诉的，裁定不予受理；已经受理的，裁定驳回起诉，但法律、司法解释另有规定的除外。

第五百三十一条　中华人民共和国法院和外国法院都有管辖权的案件，一方当事人向外国法院起诉，而另一方当事人向中华人民共和国法院起诉的，人民法院可予受理。判决后，外国法院申请或者当事人请求人民法院承认和执行外国法院对本案作出的判决、裁定的，不予准许；但双方共同缔结或者参加的国际条约另有规定的除外。

外国法院判决、裁定已经被人民法院承认，当事人就同一争议向人民法院起诉的，人民法院不予受理。

典型案例

中国葛洲坝集团股份有限公司与意大利裕信银行股份有限公司上海分行独立保函纠纷案

上海金融法院(2018)沪74民初1419号

案情介绍

2018年2月12日，中国葛洲坝集团股份有限公司(以下简称葛洲坝集团公司)与位于意大利的CMC公司签订了分包合同，约定由葛洲坝集团公司将科威特南穆特拉住房基础设施建设项目中的部分工程分包给CMC公司。双方并约定，作为合同生效的一项条件，CMC公司应当向原告出具一份不可撤销的无条件履约保函，履约保函的金额应为分包合同总价的10%。

2018年3月5日，意大利裕信银行股份有限公司上海分行(以下简称裕信银行上海分行)根据CMC公司的申请，以葛洲坝集团公司为受益人开具编号为G560的履约保函，载明：鉴于葛洲坝集团公司与CMC公司(申请人)于2018年2月12日签署了金额为98,875,988.93科威特第纳尔的分包合同，并要求开具9,887,598.89科威特第纳尔的履约保函。裕信银行上海分行应申请人要求作为担保人，不可撤销且无条件地承诺，在收到葛洲坝集团公司的书面付款请求的5日内，向其支付总额不超过9,887,598.89科威特第纳尔的款项。葛洲坝集团公司的书面付款请求应声明CMC公司存在违约及具体违约情形，并具有经葛洲坝集团公司银行SWIFT电文认证的签字。同时该保函明确其受URDG 758的约束。

2018 年 11 月 24 日，葛洲坝集团公司向裕信银行上海分行发出书面付款通知，载明：由于 CMC 公司未按分包合同条款履行，并错误地终止合同，葛洲坝集团公司基于 G560 号保函，要求裕信银行上海分行向葛洲坝集团公司开立于渣打银行（中国）有限公司武汉分行的账户支付 9,887,598.89 科威特第纳尔。2018 年 11 月 26 日，渣打银行武汉分行向裕信银行上海分行发出 SWIFT 电文，确认了葛洲坝集团公司在上述付款通知中的签章。

2018 年 12 月 3 日，意大利拉文纳普通法院民事法庭根据 CMC 公司于 2018 年 11 月 30 日提交的申请，签发临时禁令，命令意大利裕信银行股份有限公司不得支付本案系争保函项下的请求金额。

2018 年 12 月 5 日，裕信银行上海分行向葛洲坝集团公司发函确认其于 2018 年 11 月 28 日收到葛洲坝集团公司关于系争保函的付款要求，但鉴于裕信银行上海分行并非独立于意大利裕信银行股份有限公司的法律实体，受意大利拉文纳普通法院禁令约束，不能履行涉案保函的付款义务。

2019 年 3 月 8 日，裕信银行上海分行得知意大利拉文纳普通法院撤销了上述禁令，遂于 2019 年 3 月 14 日指令其代理行裕信银行米兰分行当日向葛洲坝集团公司收款银行的代理行渣打银行纽约分行支付 G560 号保函项下的 9,887,598.89 科威特第纳尔，因该行无法处理该币种而付款未成。

2019 年 3 月 28 日，裕信银行上海分行向葛洲坝集团公司开立于汇丰银行中东支行的账户支付了涉案保函项下的金额。葛洲坝集团公司于 2019 年 4 月 2 日收到该款项。

葛洲坝集团公司起诉要求裕信银行上海分行赔偿因延期支付 G560 号保函项下款项造成的利息损失（以起诉时 9,887,598.89 科威特第纳尔折合的人民币价款为基数，按中国人民银行人民币同期贷款基准利率，自 2018 年 12 月 5 日起计至 2019 年 4 月 2 日）。

诉讼中，裕信银行上海分行以外国法院受理止付程序在先为由，主张中国法院对本案不具有管辖权。

法院裁判

上海金融法院认为，本案系独立保函纠纷，根据《独立保函司法解释》第 21

条的规定,“受益人和开立人之间因独立保函而产生的纠纷案件,由开立人住所地或被告住所地人民法院管辖”。同时,系争 G560 号保函约定受 URDG 758 的约束。URDG 758 第 35 条 a 款规定,“除非保函另有约定,任何担保人和受益人之间与保函有关的争议,应由担保人开立保函的分支机构所在地的国家有管辖权的法院排他性地管辖”。裕信银行上海分行既作为被告,又是开立人,其住所位于中国(上海)自由贸易试验区,故本案应由上海金融法院管辖。本案被告为外国公司,具有涉外因素。根据《中华人民共和国涉外民事关系法律适用法》第 41 条的规定,当事人可以协议选择合同适用的法律。因系争保函对 URDG 758 外的法律适用未作约定,根据 URDG 758 第 34 条 a 款的规定,保函的适用法律应为担保人开立保函的分支机构或营业场所所在地的法律,即中华人民共和国法律。

上海金融法院判决:意大利裕信银行股份有限公司上海分行应于本判决生效之日起 10 日内向原告中国葛洲坝集团股份有限公司赔偿利息损失 76,594.56 科威特第纳尔。宣判后,各方均未提起上诉,判决已发生效力。

评析

本案生效判决认定,外国法院签发的止付令不属于可被申请承认或执行的民事裁决,不在我国与该国司法协助条约的适用范围之内。独立保函受 URDG 758 约束的情况下,该外国法院的临时禁令原则上只在其本国境内生效而不具有域外效力,上海金融法院对本案具有排他性管辖权;境外法院关于保函止付的临时禁令不构成 URDG 758 的不可抗力,保函开立人不能据此主张免责。该案的审理结果,既维护了我国的司法主权,也充分保障了“一带一路”倡议推进中我国企业的合法权益,实现了法律效果与社会效果的有效统一。

拓展研究

平行程序还可能引发禁诉令的问题。禁诉令是指在一定条件下,由本国法院签发的、限制在本国的原告在某一外国法院实施相应的法律救济措施的一项强制令,是英美法系国家常用的一种对抗挑选法院和协调国际平行诉讼的措施。[①]

如在芬兰瓦锡兰有限公司、西特福船运公司、颖勤发动机(上海)有限公司与荣成市西霞船业有限公司其他合同纠纷一案[②]中,受益人(境外买方)根据基础交易合同约定的仲裁条款先行在伦敦申请仲裁。在仲裁期间,申请人(境内卖方)以共同侵权为由向青岛海事法院提起诉讼。受益人在仲裁程序中胜诉后要求申请人履行仲裁裁决,遭到拒绝。之后,受益人转而要求担保人承担预付款保函项下的付款责任。为了阻止担保人支付案涉独立保函项下的款项,申请人向青岛海事法院申请止付令,禁止担保人向受益人支付保函项下的款项。与此同时,为了应对申请人向中国法院起诉,受益人向英国法院申请了禁诉令。结果是,在伦敦进行的仲裁程序中,仲裁机构裁决申请人向受益人返还预付款;在中国进行的诉讼程序中,青岛海事法院裁定禁止担保人向受益人支付保函项下的款项。随后,受益人在英国法院针对案涉独立保函的担保人提出诉讼,要求担保人根据预付款保函承担付款责任。担保人以青岛海事法院作出止付令为由进行抗辩。由于受益人已经在中国的诉讼程序中进行了实体答辩,因此英国法院没有以违反公共政策为由拒绝承认中国法院的止付令。但是英国法院认为,担保人是一家国际商业机构,通过对外提供担保的商业活动获得费用和担保。案涉独立保函条款清楚列明适用英国法,而根据英国法,案涉预付款保函项下的担保人承担见索即付义务,该付款不受外来因素的影响,如中国法院的止付令。在英国的诉讼程序中,英国法院回避了中国法院的止付令,最终支持了案涉预付款独立保函的效力,判令担保人应当向受益人支付保函项下的款项。[③]

在实践中,因为司法主权问题,禁诉令的跨境执行效力很低。在上述案例中,荷兰西特福公司为了应对荣成西霞口公司向中国法院提起的诉讼,向英国法院申请了禁诉令,英国法院也随即签发了禁诉令。但我国法院并未就该禁诉令

---

① 参见付裕:《案例|关于涉外反担保保函管辖权的思考》,载微信公众号“中国国际商会”,2019年8月5日,https://mp. weixin. qq. com/s/yMcGuop1lmjQuQv1AAsEzA。

② 参见最高人民法院民事判决书,(2016)最高法民再16号。

③ 参见蓝天:《从“西霞口”案看中国造船厂在造船合同纠纷中面临的法律问题》,载海法网,http://www. sea-1aw. cn/html/762034317. html。转引自蒋琪主编:《中国独立保函法律实务精要与判例详解》,法律出版社2020年版,第80页。

予以回应或者承认。可是,消极处理不能避免当事人承担违反禁诉令处罚的风险,尤其是当事人在作出禁诉令法院所在国家或地区存在利益时。

三、独立保函欺诈纠纷案件管辖是否受独立保函合同纠纷案件管辖的约束

诉讼争点

《独立保函司法解释》第12条列举了保函欺诈的情形:"(一)受益人与保函申请人或其他人串通,虚构基础交易的;(二)受益人提交的第三方单据系伪造或内容虚假的;(三)法院判决或仲裁裁决认定基础交易债务人没有付款或赔偿责任的;(四)受益人确认基础交易债务已得到完全履行或者确认独立保函载明的付款到期事件并未发生的;(五)受益人明知其没有付款请求权仍滥用该权利的其他情形。"

一旦发生上述欺诈行为,止付申请人该如何向有管辖权的机构提起相关争议程序?保函欺诈纠纷案件管辖是否受独立保函合同纠纷管辖的影响呢?司法实践中对独立保函欺诈纠纷案件管辖权有两种不同的观点。

一种观点认为,独立保函欺诈纠纷是独立保函合同履行纠纷的特殊形态,实质是开立人不愿行使抗辩权的情形下由止付申请人代位行使开立人的权利。故独立保函欺诈纠纷按独立保函合同纠纷确定管辖权,同时受独立保函争议解决条款的约束。

另一种观点认为,独立保函欺诈纠纷案件是在履行独立保函合同纠纷的过程中发生的侵权纠纷,受益人在其与开立人的独立保函法律关系中的欺诈行为会侵害申请人在其与开立人之间申请开立独立保函法律关系中的权利,构成侵害申请人债权的侵权纠纷。故保函欺诈纠纷案件管辖具有独立性,不受独立保函合同纠纷管辖的影响,应当独立适用侵权纠纷的法定管辖权规则。

裁判指引

我国司法实践中采纳第二种观点。即受益人在独立保函项下的欺诈行为会侵害止付申请人在保函申请关系、指示关系项下的权利，保函欺诈纠纷案件管辖具有独立性，止付申请人的权利救济应当适用侵权纠纷的管辖规则。

实践中，保函欺诈往往涉及三方当事人，即保函申请人、保函开立人和保函受益人；独立保函法律关系的当事人是开立人和受益人。保函欺诈纠纷中涉及的主体和独立保函合同的主体不完全一致，因此独立保函合同中约定的争议解决条款并不适用于保函欺诈纠纷的管辖问题，当事人主张根据独立保函的争议解决条款确定管辖法院或提交仲裁的，人民法院不予支持。同时，基于独立保函欺诈纠纷又是立足于独立保函合同基础之上的特点，独立保函欺诈纠纷区别于一般的侵权纠纷，除适用一般侵权纠纷的法定管辖权规则之外，我国立法赋予了当事人自主选择的权利，即当事人可以书面协议的方式选择管辖法院。一旦当事人达成书面协议，当事人书面协议管辖就优先适用。在不能达成协议的情况下，应当根据《中华人民共和国民事诉讼法》中侵权纠纷案件诉讼管辖规则确定。《中华人民共和国民事诉讼法》第29条规定：因侵权行为提起的诉讼，由侵权行为地或者被告住所地人民法院管辖。在独立保函欺诈纠纷中，欺诈行为往往是针对开立人实施的，因此开立人住所地无论是作为侵权行为实施地还是侵权结果发生地都符合侵权法意义上的侵权行为地的定义。因此，独立保函欺诈纠纷应由开立人住所地或被告住所地人民法院管辖。

相关规定

《独立保函司法解释》

第二十一条　受益人和开立人之间因独立保函而产生的纠纷案件，由开立人住所地或被告住所地人民法院管辖，独立保函载明由其他法院管辖或提交仲裁的除外。当事人主张根据基础交易合同争议解决条款确定管辖法院或提交仲裁的，人民法院不予支持。

独立保函欺诈纠纷案件由被请求止付的独立保函的开立人住所地或被告住

所地人民法院管辖，当事人书面协议由其他法院管辖或提交仲裁的除外。当事人主张根据基础交易合同或独立保函的争议解决条款确定管辖法院或提交仲裁的，人民法院不予支持。

URDG 758

第 35 条　司法管辖权

a. 除非保函另有约定，任何担保人与受益人之间与保函有关的争议，应由担保人开立保函的分支机构所在地点的国家有管辖权的法院排他性地解决。

典型案例

澳大利亚杜罗·费尔格拉私营股份有限公司、大连华锐重工国际贸易有限公司信用证欺诈纠纷案

最高人民法院(2017)最高法民辖终 264 号

案情介绍

2011 年 8 月 31 日，大连华锐重工国际贸易有限公司(以下简称大连华锐公司)作为设备供应商与买方澳大利亚 Roy Hill 公司(后更名为澳大利亚杜罗·费尔格拉私营股份有限公司，以下简称澳大利亚杜罗公司)签订了基础合同。

基础合同第 28.3 条约定："仲裁地为新加坡，仲裁过程应使用英语。仲裁应根据本合同签署当日有效的《联合国国际贸易法委员会仲裁规则》进行……仲裁应按照第 36(b)项中所述的规则进行。在法律允许范围内，双方同意：(a)西澳大利亚州《民事责任法案》第 1F 章所授予法院的相关权力和施加的相关限制不得授予或施加于根据第 28.3 条指定的仲裁员；以及(b)排除要求第 28.3 条指定的任何仲裁员必须适用或考虑依据西澳大利亚州《民事责任法案》第 1F 章条款(或任何其他国家或地区的类似法律规定)，对相关纠纷发布仲裁令或仲裁裁决的权力。该第 1F 章条款的规定，只有在没有第 28.3 条的情况下才默认适用于仲裁案件。"基础合同附录 E《担保和赔偿契约》第 10.3 条约定："(a)第 10.3 至 10.9 条仅适用于担保人是一家外国公司的情况[见 2001 年企

业法（Cth）第9部分所定义］。（b）任何直接或间接基于本契约、由本契约引起或与本契约有关的争端、主张或争议（包括但不限于针对本契约存续、有效性或终止的任何问题）均应提交仲裁，并按照澳大利亚国际商业仲裁中心的仲裁规则（简称ACICA仲裁规则）最终仲裁解决。（c）仲裁地点为西澳大利亚珀斯。（d）仲裁员的人数应为一人。（e）仲裁语言为英语。"

2013年9月18日，大连华锐公司委托中国银行股份有限公司辽宁省分行（后更名为中国银行股份有限公司大连市分行，以下简称中行大连市分行）向受益人澳大利亚杜罗公司开立了一份履约保函。保函记载："此无条件履约保函受西澳大利亚法律管辖并据其解释。"

2016年4月7日，澳大利亚杜罗公司提出立即支付保函款项的要求。2016年4月15日，大连华锐公司以澳大利亚杜罗公司为被告，中国银行股份有限公司辽宁省分行（以下简称中行辽宁省分行）、中行大连市分行为第三人向辽宁省高级人民法院提起诉讼。同日，大连华锐公司向辽宁省高级人民法院申请诉讼保全。2016年4月19日，辽宁省高级人民法院作出（2016）辽民初24号民事裁定，裁定中行辽宁省分行、中行大连市分行中止支付保函项下的款项。澳大利亚杜罗公司在提交答辩状期间，对管辖权提出异议。

法院裁判

一审辽宁省高级人民法院认为：（1）本案属于侵权民事纠纷。（2）澳大利亚杜罗公司与大连华锐公司在基础合同中虽约定了相关争议需由新加坡仲裁庭仲裁解决，但澳大利亚杜罗公司与中行大连市分行在案涉保函中没有约定管辖地法院或者仲裁。因本案审理的法律关系是中行大连市分行与澳大利亚杜罗公司之间的担保合同法律关系，并非大连华锐公司与澳大利亚杜罗公司之间的合同法律关系，故大连华锐公司与澳大利亚杜罗公司之间约定的管辖效力不能及于本案。（3）本案属涉外商事案件，侵权结果发生地位于辽宁省，诉争标的额在人民币1亿元以上，依法应由该法院管辖，故对澳大利亚杜罗公司的管辖异议不予支持。裁决驳回管辖权异议，裁定中止支付保函项下的款项。澳大利亚杜罗公司向最高人民法院提起上诉。

最高人民法院认为,本案一方当事人澳大利亚杜罗公司的住所地位于我国领域外,本案系涉外案件。根据《中华人民共和国涉外民事关系法律适用法》第8条“涉外民事关系的定性,适用法院地法律”的规定,本案定性应适用我国法律。大连华锐公司是案涉保函的开立申请人,其申请原中行辽宁省分行向澳大利亚杜罗公司开立见索即付保函,根据保函文本内容,原中行辽宁省分行的付款义务独立于基础交易关系及保函申请法律关系,因此,上述保函可以确定为见索即付独立保函。大连华锐公司认为澳大利亚杜罗公司虚构基础合同项下的违约事实,向保函开立人欺诈性索取保函款项,侵害了其财产权益并提起本案诉讼,因此本案属于独立保函欺诈纠纷。

关于本案争议是否受《担保和赔偿契约》中的仲裁条款约束问题,可参照2016年12月1日起施行的《独立保函司法解释》。《独立保函司法解释》第21条第2款规定:“独立保函欺诈纠纷案件由被请求止付的独立保函的开立人住所地或被告住所地人民法院管辖,当事人书面协议由其他法院管辖或提交仲裁的除外。当事人主张根据基础交易合同或独立保函的争议解决条款确定管辖法院或提交仲裁的,人民法院不予支持。”独立保函属于为基础合同的履行提供担保,因独立保函欺诈产生的争议是否受基础合同当事人专门就担保问题订立的合同中仲裁条款的约束,应当根据独立保函欺诈法律关系的性质具体分析。独立保函欺诈法律关系表现为受益人违反诚信原则,滥用独立保函项下的权利进行索款,其不仅损害保函开立人的利益,亦损害保函申请人的利益。保函欺诈法律关系的当事人为三方——保函申请人、保函开立人(包括独立反担保函的开立人)和保函受益人。因此,仲裁条款约束力的范围应当依据保函欺诈法律关系的特殊性作出判断。首先,独立保函欺诈侵权救济方式具有特殊性,其是在对基础合同进行有限审查的基础上,通过判令保函开立人终止付款义务的方式提供救济。保函欺诈纠纷裁决的既判力必然扩张到保函开立人,没有开立人出现的纠纷解决程序无法作出具有实际救济效力的裁决。其次,独立保函欺诈侵权纠纷的审理范围具有特殊性,其必然涉及对受益人保函项下单据或文件的真实性以及开立人审查单据义务的判断。因此,即使保函申请人只起诉受益人,保函索款过程的审查仍然是判断是否构成欺诈的前提条件。本案中,尽管保函申请人和受益人之间专门就担保争议约定通过仲裁方式解决，表面上看，独立保函作为基础合同履行的担保手段，因独立保函欺诈产生的争议应当受基础合同当事人专门就担保问题订立之合同中仲裁条款的约束，但鉴于独立保函欺诈侵权纠纷审理范围与救济方式的特殊性，保函开立人做出同意仲裁的意思表示是其受上述仲裁条款约束的前提。本案中，试图解决担保事项争议的仲裁条款存在于大连华锐公司与澳大利亚杜罗公司作为当事方的《担保和赔偿契约》之中，保函开立人没有以书面形式将上述仲裁条款记载于保函之中亦未以明示方式并入保函，澳大利亚杜罗公司未能提交证据证明保函开立人以其形式表示受上述仲裁条款的约束，因此不能认定保函申请人、受益人和开立人三方当事人就保函欺诈纠纷提交仲裁达成了一致。本案保函申请人和受益人之间虽然就基础合同担保事宜单独订立了仲裁条款，但不构成《独立保函司法解释》第 21 条第 2 款规定的例外情形。澳大利亚杜罗公司关于《担保和赔偿契约》仲裁条款应适用于本案的上诉理由不能成立，最高人民法院不予支持。因本案独立保函欺诈纠纷当事人之间并不存在将纠纷交由其他法院管辖或提交仲裁的合意，依照《独立保函司法解释》第 21 条第 2 款的规定，本案应由被请求止付的独立保函开立人住所地或被告住所地人民法院管辖，且诉争标的额在人民币 1 亿元以上，原审法院作为被请求止付的独立保函开立人住所地法院对本案享有管辖权。

关于本案争议是否受基础合同中的仲裁条款约束问题。本案基础合同第 28 条约定："仲裁地为新加坡，仲裁过程应使用英语。仲裁应根据本合同签署当日有效的《联合国国际贸易法委员会仲裁规则》进行。仲裁由三名仲裁员在新加坡进行。"基础合同仲裁条款解决的事项是基础合同的当事方大连华锐公司及澳大利亚杜罗公司因基础合同履行产生的争议。独立保函虽为保障基础合同履行而开立的，但一经开立，即独立于基础合同。独立保函侵权争议产生于大连华锐公司、澳大利亚杜罗公司及保函开立人之间，基础合同纠纷与保函欺诈纠纷所争议的法律关系性质、当事人范围均不相同。此外，将争议提交仲裁解决的意思表示是当事人受仲裁条款约束的前提。基础合同中的仲裁条款是大连华锐公司及澳大利亚杜罗公司之间的合意，其不能约束基础合同以外的第三人。保函开立人作为基础合同之外的第三人，不受基础合同仲裁条款的约束。保函欺诈纠纷虽与基础合同相关联，但因涉及保函开立人，而保函开立人原中行辽宁省分行未与大连华锐公司及澳大利亚杜罗公司之间达成仲裁协议，因此，不受基础合同中仲裁条款的约束。澳大利亚杜罗公司上诉认为，《第二次全国涉外商事海事审判工作会议纪要》（以下简称《会议纪要》）第 7 条规定，涉外商事合同的当事人之间签订的有效仲裁协议约定了因合同发生的或与合同有关的一切争议均应通过仲裁方式解决，大连华锐公司就签订和履行合同过程中发生的纠纷以侵权为由向人民法院提起诉讼的，人民法院不享有管辖权。《会议纪要》第 7 条解决的问题是，基础合同履行中存在违约与侵权竞合的情况下，基础合同当事方即使以侵权纠纷为由寻求救济，也仍然受基础合同中仲裁条款的约束，本案显然不属此种情形。澳大利亚杜罗公司主张，按照西澳大利亚法律，在银行保函中无管辖权条款的情况下，基础合同项下的仲裁约定可延伸适用于银行保函。本案中，独立保函未约定管辖或仲裁条款，仅约定“此无条件履约保函受西澳大利亚法律管辖并据其解释”。上述约定属于当事人之间对保函实体问题准据法的约定，涉及保函欺诈侵权纠纷的管辖问题作为程序性事项，应当适用法院地法判断，不能适用西澳大利亚法律解决本案的管辖权争议。澳大利亚杜罗公司关于基础合同存在仲裁条款，大连华锐公司就保函欺诈纠纷以侵权为由提起诉讼，应当受基础合同仲裁条款约束的上诉理由不能成立，最高人民法院不予支持。

关于本案是否适用不方便法院原则问题。本案中，大连华锐公司、中行辽宁省分行、原中行辽宁省分行都是在中华人民共和国登记设立的法人。大连华锐公司的诉讼请求是确认澳大利亚杜罗公司在本案所涉保函项下的索款过程中存在欺诈，判决银行终止向澳大利亚杜罗公司支付保函项下的款项。本案的审理涉及大连华锐公司和中行辽宁省分行、原中行辽宁省分行的利益，本案情形显然不符合《最高人民法院关于适用〈中华人民共和国民事诉讼法〉的解释》第 532 条规定的条件。澳大利亚杜罗公司关于本案应适用不方便法院原则的上诉理由不能成立，最高人民法院不予支持。

最终，最高人民法院裁决驳回上诉，维持原裁定。

评析

本案对于明确保函欺诈案件的管辖问题具有重要意义：首先，区分了一般独立保函纠纷和独立保函欺诈纠纷。明确了受益人虚构基础合同项下的违约事实，向保函开立人索取保函款项，侵害开立人的财产权益，属于独立保函欺诈纠纷。其次，就独立保函欺诈纠纷的案件管辖，明确了不受基础合同争议解决条款的约束。在司法实践中，除非三方当事人达成明确一致意见，否则一般情况下保函开立人与受益人之间的独立保函争议解决条款也难以影响独立保函欺诈纠纷的管辖。不能仅凭基础交易当事人在基础交易协议中就适用法律和司法管辖的约定或保函条款就保函适用法律和司法管辖的约定，认定当事人就独立保函欺诈纠纷的适用法律和司法管辖达成了协议。在保函申请人、受益人和开立人三方当事人就保函欺诈纠纷适用法律和司法管辖未达成协议的情况下，保函开立人所在地人民法院可以管辖，适用保函开立人经常居住地或开立保函分支机构登记地法律解决独立保函欺诈纠纷。

拓展研究

国际商会1991年版URDG 458中对见索即付保函的管辖规定见于第28条。[①]该条款明确了见索即付保函司法管辖的两大规则，即协议管辖规则和担保人所在地法院的专属管辖规则。

国际商会2010年版URDG 758在1991年版URDG 458的基础上，大胆吸收与借鉴了备用信用证与商业信用证规则的成熟经验。与URDG 458相比，URDG 758体系更为清晰、措辞更加精确、内容更加全面、利益保护更加平衡，也

① 原文如下：Section：F. GOVERNING LAW AND JURISDICTION…Article 28 Unless otherwise provided in the Guarantee or Counter-Guarantee, any dispute between the Guarantor and the Beneficiary relating to the Guarantee or between the Instructing Party and the Guarantor relating to the Counter-Guarantee shall be settled exclusively by the competent court of the country of the place of business of the Guarantor or Instructing Party (as the case may be), or, if the Guarantor or Instructing Party has more than one place of business, by the competent court of the country of the branch which issued the Guarantee or Counter-Guarantee。

更好地切合了保函实务操作的需求。URDG 758 的司法管辖条款见于第 35 条。① 其第 35 条“司法管辖”规定：a. 除非保函另有约定，担保人与受益人之间有关保函的任何争议应由担保人开立保函的分支机构或营业场所所在地有管辖权的法院专属管辖。b. 除非反担保函另有约定，反担保人与担保人之间有关反担保函的任何争议应由反担保人开立反担保函的分支机构或营业场所所在地有管辖权的法院专属管辖。第 35 条 a 款主要针对担保人和受益人之间有关保函的争议；b 款主要针对担保人和反担保人之间有关反担保协议的争议。两者相较，除体例上将原来的“一条一款”拆分为“一条两款”，措辞和表述更为准确外，管辖规则本身没有发生实质性变化。URDG 458 确立的协议管辖规则和担保人所在地法院的专属管辖规则在 URDG 758 中仍然得到了继承。

根据 URDG 管辖权条款中“担保人与受益人之间有关保函的任何争议”较为笼统的表述及其他条款中未见“保函欺诈纠纷管辖权”特别规定之情形，能否得出上述司法管辖条款同样适用于独立保函欺诈纠纷案件管辖的结论呢？鉴于独立保函欺诈的特殊性，我们认为独立保函欺诈纠纷的管辖权不能直接适用上述管辖规定予以确定。

首先，从文义解释的角度分析，“保函欺诈争议”能否解释为“担保人与受益人之间有关保函的争议”？笔者认为，保函欺诈纠纷并非仅仅涉及开立人和受益人两方，受益人的欺诈行为直接作用于开立人，而实质侵害的却是保函申请人的权益，因此保函欺诈涉及三方当事人，不能直接归入“担保人（开立人）与受益人之间的争议”。其次，从法律关系性质的角度分析，独立保函法律关系一般认为属于合同关系，而保函欺诈属于侵权法律关系。基于不同法律关系发生的纠纷适用不同的法律，确定管辖权的原则也不同。管辖权问题作为程序性事项，应当适用法院地法进行判断。比如，《中华人民共和国民事诉讼法》第 29 条规定，

---

① 原文如下：Article 35 Jurisdiction a. Unless otherwise provided in the guarantee, any dispute between the guarantor and the beneficiary relating to the guarantee shall be settled exclusively by the competent court of the country of the location of the guarantor's branch or office that issued the guarantee. b. Unless otherwise provided in the counter-guarantee, any dispute between the counter-guarantor and the guarantor relating to the counter-guarantee shall be settled exclusively by the competent court of the country of the location of the counter-guarantor's branch or office that issued the counter-guarantee。

因侵权行为提起的诉讼由侵权行为地或者被告住所地人民法院管辖。由于独立保函欺诈行为的实施对象为开立人，因此《独立保函司法解释》将开立人住所地作为侵权行为地加以明确。最后，独立保函欺诈作为独立保函独立性原则的例外，也可以理解为对独立性原则适用范围的限定，与独立性原则相互依存，因此独立保函欺诈纠纷的管辖独立于基础合同法律关系，同时区别于一般的独立保函纠纷管辖规则。

综上，国际商会的见索即付保函统一规则中未对独立保函欺诈纠纷管辖问题作出特别规定，而是将其留给各国自行立法解决，这既尊重了各国的立法实践，也最大限度地避免了不必要的管辖冲突，使 URDG 作为国际惯例在独立保函国际贸易的司法实践中得到了最大限度的认可。

第四章

独立保函纠纷案件的准据法

独立保函常见于国际货物买卖、国际建设工程、跨境借贷等交易，在独立保函法律关系中，至少存在申请人、开立人、受益人三方当事人，这些当事人往往位于不同国家和地区，一旦产生纠纷，在实体争议乃至程序事项之前，法律冲突问题是首先需要解决的问题。

在准据法的确定方面，URDG 758、《独立担保公约》以及我国《独立保函司法解释》的相关规定基本一致，[①]均体现了以下原则：

一是意思自治优先原则。私法自治原则贯穿于整个独立担保法律关系的始终。[②]《中华人民共和国涉外民事关系法律适用法》第 3 条和第 41 条对意思自治原则均作了明确规

① URDG 758 第 34 条"适用法律"规定："a. 除非保函另有约定，保函的适用法律应为担保人开立保函的分支机构或营业场所所在地的法律。b. 除非反担保函另有约定，反担保函的适用法律应为反担保人开立反担保函的分支机构或营业场所所在地的法律。"《独立担保公约》第 21 条准据法之选择：保证应受依下列方法选择的法律调整：（a）保函所规定者或者保函条款所昭示者；（b）保证人和受益人另有协议者。第 22 条准据法之确定：依第 21 条未能选择法律者，保证应受保证人签发保函的营业地所在国之法律调整。

② 参见刘应民、张亮：《独立担保制度研究：以见索即付保函与备用信用证为视角》，中国社会科学出版社 2017 年版，第 183 页。

定，当事人在纠纷发生之前或之后，均可以协议的方式确定适用哪个国家或地区的法律、国际惯例或国际条约。①

二是最密切联系补充原则。《中华人民共和国涉外民事关系法律适用法》第 41 条规定，当事人没有选择的，适用履行义务最能体现该合同特征的一方当事人经常居所地法律或者其他与该合同有最密切联系的法律。该原则赋予了法官自由裁量权。为避免不同法官在联系因素选择上的随意性导致不可控局面，多个国家采用了“特征履行”的标准，即以合同履行特征当事人的住所地、惯常居住地或营业所在地法作为准据法。② 就独立保函而言，我国司法解释认定开立人住所地为独立保函合同的特征履行地，而不适用《最高人民法院关于适用〈中华人民共和国民事诉讼法〉的解释》第 18 条关于合同履行地的一般规定，故应以其住所地或登记地法律为准据法。

三是保函欺诈例外原则。在涉外独立保函欺诈纠纷中，由于绝大多数情况下起诉方为申请人，③而且并非该独立保函的直接当事人，保函中载明的法律并不能依意思自治原则当然适用。此时，鉴于申请人要求确认受益人存在欺诈性索赔的目的系欲终止该独立保函项下款项的支付，以防止申请人的合法权益被侵害，故涉外独立保函欺诈纠纷本质上应定性为侵权纠纷，如当事人对适用法律不能达成一致的，应当适用侵权行为地法律。④ 侵权行为地通常包括侵权行为实施地和侵权结果发生地，一般而言，独立保函的开立人或者是转开保函中反担保函的开立人所在地，可以被认为是侵权结果发生地。当然，侵权行为地法律的适用也不是绝对的，根据最密切联系原则，如当事人有共同经常居所地的，应当适用共同经常居所地法律。

在通常情况下，各方当事人会对独立保函业务中涉及的法律适用问题进行必要的约定，但在产生纠纷时，尤其是在转开保函、保函欺诈等复杂情况下，由于

---

① 参见蒋琪主编：《中国独立保函法律实务精要与判例详解》，法律出版社 2020 年版，第 215 页。

② 参见章印：《独立保函法律适用及管辖权问题》，载《中国外汇》2017 年第 24 期。

③ 虽然《独立保函司法解释》明确，独立保函的申请人、开立人或指示人（反担保人）均可以提起独立保函欺诈诉讼，但是实践中后两者基于商誉等因素的考虑，极少主动发起此类诉讼。

④ 参见杨弘磊、许英林：《独立保函欺诈的认定规则》，载《人民司法》2019 年第 29 期。

多方、多重法律关系的叠加,仍然会产生关于准据法选择的争议。例如,URDG是独立保函业务及相应争议中援引频次很高的保函规则,在当事人没有约定适用时可否被视为国际惯例而主动适用,此时需要在识别保函性质之后才能决定适用的法律;有的保函既约定适用 URDG,又约定责任性质为连带责任保证;在转开保函欺诈纠纷中,如何在申请人同时申请止付保函以及反担保函,并且保函和反担保函的开立人通常位于不同国家的复杂情况下,正确识别纠纷适用的准据法,等等。

《独立保函司法解释》第 22 条是我国关于涉独立保函纠纷的主要冲突法规范,但在厘清上述争议时,仍需在《独立保函司法解释》第 22 条的基础上对诸多细节问题加以审视与判断。

一、URDG 是否为独立保函的法律渊源

诉讼争点

国际商会执行理事会于 1991 年 12 月批准了 URDG 458,2010 年 7 月 1 日又实施了修订后的 URDG 758。对于 URDG 是否为独立保函的当然法源,在《独立保函司法解释》出台之前的司法实践中存在不同的观点。

第一种观点认为,URDG 可以作为国际惯例主动适用。URDG 规定了国际交易中有关独立保函的习惯做法,属于行业普遍适用的国际惯例。司法实践中,可以参照《最高人民法院关于审理信用证纠纷案件若干问题的规定》将 UCP 600 上升为法源的做法,[①]在当事人没有约定适用时,人民法院可以将其作为国际惯例主动予以适用。从最高人民法院的判例来看,最高人民法院曾直接适用了

① 《最高人民法院关于审理信用证纠纷案件若干问题的规定》第 2 条规定:“人民法院审理信用证纠纷案件时,当事人约定适用相关国际惯例或者其他规定的,从其约定;当事人没有约定的,适用国际商会《跟单信用证统一惯例》或者其他相关国际惯例。”

URDG 458 的实体规则解决纠纷。[①]

第二种观点认为，应尊重当事人的意思自治。国际惯例具有普遍性及任意性的特点，随意适用将容易造成误用和不确定性，原则上法院应拒绝适用当事人没有明确约定的国际惯例。[②] URDG 是国际商会为了统一独立保函交易而制定的合同示范条款，其中并没有允许法院直接适用的条款，其效力来自当事人的选择适用，如果当事人在独立保函中规定适用，则该规则的内容构成独立保函条款的组成部分，对当事人当然具有约束力；但在当事人没有同意适用的情况下，没有强制适用的效力。

裁判指引

司法实务中笔者认为应采纳观点二。

《独立保函司法解释》第 5 条对上述争议给予了明确回应："独立保函载明适用《见索即付保函统一规则》等独立保函交易示范规则，或开立人和受益人在一审法庭辩论终结前一致援引的，人民法院应当认定交易示范规则的内容构成独立保函条款的组成部分。不具有前款情形，当事人主张独立保函适用相关交易示范规则的，人民法院不予支持。"该司法解释没有延续《最高人民法院关于审理信用证纠纷案件若干问题的规定》的做法，将 URDG 作为国际惯例性质可以主动适用的法源，而是采取契约条款说，认定 URDG 的性质为国际民间性商事组织制定的定型化交易规则，因当事人的约定适用而对当事人产生法律拘束力，[③]这也与我国涉外民事关系法律适用法的基本原则相一致。[④]

在审判实践中，具体适用 URDG 时应注意以下问题：第一，当事人合意援引

---

① 参见意大利商业银行与江苏溧阳莎菲特非织造布有限公司等购销合同不能交货纠纷案，最高人民法院(1998)经终字第 289 号民事判决书。

② 参见刘应民、张亮：《独立担保制度研究：以见索即付保函与备用信用证为视角》，中国社会科学出版社 2017 年版，第 185 页。

③ 参见张勇健、沈红雨：《〈关于审理独立保函纠纷案件若干问题的规定〉的理解和适用》，载《人民司法(应用)》2017 年第 1 期。

④ 《中华人民共和国涉外民事关系法律适用法》第 3 条规定，当事人依照法律规定可以明示选择涉外民事关系适用的法律。

的意思表示可以是通过协议约定明示,也可以是通过援引行为默示的。独立保函中载明或者当事人在一审法庭辩论终结前一致援引的,均应当认定 URDG 的内容构成独立保函条款的组成部分。其中所谓当事人一致援引,应包括诉讼程序中开立人和受益人达成的书面协议、口头协议或是在诉讼文件中均援引同一交易示范规则的行为所体现的一致意思表示。

第二,URDG 存在 458、758 两个版本,需要当事人在援引时加以明确。[①] 此外,独立保函规则并非只有 URDG 一种,有国内法、国际惯例、国际公约(如《独立保函与备用信用证公约》,我国未加入,但允许当事人约定适用)供当事人选择。甚至仅就国际惯例而言,目前在独立保函领域亦未形成经反复适用而得到普遍认可的统一国际惯例,URDG、《国际备用信用证惯例》(International Standby Practices,以下简称 ISP98)、《跟单信用证统一惯例》(Uniform Customs & Practice for Documentary Credits,以下简称 UCP 600)均有一定市场,[②]故 URDG 尚不具有国际惯例的法律渊源地位。[③] 在独立保函没有载明适用何种交易示范规则,开立人和受益人在一审法庭程序辩论终结前也没有达成一致援引的意思表示时,人民法院不应主动适用。

第三,无论适用何种独立保函交易示范规则,均仅为当事人的约定事项,产生的是类似于提单背面条款的并入效果,亦即 URDG 等独立保函交易示范规则

---

① 虽然 URDG 458 与 URDG 758 均为国际商会公开出版物,实际上二者在审单拒付时间、非单据化条件、失效日期、不可抗力等方面存在较大差异。参见李永勇:《独立保函适用 URDG 458 之风险剖析》,载《中国城市金融》2017 年第 12 期。

② 备用信用证和见索即付保函都是独立担保的衍生形式,但是由于在实践中欧美国家的商事发展需求差异,北美更习惯于适用 ISP 98,欧洲则倾向于适用 URDG 758。参见陆璐:《独立保函的时代演进与制度发展》,东南大学出版社 2019 年版,第 5 页。

③ 同 URDG 458 相比,URDG 758 最显著的变化是采用了 UCP 600 的起草风格和语言,且其规则更有利于受益人。在 URDG 758 颁布前,许多人更愿意将备用信用证作为其首选的见索即付保函,更愿意采用 UCP 600 或 ISP 98 作为适用的基本规则,愿意选择适用 URDG 458 的见索即付保函寥寥无几。但修订后的 URDG 758 却仍明显偏向于申请人和担保人的权益。此外,虽然采用 UCP 风格的语言本应该能够使 URDG 758 更易于被从事国际贸易和国际建设工程的人使用,但是许多在国际贸易市场中经营业务的受益人却仍然认为基于 URDG 开立的保函的吸引力远低于不适用 URDG 开立的保函或备用信用证。参见蒋琪主编:《中国独立保函法律实务精要与判例详解》,法律出版社 2020 年版,第 23 页。

严格而言只是“规则”，而非“法源”。[①] 因此，当事人不仅可以在国际独立保函中约定适用，而且可以在国内独立保函中约定适用；既可以约定全部适用，也可约定部分适用（仅保函的部分内容适用或者仅适用交易示范规则的部分内容），还可以通过独立保函条款修改规则的相关条款。与此同时，当事人约定了适用的独立保函交易示范规则并不等同于约定了独立保函纠纷的准据法，人民法院仍应视案情需要对准据法问题另行作出判断。[②] 并且，参照我国涉外民事关系法律适用法的立法精神，对于涉外独立保函纠纷的管辖及准据法问题，理论上不应依据当事人约定的独立保函交易示范规则，而是应当适用中国法律加以判断。[③]

第四，至少存在以下情形，即便当事人事先明确约定，URDG 等交易示范规则等仍不应适用：一是关于独立保函的识别问题。独立保函的识别本质上是冲突规范的识别，是指“依据一定的法律观念，对有关的事实构成作出定性或分类，将其归入一定的法律范畴，或对有关的冲突规范所使用的法律名词进行解释，从而确定应援用哪一种冲突规范的认识过程”。[④] 识别是为了解决法律适用而存在的，但其自身亦涉及法律适用问题，其准据法并不能由当事人自行约定，而是应当适用法院地法律，即中国法律。[⑤] 二是涉外独立保函欺诈纠纷。URDG 没有对保函欺诈的认定及保函欺诈例外作出具体规定，此时应根据《中华人民

① 参见苑超：《关于最高人民法院独立保函司法解释实务解析》，中国商务出版社 2019 年版，第 17 页。原文为“只是 rule，而非 law”。作者同时认为，这是一种进步的做法，因为 URDG 和 UCP 都处于不停更新的状态，尽管国际商会规则的权威性和合理性在国际上受到比较广泛的认可，但是中国作为一个拥有司法主权的独立国家，不宜将一个由外国人制定的、处于不断更新的状态下的规则直接以司法解释的形式确定为法律规定。

② 例如，在中国葛洲坝集团股份有限公司与意大利裕信银行股份有限公司上海分行其他合同纠纷案［（2018）沪 74 民初 1419 号］中，上海金融法院认为，双方当事人在案涉保函中明确选择适用 URDG 758，从而将 RDG 758 各条款纳入保函，成为保函的约定内容，对保函当事人具有约束力。故 URDG 758 应作为该案争议处理的依据之一。保函对 URDG 758 之外的法律选择未另作约定，因此，该案适用被告营业场所所在地法律——中国法律。

③ 《中华人民共和国涉外民事关系法律适用法》第 9 条规定：涉外民事关系适用的外国法律，不包括该国的法律适用法。事实上，由于《独立保函司法解释》中关于管辖和准据法的规定与 URDG 基本一致，故国内许多论述和判例中关于独立保函纠纷的管辖和准据法问题，判断的依据均引用的是 URDG 而非《独立保函司法解释》，虽然最终结果无误，但严格而言理由值得商榷。

④ 参见韩德培：《国际私法新论》，武汉大学出版社 2009 年版，第 160 页。

⑤ 《中华人民共和国涉外民事关系法律适用法》第 8 条规定：涉外民事关系的定性，适用法院地法律。

共和国涉外民事关系法律适用法》第44条“侵权责任,适用侵权行为地法律”的规定,URDG未予涉及的保函欺诈之认定标准应适用中国法律。三是涉外独立保函的程序性止付(又称止付保全)案件。该类案件由于兼具程序和实体审查的特点,因此各国法院对涉外止付保全的法律适用问题亦存在不同的观点。当前主流观点认为,止付保全程序不是一个逻辑自足的制度体系,其以确保判决的终局执行为目的,并依赖主诉或仲裁的存在。因此,即使人民法院在处理止付保全申请过程中对实体问题进行初步审查,也不能终局地解决实体争议,故并不改变止付保全作为一类司法程序的性质。《中华人民共和国民事诉讼法》第4条规定,凡在中华人民共和国领域内进行民事诉讼,必须遵守本法。根据程序问题适用法院地法的原则,人民法院应当适用我国法律处理涉外止付保全申请。

相关规定

《中华人民共和国民事诉讼法》

第四条 凡在中华人民共和国领域内进行民事诉讼,必须遵守本法。

《中华人民共和国涉外民事关系法律适用法》

第三条 当事人依照法律规定可以明示选择涉外民事关系适用的法律。

第八条 涉外民事关系的定性,适用法院地法律。

第九条 涉外民事关系适用的外国法律,不包括该国的法律适用法。

第四十四条 侵权责任,适用侵权行为地法律,但当事人有共同经常居所地的,适用共同经常居所地法律。侵权行为发生后,当事人协议选择适用法律的,按照其协议。

《最高人民法院关于适用〈中华人民共和国涉外民事关系法律适用法〉若干问题的解释(一)》(2020年修正)

第六条 当事人在一审法庭辩论终结前协议选择或者变更选择适用的法律的,人民法院应予准许。

各方当事人援引相同国家的法律且未提出法律适用异议的,人民法院可以认定当事人已经就涉外民事关系适用的法律做出了选择。

第七条 当事人在合同中援引尚未对中华人民共和国生效的国际条约的,

人民法院可以根据该国际条约的内容确定当事人之间的权利义务，但违反中华人民共和国社会公共利益或中华人民共和国法律、行政法规强制性规定的除外。

《独立保函司法解释》

第五条　独立保函载明适用《见索即付保函统一规则》等独立保函交易示范规则，或开立人和受益人在一审法庭辩论终结前一致援引的，人民法院应当认定交易示范规则的内容构成独立保函条款的组成部分。

不具有前款情形，当事人主张独立保函适用相关交易示范规则的，人民法院不予支持。

第二十二条第三款　涉外独立保函止付保全程序，适用中华人民共和国法律。

典型案例

安徽省外经建设（集团）有限公司与东方置业房地产有限公司保函欺诈纠纷案（最高人民法院指导案例109号）

最高人民法院(2017)最高法民再134号

案情介绍

2010年1月16日，东方置业房地产有限公司(以下简称东方置业公司)作为开发方，与作为承包方的安徽省外经建设(集团)有限公司(以下简称外经集团公司)、作为施工方的安徽外经建设中美洲有限公司(以下简称外经中美洲公司)在哥斯达黎加共和国圣何塞市签订了《哥斯达黎加湖畔华府项目施工合同》(以下简称《施工合同》)，约定承包方为3栋各14层综合商住楼施工。外经集团公司于2010年5月26日向中国建设银行股份有限公司安徽省分行(以下简称建行安徽省分行)提出申请，并以哥斯达黎加银行作为转开行，向作为受益人的东方置业公司开立履约保函，保证事项为哥斯达黎加湖畔华府项目。2010年5月28日，哥斯达黎加银行开立编号为G051225的履约保函，担保人为建行安徽省分行，委托人为外经集团公司，受益人为东方置业公司，担保金额为

2,008,000 美元,有效期至 2011 年 10 月 12 日,后延期至 2012 年 2 月 12 日。保函说明:无条件的、不可撤销的、必需的、见索即付的保函。执行此保函需要受益人给哥斯达黎加银行中央办公室外贸部提交一式两份的证明文件,指明执行此保函的理由。另外,由受益人出具公证过的声明指出通知外经中美洲公司因为违约而产生此请求的日期,并附上保函证明原件和已经出具过的修改件。建行安徽省分行同时向哥斯达黎加银行开具编号为 34147020000289 的反担保函,承诺自收到哥斯达黎加银行通知后 20 日内支付保函项下的款项。反担保函是"无条件的、不可撤销的、随时要求支付的",并约定"遵守 URDG 458"。

《施工合同》履行过程中,2012 年 1 月 23 日,建筑师何塞・布雷内斯(Jose Brenes)和毛里齐奥・莫拉(Mauricio Mora)出具《项目工程检验报告》。该报告认定施工项目存在"施工不良""品质低劣"且需要修改或修理的情形。2012 年 2 月 7 日,外经中美洲公司以东方置业公司为被申请人向哥斯达黎加建筑师和工程师联合协会争议解决中心提交仲裁请求,认为东方置业公司拖欠应支付之已完成施工量的工程款及相应利息,请求解除合同并裁决东方置业公司赔偿损失。2 月 8 日,东方置业公司向哥斯达黎加银行提交索赔声明、违约通知书、违约声明、《项目工程检验报告》等保函兑付文件,要求执行保函。2 月 10 日,哥斯达黎加银行向建行安徽省分行发出电文,称东方置业公司提出索赔,要求支付 G051225 号银行保函项下 2,008,000 美元的款项,哥斯达黎加银行进而要求建行安徽省分行须于 2012 年 2 月 16 日前支付上述款项。2 月 12 日,应外经中美洲公司申请,哥斯达黎加共和国行政诉讼法院第二法庭下达临时保护措施禁令,裁定哥斯达黎加银行暂停执行 G051225 号履约保函。

2 月 23 日,外经集团公司向合肥市中级人民法院提起保函欺诈纠纷诉讼,同时申请中止支付 G051225 号保函、34147020000289 号保函项下的款项。一审法院于 2 月 27 日作出(2012)合民四初字第 00005-1 号裁定,裁定中止支付 G051225 号保函及 34147020000289 号保函项下的款项,并于 2 月 28 日向建行安徽省分行送达了上述裁定。2 月 29 日,建行安徽省分行向哥斯达黎加银行发送电文告知一审法院已作出的裁定事由,并于当日向哥斯达黎加银行寄送了上述裁定书的复印件,哥斯达黎加银行于 3 月 5 日收到上述裁定书复印件。

3月6日，哥斯达黎加共和国行政诉讼法院第二法庭判决外经中美洲公司申请预防性措施败诉，解除了临时保护措施禁令。3月20日，应哥斯达黎加银行的要求，建行安徽省分行延长了34147020000289号保函的有效期。3月21日，哥斯达黎加银行向东方置业公司支付了G051225号保函项下款项。

2013年7月9日，哥斯达黎加建筑师和工程师联合协会作出仲裁裁决，该仲裁裁决认定东方置业公司在履行合同过程中严重违约，并裁决终止《施工合同》，东方置业公司向外经中美洲公司支付1号至18号工程进度款共计800,058.45美元及利息；第19号工程因未获得开发商验收，相关工程款请求未予支持；因G051225号保函项下的款项已经支付，不支持外经中美洲公司退还保函的请求。

外经集团公司认为，东方置业公司已经构成违约并给其造成巨大经济损失，在双方的基础合同项下的付款义务尚在仲裁阶段，且哥斯达黎加法院已下发暂停支付禁令的情况下，仍然向哥斯达黎加银行申请执行上述保函，违反了诚实信用原则，是对保函独立性原则的滥用，构成欺诈，为此起诉，请求判令：(1)东方置业公司的行为构成保函欺诈；(2)东方置业公司进行保函索赔的民事行为无效；(3)建行安徽省分行不得向哥斯达黎加银行支付编号为34147020000289的银行保函项下的款项2,008,000美元；(4)哥斯达黎加银行不得向东方置业公司支付编号为G051225的银行保函项下的款项2,008,000美元。

法院裁判

安徽省合肥市中级人民法院于2014年4月9日作出(2012)合民四初字第00005号民事判决：(1)东方置业公司针对G051225号履约保函的索赔行为构成欺诈；(2)建行安徽省分行终止向哥斯达黎加银行支付编号为34147020000289的银行保函项下2,008,000美元的款项；(3)驳回外经集团公司的其他诉讼请求。东方置业公司不服一审判决，提起上诉。安徽省高级人民法院于2015年3月19日作出(2014)皖民二终字第00389号民事判决：驳回上诉，维持原判。东方置业公司不服二审判决，向最高人民法院申请再审。

最高人民法院认为：关于本案涉及的独立保函欺诈案件的识别依据、管辖权以及法律适用问题。本案争议的当事方东方置业公司及哥斯达黎加银行的经常居所地位于我国领域外，本案系涉外商事纠纷。根据《中华人民共和国涉外民事关系法律适用法》第8条“涉外民事关系的定性，适用法院地法”的规定，外经集团公司作为外经中美洲公司在国内的母公司，是涉案保函的开立申请人，其申请建行安徽省分行向哥斯达黎加银行开立见索即付的反担保保函，由哥斯达黎加银行向受益人东方置业公司转开履约保函。根据保函文本内容，哥斯达黎加银行与建行安徽省分行的付款义务均独立于基础交易关系及保函申请法律关系，因此，上述保函可以确定为见索即付独立保函，上述反担保保函可以确定为见索即付独立反担保保函。外经集团公司以保函欺诈为由向一审法院提起诉讼，本案性质为保函欺诈纠纷。被请求止付的独立反担保保函由建行安徽省分行开具，该分行所在地应当认定为外经集团公司主张的侵权结果发生地。一审法院作为侵权行为地法院对本案具有管辖权。因涉案保函载明适用URDG，应当认定上述规则的内容构成争议保函的组成部分。根据《中华人民共和国涉外民事关系法律适用法》第44条“侵权责任，适用侵权行为地法律”的规定，URDG未予涉及的保函欺诈之认定标准应适用中华人民共和国法律。我国没有加入《独立担保公约》，本案当事人亦未约定适用上述公约或将公约有关内容作为国际交易规则订入保函，依据意思自治原则，《独立担保公约》不应适用。

最高人民法院于2017年12月14日作出（2017）最高法民再134号民事判决：（1）撤销安徽省高级人民法院（2014）皖民二终字第00389号、安徽省合肥市中级人民法院（2012）合民四初字第00005号民事判决；（2）驳回外经集团公司的诉讼请求。

评析

在法律适用方面，本案明确了以下裁判规则：独立保函的识别应依据法院地法；因保函载明适用，URDG构成争议保函的组成部分；URDG未予涉及的问题，应按照法院地法的冲突规则明确准据法；除非当事人约定，否则人民法院不应主动适用《独立担保公约》。

招商银行股份有限公司成都科华路支行与成都华川进出口集团有限公司、第三人华川格鲁吉亚有限公司保函纠纷案

最高人民法院(2014)最高法民申字第2078号

案情介绍

2011年12月21日，成都华川进出口集团有限公司(以下简称华川进出口公司)与四川希望华西建设工程总承包有限公司(以下简称华西建设公司)签订协议书，约定：华川进出口公司将位于格鲁吉亚第比利斯的格鲁吉亚司法部公正大厦工程安装工程、二次装饰工程发包给华西建设公司，合同价款为人民币6000万元，开工、竣工日期分别为2012年2月1日、8月10日，工程质量标准为合格；华川进出口公司向华西建设公司支付预付工程款的时间和数额为，双方签订合同后的1周内支付合同金额的25%，华西建设公司在合同签订1周内，向华川进出口公司提供合同金额25%的银行履约保函。

2011年12月29日，招商银行股份有限公司成都科华路支行(以下简称招行科华支行)向华川进出口公司出具了编号为2011年保字第61111273号的保函，该保函的主要内容为：应华西建设公司的要求，招行科华支行向华川进出口公司开立本保函，保证华西建设公司为工程目的使用预付款，并承担预付款金额即人民币1500万元的保证责任；招行科华支行在收到华川进出口公司提交的索赔文件及华西建设公司违约的书面证明后7个工作日内，向华川进出口公司偿付不超过金额为人民币1500万元的预付款赔偿金；招行科华支行承担保证责任的条件是：(1)华川进出口公司向招行科华支行提交的书面索赔文件必须在华川进出口公司向华西建设公司提供了预付款之后，并且于本保函有效期内送达招行科华支行；(2)华川进出口公司应向招行科华支行提交证实华西建设公司已违约的书面证明；(3)本保函之保证金额随华西建设公司所完成的工程进度按比例自动递减。保函还载明：本保函适用中华人民共和国法律，受中华人民共和国法律管辖；除非华川进出口公司自动中止或放弃保函项下的权利，本保函开立即行生效，于2012年10月5日失效。

2012 年 1 月 12 日，华川进出口公司通过工商银行向华西建设公司付款 1500 万元。

2012 年 9 月 27 日，华川进出口公司向招行科华支行提交了索赔通知，称华西建设公司未能正确和忠实地履行合同义务，且严重违反了合同约定，其违约行为包括但不限于：未能安排足够人力实施工程，且因其未能及时支付施工人员工资，其施工人员多次怠工、罢工等，导致业主（格鲁吉亚司法部）不得不另行安排格鲁吉亚当地公司代替华西建设公司施工，给华川进出口公司造成重大损失。基于以上情况，要求招行科华支行立即履行保函项下义务，向华川进出口公司支付人民币 1500 万元。

2012 年 10 月 8 日，华川进出口公司向招行科华支行出具“关于预付款保函索赔金额的确认”，主要内容为：鉴于承包人未履行其在合同项下之约定义务，故不存在保函之保证金额随承包人所完成的工程进度按比例自动递减的情形；需要进一步说明的是，保函中并未对上述减额条款约定相应单据，故作为受益人，该公司除按保函规定提交所要求的索赔文件及承包人违约的书面证明外，并无须就此提供任何单据；同时，参照国际商会 URDG 第 7 条“非单据条件”和第 13 条“保函金额的变动”，除非规定的单据被提供或在未规定单据的情况下根据担保人自身记录可以证明存在减额情形，否则，保函金额减少的情形并不视为已经发生。据此，华川进出口公司要求招行科华支行支付人民币 1500 万元预付款赔偿金。

2012 年 10 月 11 日，招行科华支行向华川进出口公司出具了“拒付通知”，内容为：“2012 年 9 月 27 日，贵公司对我行于 2011 年 12 月 29 日出具的以贵公司为受益人的工程预付款保函提出索赔，索赔金额为 1500 万元。鉴于：一、根据保函约定，贵公司必须在向承包人华西建设公司提供 1500 万元预付款后方能提出索赔；二、根据保函约定，贵公司应按与华西建设公司合同要求于该合同签订日 2011 年 12 月 21 日后的 1 周内，即 2011 年 12 月 28 日前支付预付款；三、贵公司提出索赔时向我行提供的 2012 年 1 月 12 日 900 万元和 600 万元（合计 1500 万元）工行网上付款凭证，晚于上述合同约定最迟付款日期，我行无法将其认定为本保函项下的预付款。综上，我行认为，贵公司并未向承包人华西建设公司提供符合保函约定的预付款，贵公司索赔条件不成立。据此，特通知贵公司：对编号为2011年保字第61111273号工程预付款保函项下索赔予以拒付。”

华川进出口公司遂提起诉讼，要求招行科华支行支付保函项下赔偿金人民币1500万元。

法院裁判

一审法院判决招行科华支行向华川进出口公司支付人民币1500万元。招行科华支行不服上述判决提起上诉。四川省高级人民法院二审判决驳回上诉，维持原判。招行科华支行仍不服，向最高人民法院申请再审。

招行科华支行申请再审称：“……（二）华川进出口公司没有提交与保函条款及URDG 758相一致的单据。《工程预付款保函》约定，保证承包人为工程目的使用预付款，华川进出口公司索赔时却称华西建设公司没有正确和忠实地履行合同义务，明显与保函条款不一致。其他与URDG 758条款规则不一致的情形还包括：未能安排足够的人力实施工程是非单据条件；没有提交受益人声明；华川格鲁吉亚公司是华川进出口公司投资注册并实际控制的公司，两公司人格混同，是不被URDG 758允许的出单人；华川格鲁吉亚公司以英文出单，与保函语言不一致；英文违约证明的中文译本2012年10月10日才提交给保证人，超过了最迟交单日期；我国驻格鲁吉亚大使馆经济商务参赞处无证明华西建设公司是否违约的职责，《关于格鲁吉亚司法大楼项目最新进展事》不是格式化单据，列明的接受者是华川进出口公司，构成不相符交单；逾期提交违约证明及其他单据，是未完整交单……（四）《担保法》第5条并未具体调整本案独立保函当事人的权利义务。见索即付的前提是索赔单据必须与保函条款条件及URDG 758严格相符。原判决片面强调见索即付，有失公正。根据《中华人民共和国涉外民事关系法律适用法》第2条规定的最密切联系原则，本案应当适用《独立担保公约》，驳回华川进出口公司的索赔请求。”

最高人民法院认为：

案涉保函载明适用我国法律，因此中华人民共和国法律是处理本案的准据法。再审申请人招行科华支行认为应当适用《独立担保公约》的理由不能成立。本案合同当事人未约定适用 URDG 758 来处理合同争议，在原审法院审理过程中，招行科华支行也认为不能适用 URDG，原审法院亦未援引该规则作为裁判依据。因此，招行科华支行依据该规则提出的相关理由均无法律依据，法院不予采纳。原审法院依据《担保法》的规定对本案进行审理并无不当。招行科华支行应当在符合保函约定的情况下承担担保责任。

综上，最高人民法院裁定驳回了招行科华支行的再审申请。

评析

本案明确了独立保函纠纷的法律适用首先以当事人的约定为准。在保函载明适用中国法，而当事人没有约定适用 URDG 的情况下，适用《独立担保公约》或 URDG 的主张人民法院均不予支持。

沈阳矿山机械（集团）进出口公司与印度电热公司、第三人中信银行股份有限公司沈阳分行保函欺诈纠纷案

辽宁省沈阳市中级人民法院(2005)沈中民四外初字第 34 号

案情介绍

印度电热公司为组建回转窑链篦机系统，于 2005 年 4 月 3 日与沈阳矿山机械(集团)进出口公司(以下简称沈阳进出口公司)签订了《销售合同》，合同总价款为 2,375,000 美元。该合同约定：沈阳进出口公司作为卖方，在签订合同 5 ~ 7 日内提供各种设备的详细规格和工作参数、重量和尺寸；在签订合同 2 个月内，沈阳进出口公司用特快专递以软盘和图纸的方式向印度电热公司提供装配图，总布置图，含载荷数据的地基图，电气/土建要求；合同签订 1 周内，沈阳进出口公司向印度电热公司开出以印度电热公司为受益人的合同总额 10%的银行保函，以保证印度电热公司向沈阳进出口公司支付预付款。印度电热公司出具银行保函的格式，交货结束后银行保函失效。在收到沈阳进出口公司开

出的银行保函之后7日内，印度电热公司向沈阳进出口公司支付合同总额10%（237,500美元）的预付款；合同签订后2个月内，印度电热公司向沈阳进出口公司出具以沈阳进出口公司为受益人的不可撤销即期信用证，印度电热公司指定的银行应由沈阳进出口公司接受。信用证金额为合同总额的90%（2,137,500美元）；交货期为合同生效后225日内；销售合同第15条规定：凡执行合同所发生的一切争议如协商不能解决，则将分歧提交中国国际贸易促进委员会按有关仲裁程序进行仲裁。英文部分内容为：凡有关执行合同所发生的一切争议应通过第13条所述的友好协商方法解决，如协商不能解决，则将案件提交英国伦敦的ICC（国际商会）进行仲裁[原文为：All disputes in connection with the execution of this contract shall be settled through friendly negotiation, according to item 13. In case no settlement can be reached, the case may then be submitted for arbitration to ICC (International Chambers of Commerce) at London, UK.]。

沈阳进出口公司依照销售合同的约定，向中信银行股份有限公司沈阳分行（以下简称中信银行）申请开立合同总价款的10%为额度的预付款保函。中信银行于2005年4月20日，向印度电热公司开出编号为11000LG0500001号保函一份，受益人为印度电热公司，金额为237,500美元；中信银行在保函中承诺承担如下不可撤销的义务：在首次收到印度电热公司索赔函起7个银行工作日内，中信银行向印度电热公司支付一笔或多笔总额不超过237,500美元的款项；索赔函上需注明申请人已违反合同项下义务；保函有效期至2005年11月18日。保函索款请求应于2005年12月3日前交至中信银行；保函依据国际商会URDG 458开立。2005年5月9日，印度电热公司汇付给沈阳进出口公司销售合同项下总价款的10%预付款237,500美元。

各方为组建回转窑链篦机系统签订《技术合作协议书》。沈阳进出口公司请求印度电热公司开立信用证。印度电热公司请求沈阳进出口公司保函延期和请求中信银行支付保函项下的款项。

2005年11月6日，印度电热公司委托印度银行向第三人发出索偿11000LG0500001号保函项下的电文，印度电热公司请求中信银行支付保函项下的预付款237,500美元。理由为“申请人(原告)违反了合同义务”。

2005年11月7日,印度电热公司给沈阳进出口公司发出函件。内容为:“由于贵方未能履行2005年4月3日SKWZ2005-15号合同项下贵方应履行之义务,我方兹解除该合同项下我方义务并要求付现该银行保函。”

2005年11月8日,印度银行—孟买国际部发给沈阳进出口公司《关于:11000LG0500001号银行保函》。主要内容为:沈阳进出口公司违反了2005年4月3日SKWZ2005-15号合同项下的约定义务。要求沈阳进出口公司通知银行支付237,500美元。

沈阳进出口公司于2005年11月17日提起诉讼,请求确认印度电热公司在沈阳进出口公司申请开立的编号为11000LG0500001号保函项下索款过程中存在欺诈,判令中信银行终止向印度电热公司支付11000LG0500001号保函项下的款项。

关于本案适用法律,沈阳进出口公司认为根据URDG第27条之规定,本案件应当适用担保人营业所在地的法律即中国法律。

印度电热公司未就法律适用问题提出抗辩意见。

法院裁判

关于本案适用法律问题。本案是保函欺诈纠纷,沈阳进出口公司以印度电热公司保函欺诈为由提起侵权之诉,其诉讼请求涉及中信银行出具的见索即付保函之法律关系。该见索即付保函是依据URDG 458开具。该规则对保函项下的申请人、受益人、担保人即本案沈阳进出口公司、印度电热公司和中信银行均具有约束力。URDG 458未对见索即付保函项下的欺诈问题作出规定。保函欺诈属于侵权法上的问题,依据中华人民共和国的冲突法律规范,侵权行为应适用侵权行为地国家的法律。印度电热公司向中信银行索取保函项下款项的结果地在中国,中国是本案的侵权行为结果地,应适用中华人民共和国的法律。法院确认《中华人民共和国民法通则》为本案的准据法。

法院最终判决支持了沈阳进出口公司的诉讼请求。

评析

本案对 URDG 等独立保函交易示范规则的适用例外情形予以明确：即使在当事人明确约定适用 URDG 的情况下，对于独立保函欺诈纠纷仍应例外；独立保函欺诈纠纷的准据法，应依据法院地的冲突法律规范确定。

拓展研究

(一)对当事人意思自治的限制

当事人意思自治是独立保函法律适用的首要原则，但并不是绝对原则。在这方面，《中华人民共和国涉外民事关系法律适用法》第 4 条、第 5 条以及《最高人民法院关于适用〈中华人民共和国涉外民事关系法律适用法〉若干问题的解释(一)》第 8 条都有限制性的规定。[①] 我国是外汇管制国家，在相当一段历史时期内，当事人对外担保须受到相关强制性规定的限制。但同时，我国的外汇管理制度也是不断变化和发展的。自 2014 年国家外汇管理局发布《跨境担保外汇管理规定》(汇发〔2014〕29 号)后，独立保函不再信赖与适用外汇管制相关的法律认定独立保函的法律效力。

(二)在审单标准方面的主动适用例外

根据《独立保函司法解释》第 5 条的规定，除非当事人之间达成一致，否则人民法院不应主动适用 URDG 等独立保函交易示范规则，但这并不是绝对的。

① 《中华人民共和国涉外民事关系法律适用法》第 4 条规定："中华人民共和国法律对涉外民事关系有强制性规定的，直接适用该强制性规定。"第 5 条规定："外国法律的适用将损害中华人民共和国社会公共利益的，适用中华人民共和国法律。"《最高人民法院关于适用〈中华人民共和国涉外民事关系法律适用法〉若干问题的解释(一)》(2020 年修正)第 8 条规定："有下列情形之一，涉及中华人民共和国社会公共利益、当事人不能通过约定排除适用、无需通过冲突规范指引而直接适用于涉外民事关系的法律、行政法规的规定，人民法院应当认定为涉外民事关系法律适用法第四条规定的强制性规定：(一)涉及劳动者权益保护的；(二)涉及食品或公共卫生安全的；(三)涉及环境安全的；(四)涉及外汇管制等金融安全的；(五)涉及反垄断、反倾销的；(六)应当认定为强制性规定的其他情形。"

该司法解释第7条第1款规定:“人民法院在认定是否构成表面相符时,应当根据独立保函载明的审单标准进行审查;独立保函未载明的,可以参照适用国际商会确定的相关审单标准。”需要注意的是,也许是考虑到国际商会的审单标准也可能发生变化,所以司法解释没有明确参照适用的具体标准,但是从该条解释来看,独立保函的审单标准和信用证也是基本一致的,[①]在当事人没有明确约定的前提下,目前,一般认为可以主动参照 ISBP[②] 确定。

二、独立保函是否适用《民法典》关于保证的规定

诉讼争点

我国《民法典》所规定的保证,无论是一般保证还是连带保证,在责任顺位上都属于从属性责任,保证人都是第二性的付款责任人,被保证人才是第一性的付款责任人。不同于传统保证,独立保函项下的担保人是第一性的付款责任人,且其第一性的付款责任不允许担保人援引基础合同项下申请人能援引的针对受益人的任何抗辩,即使基础合同无效,也不会影响独立保函的效力。[③]

由于我国对独立保函缺乏相应的立法规定,长期以来司法实践中对于独立保函的性质形成两种观点。第一种观点认为,独立保函的性质为独立担保。我国原《担保法》第5条第1款关于“担保合同是主合同的从合同,主合同无效,担保合同无效。担保合同另有约定的,按照约定”的规定,为独立担保预留了空

① 《最高人民法院关于审理信用证纠纷案件若干问题的规定》第6条规定:“人民法院在审理信用证纠纷案件中涉及单证审查的,应当根据当事人约定适用的相关国际惯例或者其他规定进行;当事人没有约定的,应当按照国际商会《跟单信用证统一惯例》以及国际商会确定的相关标准,认定单据与信用证条款、单据与单据之间是否在表面上相符。”值得注意的是,以上解释关于人民法院主动适用审单标准使用的表述是“应当”,而《独立保函司法解释》使用的表述是“可以”。

② ISBP 是《关于审核跟单信用证项下单据的国际标准银行实务》(International Standard Banking Practice for the Examination of Documents under Documentary Credits)的英文简称,由国际商会出版,先后有 ISBP 645 和 ISBP 745 版本,即国际商会第645号出版物和第745号出版物。

③ 参见苑超:《关于最高人民法院独立保函司法解释实务解析》,中国商务出版社2019年版,第2页、第21页。

间。因此，独立保函应当适用我国担保法的规定，并在《民法典》实施后转而适用《民法典》的相关规定。第二种观点认为，独立保函属于非典型担保，与担保法规定的保证有本质区别，其性质是以相符交单为条件的付款承诺，与信用证性质相同，应当将独立保函纳入信用证体系加以规定。[①]

在审判实践中，有时会遇到独立保函条款意思表示前后相互冲突的情形。例如，有的保函既约定适用 URDG，又约定责任性质为连带责任保证，从而对独立保函的法律适用方面造成了较大困扰。

裁判指引

司法实务中，采纳哪一种观点，取决于对独立保函的识别。如果认定某保函为独立保函，则适用独立保函的规则，无须考虑民法典的保证。因此，如何识别独立保函就显得非常重要。

《独立保函司法解释》第 3 条第 1 款规定了三类能够认定开立人具有提供独立保函意思表示的情形，第 2 款进一步规定了独立保函记载对应的基础交易这一事实本身不影响独立保函性质的判定（但没有就上述争议情形下的独立保函识别问题予以明确），第 3 款则就上述争议情形下的法律适用问题给予了非常明确的回应：一旦保函的性质被认定为独立保函，则在法律适用方面应当适用独立保函的裁判规则，而不适用《民法典》关于一般保证或连带保证的规定。

根据司法解释的规定，独立保函的担保人不得援引任何《民法典》关于保证的规定对其付款责任进行抗辩，如上述的基础合同无效并不导致独立保函无效等。除此之外，《独立保函司法解释》第 11 条第 1 款第 1 项的规定也比较典型：独立保函有效期届满则独立保函自动失效，担保人再不用承担担保责任；而《民法典》项下的附属性担保，无论是连带责任担保还是一般责任担保，均规定如果约定的保证期间短于主合同义务履行的期限，那么保证期间视为没有约定，将自动延展至主合同义务履行完毕后 6 个月。

---

① 参见张勇健、沈红雨：《〈关于审理独立保函纠纷案件若干问题〉的规定的理解和适用》，载《人民司法（应用）》2017 年第 1 期。

相关规定

《独立保函司法解释》

第三条　保函具有下列情形之一，当事人主张保函性质为独立保函的，人民法院应予支持，但保函未载明据以付款的单据和最高金额的除外：

（一）保函载明见索即付；

（二）保函载明适用国际商会《见索即付保函统一规则》等独立保函交易示范规则；

（三）根据保函文本内容，开立人的付款义务独立于基础交易关系及保函申请法律关系，其仅承担相符交单的付款责任。

当事人以独立保函记载了对应的基础交易为由，主张该保函性质为一般保证或连带保证的，人民法院不予支持。

当事人主张独立保函适用民法典关于一般保证或连带保证规定的，人民法院不予支持。

第十一条　独立保函具有下列情形之一，当事人主张独立保函权利义务终止的，人民法院应予支持：

（一）独立保函载明的到期日或到期事件届至，受益人未提交符合独立保函要求的单据；

……

典型案例

中国工商银行股份有限公司义乌分行与中国技术进出口总公司、第三人浙江中高动力科技股份有限公司独立保函欺诈纠纷案

最高人民法院（2017）最高法民申 4754 号

案情介绍

2012 年 1 月，中国技术进出口总公司（以下简称中技公司）与中高动力科

技股份有限公司(以下简称中高公司)签订分包合同,中技公司为承包商,其将利比里亚23MW电站的辅助系统供货、安装、调试合同授予分包商中高公司施工。其中约定,分包商应在收到承包商书面通知后7日内向承包商开具预付款保函。该预付款保函应由承包商同意的分包商账户银行签署和担保;预付款保函金额为6000万元(人民币,下同),保函自开立日生效,有效期至分包商提交由承包商及分包商双方签字的设备验收报告之日后20日,保函有效期最长不超过自保函开立之日起290日;该保函有效期到期20日前,如果承包商和分包商未能在设备验收报告上签字,承包商有权从预付款保函中扣除保函项下全部款项。之后,双方又三次签订补充协议,其中补充协议三约定:利比里亚邦矿电站项目由于业主矿山现场施工原因引起工期整体延期,由分包商在义乌工行开具金额为6000万元,期限至2013年12月29日的不可撤销预付款保函,有效期延期至2014年6月29日,金额不变,原保函格式保持不变。

2013年1月10日,中国工商银行股份有限公司义乌分行(以下简称义乌工行)经中高公司申请,开具以中技公司为受益人,编号为12080200－2013年(保函)字0004号的预付款保函,约定:"鉴于中技公司与申请人中高公司于2012年1月10日签订了分包合同(以下亦简称基础合同),且中技公司同意依约定向申请人支付预付款。我方应申请人的申请,特开立以中技公司为受益人的预付款保函,其性质为见索即付的独立担保函:一、担保金额以申请人在基础合同项下实际收到的预付款金额为准,最高不超过6000万元。二、我行无条件地且不可撤销地承诺,一旦受益人向本行提交符合下列条件的索偿通知,本行将在收到该索偿通知后三个银行工作日内无条件地将受益人索偿的款项一次性付往受益人在该索偿通知中指定的受益人账户:1.受益人在索偿通知中声明申请人未能完全或适当地履行基础合同项下的相关义务;2.索偿通知由受益人以书面信函(须注明做成日期并加盖受益人公章)方式出具,注明基础合同的编号和名称及本保函的编号。在本保函有效期到期20日之前,如果受益人与申请人未能在基础合同项下的设备验收报告上签字,受益人有权从本保函中扣除保函项下全部款项。三、担保金额随申请人已履行义务对应的金额或退还的金额,或随我行向中技公司支付的金额,经受益人确认后递减。四、如果中技公司与申请人协商变更基础合同且涉及我行担保责任的，应事先书面通知我行，如加重我行担保责任的还应事先征得我行书面认可，否则，我行对加重我行担保责任的部分不承担责任。五、中技公司转让本保函项下权利的，应经我行书面同意，否则我行不再承担担保责任。六、保函有效期：本保函自出具之日生效，有效期最迟不超过2013年7月29日。七、书面索赔通知和有关证明材料必须在保函有效期内送达我行，否则我行在本保函项下的责任自动解除。八、在有效期届满时本保函即自动生效，对本行不再具有任何约束力。”

2013年7月11日，义乌工行向中技公司出具第一次预付款保函修改件，载明：“鉴于贵方与中高公司签订的分包合同，且签订了分包合同补充协议二，应申请人的申请，我行现将2013年1月10日开立的编号为12080200－2013年（保函）字0004号，金额为6000万元整的预付款保函修改如下：将上述预付款保函有效期延长至2013年12月29日。其余条款保持不变。此修改作为上述预付款保函不可分割的一部分，应与上述预付款保函一同出示。”2013年12月24日，义乌工行向中技公司出具第二次预付款保函修改件，载明将上述预付款保函的有效期延长至2014年6月29日，其余条款保持不变。此修改作为上述预付款保函不可分割的一部分，应与上述预付款保函一同出示。

2012年1月，业主环球电力（香港）有限公司（以下简称环球公司）、承包人中技公司、分包人A中高公司、分包人B亚洲动力股份有限公司（以下简称亚洲公司）签订四方协议，该协议就四方的权利义务，分包合同项下第一笔6000万元的支付条件，延期支付的利息补偿标准，争议解决方式等内容进行了约定。2013年1月、7月、11月，业主环球公司、承包人中技公司、分包人A中高公司、分包人B亚洲公司又分别签订了3份四方协议的补充协议，分别对6000万元款项的支付时间进行了延期，并就延期时间、延期期间内的资金使用费用、项目管理费用的金额及支付时间等内容进行了约定。

2013年3月15日、3月21日、4月2日、4月8日，中技公司向中高公司各支付1500万元，共计6000万元。中高公司于2012年4月1日至2013年12月13日多次支付中技公司款项，合计26,487,434元。

2014年5月27日，中技公司向义乌工行发出索偿通知，载明“贵行于2013

年1月10日向我公司出具了编号为12080200－2013年(保函)字0004的预付款保函,并于2013年7月11日、2013年12月24日分别向我公司出具了保函的修改函,保函金额为6000万元,保函效期为2014年6月29日。”该保函第2条规定:“我行无条件地且不可撤销地承诺,一旦受益人向本行提交符合下列条件的索偿通知,本行将在收到该索偿通知后三个银行工作日内无条件地将受益人索偿的款项一次性付往受益人在该索偿通知中指定的受益人账户:1. 受益人在索偿通知中声明申请人未能完全或适当地履行基础合同项下的相关义务;在本保函有效期到期20日之前,如果受益人与申请人未能在基础合同项下的设备验收报告上签字,受益人有权从本保函中扣除保函项下全部款项。鉴于保函受益人中技公司与申请人中高公司于2012年1月10日签订了基础合同;鉴于保函申请人中高公司自身的原因,未能完全或适当地履行基础合同项下的相关义务;且在本保函有效期到期20日之前,受益人与申请人未能在基础合同项下的设备验收报告上签字;因此,我公司特申请在该保函下索赔,索赔金额为5000万元。请贵行依据保函第二条,在收到索偿通知后三个银行工作日内无条件地将受益人索偿的款项一次性付往受益人在索偿通知中指定的受益人账户……”之后,中技公司又分别于2014年6月17日、6月25日、8月8日、8月14日、9月1日向义乌工行致函,要求义乌工行尽快将索赔款项5000万元支付至中技公司的指定账户。

2014年6月12日,义乌工行向中技公司出具保函索偿通知的回复函,对中技公司的付款请求以中高公司已向义乌工行提供证明其已经按合同约定履行义务的证据为由,予以拒付。

2014年7月28日,中高公司向义乌工行出具关于请义乌工行垫付中技利比里亚项目预付款保函索赔款项的函,承认由于各种原因的影响,其无法按期、顺利完成分包合同项下约定工程的内容及工期要求。

义乌工行于2015年8月4日向一审法院提起诉讼,以“中高公司与中技公司故意隐瞒相关事实,共同构成保函欺诈”等为由,请求判令:(1)义乌工行终止向中技公司支付编号为12080200－2013年(保函)字0004号的预付款保函项下5000万元本金及利息。(2)本案诉讼费用由中技公司负担。

法院裁判

一审法院于2016年10月8日作出(2015)浙金商外初字第32号民事判决:驳回义乌工行的诉讼请求。义乌工行不服一审判决,提起上诉。浙江省高级人民法院于2017年6月22日作出(2016)浙民终922号民事判决:驳回上诉,维持原判。

义乌工行不服,向最高人民法院申请再审称:

"……(三)一审判决认定涉案保函性质为预付款保函,各方当事人均未提出异议,二审判决对无争议且已产生既判力的事实予以重新认定错误。预付款保函仅对中技公司支付的预付款进行保证,该预付款是中技公司对中高公司的无利息融资,预付款保函只要用于保证预付款用于工程,即可解除保证责任。预付款保函不包括对整个合同的履行担保。中高公司已通过中技公司名义报关申报出口的货物总额实际超过预付款保函金额。预付款保函担保的义务已经履行完毕。二审判决认定保函种类与功能错误……(五)《中华人民共和国担保法》第三十条关于债权人和债务人串通骗取担保人的保证导致无效的原则并不区分独立担保、一般保证和连带保证,并不专属于从属性保证。二审判决适用《最高人民法院关于审理独立保函纠纷案件若干问题的规定》(以下简称《独立保函司法解释》)第三条第三款排除该法的适用存在错误。"

最高人民法院认为,本案系独立保函欺诈纠纷。根据义乌工行的再审申请,本案审查的重点是一审、二审判决是否存在认定事实与适用法律错误的情形。

1. 关于涉案保函种类和功能认定问题

义乌工行出具的预付款保函,完全符合独立保函的特征,双方当事人均无异议,一审、二审判决予以认定正确。义乌工行主张二审判决重新认定错误与事实明显不符。根据涉案保函第2条的规定,涉案保函功能是义乌工行无条件、不可撤销地担保中高公司"完全或适当地履行基础合同义务",并非仅仅担保中高公司对中技公司支付的预付款用于涉案工程建设。中高公司在分包合同项下的义务除供货外,还有安装、调试、运修等其他一系列义务,涉案保函功能并非仅仅担保中高公司履行完毕供货义务。环球公司与收购方葛洲坝公司签订协议时,尚有剩余配套工程和收尾工程未完成。中高公司参与签约的交割协议中,一致确认涉案项目存在57项未完工项目和81项亟须整改的缺陷项目。葛洲坝公司向中高公司出具的关于工程收尾工作的回复函中指出,“原交割时双方签字认定的57项未完工项目还剩26项,81项缺陷项目还剩21项”,并指出“设备出现一些问题和新发现不能满足功能的项目”,再次确认了涉案项目工程并未完全完工。中高公司在葛洲坝公司出具的回复函件和5份附件上均盖章予以确认。中技公司与中高公司签订的3份补充协议中也多次确认由于中高公司的施工原因等引起工期延误。中高公司未完全履行基础合同项下的义务。义乌工行主张涉案保函仅对预付款支付进行担保,担保义务已经履行完毕,没有事实依据,一审、二审判决不予认定并无不当。

2. 关于涉案保函是否应当适用《担保法》的问题

独立保函不同于《担保法》所规定的从属性保证。据此,《独立保函司法解释》第3条第3款规定:“当事人主张独立保函适用担保法关于一般保证或连带保证规定的,人民法院不予支持。”义乌工行主张本案应适用《担保法》与法不符,二审判决适用法律并无不当。

最高人民法院裁定:驳回义乌工行的再审申请。

评析

本案裁判虽然系在《民法典》施行前作出,但是其中关于法律适用的裁判思路与法理规则是一脉相承的,即无论是原《担保法》还是《民法典》关于保证的规定,在性质上均属于从属性担保的法律规范,在独立保函纠纷中不应被援引适用。

拓展研究

虽然司法解释在法律适用方面专门明确了独立保函不适用《民法典》关于保证的规定,但需要特别注意的是,排除关于保证的规定,应当以保函性质被认定为独立保函为前提,否则将出现循环论证的局面。《独立保函司法解释》第3条仅明确了独立保函不适用《民法典》关于一般保证或连带保证的规定,并没有明确记载类似于连带保证表述的保函，一定不是独立保函。正如上文所述的典型案例中，无论是再审申请人所提的再审理由还是法院的裁判理由，在逻辑顺序上，均是先论述对保函性质的认定，再分析原《担保法》是否应当适用的问题。

事实上，在《独立保函司法解释》出台后，保函文本中同时出现独立性条款和连带责任意思表示的情况仍然屡见不鲜，这很大程度上源于独立保函业务在国际和国内市场的适用下存在技术差异，部分国内企业、地方金融机构可能存在对独立保函这一金融工具认识不清的情况，在制定文本时采用了可能与独立性产生矛盾的用语。[①] 甚至在司法实践中，不同法院在审理相关案件时，就独立保函的识别亦仍然存在不同观点。[②]

三、转开保函及保函欺诈纠纷案件中的法律适用

诉讼争点

根据开立方式的不同，可以将独立保函分为直开保函、转递保函以及转开保函三类。[③]

直开保函，是指担保人应基础合同中一方当事人的申请，向合同另一方开立以其为受益人的独立保函，并凭此直接向受益人承担支付责任的独立保函开立

① 参见陆璐：《独立保函的时代演进与制度发展》，东南大学出版社2019年版，第31～32页。

② 如在上海北海船务股份有限公司与中国光大银行股份有限公司南京分行、江苏熔盛重工有限公司海事担保合同纠纷案[(2014)武海法商字第00823号]和秦建来与中国工商银行股份有限公司范县支行保证合同纠纷案[(2018)苏09民终2794号]中，两地法院基于独立保函条款与连带责任条款并存的情况作出了不同判决：前者法院认为，保函所称光大银行在熔盛公司应当退还北海公司支付的进度款时，光大银行将承担"连带保证责任"这一措辞，与该保函所设立的北海公司交单、光大银行审单后付款义务相矛盾，但该保函系光大银行开立，其作为专业金融机构，理应清晰地表明保函的性质，否则因保函条款理解而产生争议时，应作有利于受益人即北海公司的解释，因此判定保函仍然可认定为独立保函。后者法院则以案涉保兑保函虽然载明保证该商业承兑汇票的开具真实、合法、有效，具有真实、合法的商品交易背景，保证承兑人在商业承兑汇票到期日无条件支付足额票款；对此，同时提出"我行承担连带保证责任"，因此，该保函应当属于保证承诺，不符合独立保函的相关规定，不属于独立保函。

③ 参见蒋琪主编：《中国独立保函法律实务精要与判例详解》，法律出版社2020年版，第280～282页。

方式，通常涉及开立人（银行或非银行金融机构）、受益人（债权人）以及申请人（债务人）三方当事人。

转递保函在直开保函的基础上多了一个“联络人”的角色，通常为受益人所在地银行，只起联络、传递信息作用，不承担直接赔付责任，如果有发生索赔的情形，“转递”银行仅起到向开立人传递信息的作用，关于是否支付款项则由担保人进一步决定。

转开保函，则是指反担保人（委托行/代理行）应申请人要求，以提供反担保的形式委托转开人（通常为受益人所在地银行）作为担保人代其开立独立保函，并由该担保人向受益人承担付款责任。在转开保函发生索赔时，受益人可以凭担保人（转开人）开立的独立保函向其索偿，担保人（转开人）赔付受益人之后，凭借独立反担保函（以下简称反担保函）向反担保人索偿。

相对而言，转开保函当事人间涉及的法律关系最为复杂，通常存在 4 种法律关系：申请人和受益人之间的基础交易法律关系、申请人和反担保人（委托行/代理行）之间的独立保函申请法律关系、担保人（受托行/转开行）和受益人之间的独立保函法律关系、反担保人（委托行/代理行）和担保人（受托行/转开行）之间的反担保函法律关系。并且，转开保函的业务模式设计的目的①决定了申请人、反担保人与担保人（转开人）、受益人往往处于不同国家或地区，基于独立保函的“独立性”以及境内外主体之间信息上的不对称性等特点，转开保函业务中更容易发生欺诈性索赔的情形，此时在申请人、反担保人、担保人和受益人之间可能还会存在独立保函欺诈法律关系。

在大多数情况下，当事人并不会对转开保函业务中涉及的多个法律关系的法律适用在基础合同或者保函中进行约定，②并且由于各方当事人往往处于不同国家和地区，各个法律关系选择适用的法律很可能并不相同。应当看到，在转

① 通常是由于各方当事人位于不同的国家或地区，受益人对他国银行的不了解或不信任，或者由于其所在国家或地区在法律上有一定限制等，要求申请人通过受益人所在地的银行开立独立保函。

② 有学者甚至认为，当事人较少主动在独立担保中选择可适用的法律，是独立担保法律适用问题出现的主要原因。参见房沫：《信用证法律适用问题研究》，中国民主法制出版社 2012 年版，第 195 页。

开保函的业务模式下,并没有一份合同或是文件能够涵盖所有的关联当事人,[①]由于多种法律关系的重叠,一旦发生纠纷,法律适用问题就很容易成为争议的焦点甚至是案件审理的难点之一。几乎每一个当事人都会主张适用对本方有利的法律(大多情况下是当事人最为熟悉的本国法),所持的观点亦是五花八门,于是准据法的选择通常成为当事人最为常见的抗辩事由之一。比如,在转开保函欺诈纠纷中,许多情况下申请人会同时申请止付保函以及反担保函,而保函和反担保函的开立人通常位于不同国家并约定适用不同的法律,此时是适用委托转开一方所在地法律,还是根据各保函按当事人所在地不同适用不同法律,当事人往往会根据自己的立场主张自己的观点。

裁判指引

《独立保函司法解释》第 22 条对法律适用问题进行了明确。根据该条第 1 款的规定,当事人对因涉外独立保函而产生的纠纷的法律适用问题有争议时,应优先适用保函载明适用的法律或开立人与受益人在一审法庭辩论终结前共同选择适用的法律;当事人未选择适用或者未就适用法律达成一致时,则适用独立保函开立人经常居所地法律;独立保函由金融机构依法登记设立的分支机构开立的,适用分支机构登记地法律。该条第 2 款规定,涉外独立保函欺诈纠纷,当事人就适用法律不能达成一致的,适用被请求止付的独立保函的开立人经常居所地法律;独立保函由金融机构依法登记设立的分支机构开立的,适用分支机构登记地法律;当事人有共同经常居所地的,适用共同经常居所地法律。

关于涉外独立保函尤其是转开保函的法律适用问题,审判实践中还需注意以下问题:

第一,在转开保函的情况下,独立保函和反担保函的准据法需要分别识别。如当事人无特别约定,担保人(受托行/转开行)和受益人之间有关独立保函的争议应适用担保人(受托行/转开行)经常居所地法律,反担保人(委托行/代理

① 例如,转开的独立保函对受益人和反担保人并无法律约束力,而反担保函对申请人和受益人没有法律约束力,基础交易合同则对担保人和反担保人均无法律约束力。

行）和担保人（受托行/转开行）之间的有关反担保函争议则应适用反担保人（委托行/代理行）经常居所地法律。事实上，就前者而言，很多时候担保人（受托行/转开行）和受益人都位于同一个国家，并无约定准据法的必要，当事人有时仍然在保函中载明准据法，更多的可能是想提醒国外的申请人和委托行注意，本保函受担保人（受托行/转开行）本国法律规制，与反担保函的法律适用无关。①

第二，应注意独立保函纠纷与独立保函欺诈纠纷在法律适用规则上的区别。首先，虽然两者均允许当事人就法律适用问题进行合意，但与独立保函纠纷不同，独立保函欺诈纠纷的当事人如包含申请人的，因申请人不是独立保函的直接当事人，原则上不适用保函上载明的法律。其次，独立保函纠纷的法律适用以当事人合意为第一顺位，适用开立人经常居所地法律为第二顺位，而独立保函欺诈纠纷的法律适用虽然同样以当事人合意为第一顺位，但却以适用当事人共同经常居所地法律为第二顺位，适用开立人经常居所地法律仅为第三顺位。这主要与最密切联系原则有关：鉴于独立保函近似于单务合同，故履行合同主要义务一方当事人所在地即为独立保函纠纷的最密切联系地；而独立保函欺诈纠纷为侵权纠纷，故在侵权人和被侵权人存在共同经常居所地时，该共同经常居所地即为独立保函欺诈纠纷人最密切联系地。

第三，根据最密切联系原则，对于独立保函开立人的主体识别，应具体至实际开立的分支机构。实践中，对于何为“分支机构”，不同的理解会导致选择不同的适用法律。对此，我国司法解释的规定与 URDG 758 和 UCP 600 的相关规定是一致的：②在涉外独立保函中，如果该独立保函是由一家金融机构在国外的分支机构出具，则该金融机构和其在国外的分支机构是两个不同的法律实体。

第四，关于分支机构登记地的界定。在司法实践中，有些企业往往有两处登记地。如一些注册登记地在英属维尔京群岛的企业，往往不在注册登记地开展经营活动，而是在中国香港特别行政区开展经营活动，根据香港特别行政区的公

---

① 参见周辉斌：《银行保函与备用信用证法律实务》，中信出版社 2003 年版，第 208 页。

② URDG 758 第 3 条第 a 款规定，“担保人在不同国家的分支机构被视为不同的实体”；UCP 600 第 3 条规定，“一家银行在不同国家设立的分支机构均被视为不同的银行”。参见蒋琪主编：《中国独立保函法律实务精要与判例详解》，法律出版社 2020 年版，第 34 页。

司条例,海外公司在香港特别行政区营业要进行营业登记,在这种情况下,有必要明确登记地的具体所指。《中华人民共和国公司法》第 193 条规定:“本法所称外国公司是指依照外国法律在中国境外设立的公司。”因此,将法人的登记地理解为法人的设立登记地更为准确,而非其他营业登记地。综上,《最高人民法院关于适用〈中华人民共和国涉外民事关系法律适用法〉若干问题的解释(一)》第 14 条规定:“人民法院应当将法人的设立登记地认定为涉外民事关系法律适用法规定的法人的登记地。”

相关规定

《中华人民共和国涉外民事关系法律适用法》

第三条　当事人依照法律规定可以明示选择涉外民事关系适用的法律。

第四十一条　当事人可以协议选择合同适用的法律。当事人没有选择的,适用履行义务最能体现该合同特征的一方当事人经常居所地法律或者其他与该合同有最密切联系的法律。

第四十四条　侵权责任,适用侵权行为地法律,但当事人有共同经常居所地的,适用共同经常居所地法律。侵权行为发生后,当事人协议选择适用法律的,按照其协议。

《最高人民法院关于适用〈中华人民共和国涉外民事关系法律适用法〉若干问题的解释(一)》(2020 年修正)

第十四条　人民法院应当将法人的设立登记地认定为涉外民事关系法律适用法规定的法人的登记地。

《独立保函司法解释》

第二十二条　涉外独立保函未载明适用法律,开立人和受益人在一审法庭辩论终结前亦未就适用法律达成一致的,开立人和受益人之间因涉外独立保函而产生的纠纷适用开立人经常居所地法律;独立保函由金融机构依法登记设立的分支机构开立的,适用分支机构登记地法律。

涉外独立保函欺诈纠纷,当事人就适用法律不能达成一致的,适用被请求止付的独立保函的开立人经常居所地法律;独立保函由金融机构依法登记设立的分支机构开立的，适用分支机构登记地法律；当事人有共同经常居所地的，适用共同经常居所地法律。

涉外独立保函止付保全程序，适用中华人民共和国法律。

典型案例

广西水利电力建设集团有限公司与中国电建市政建设集团有限公司、第三人交通银行股份有限公司广西壮族自治区分行保函欺诈纠纷案

广西壮族自治区高级人民法院(2020)桂民终800号

案情介绍

2015年1月6日，中国电建市政建设集团有限公司(以下简称电建市政集团)(总包商、甲方)与广西水利电力建设集团有限公司(以下简称水利电力公司)(分包商、乙方)签订基础合同，即《阿尔及利亚苏克哈斯省姆道鲁什市400套设计施工公租房项目分包合同》，约定：电建市政集团作为阿尔及利亚苏克哈斯姆道鲁什市400套设计施工公租房项目的施工总承包商，与项目业主签订了相关合同，现电建市政集团将项目施工任务分包给水利电力公司，工程范围包括但不限于房建建设工程、室外配套VRD工程、主合同范围内的其他工程内容和可能增加的其他工作内容，合同总工期为28个月，合同总价款为991,066,244.49第纳尔(不包括增值税)等。基础合同还约定，在本分包合同签订后的14日内，乙方应向甲方开具甲方指定格式的履约保函，保函格式及内容要上报甲方审核。保函总额为本分包合同含税总价的5%(53,022,044.08第纳尔)，保函币种为人民币，即相当于419.5万第纳尔的人民币。该保函包括履约保证金(占保函总额的2%)、农民工工资保证金(占保函总额的1%)、安全保证金(占保函总额的1%)和质量保证金(占保函总额的1%)，如分包合同尚未履约完毕，由于任何原因致使乙方提供的履约保函失效，则甲方有权要求乙方延期或重新出具保函。在乙方未提供履约保函或保函失效期间，乙方无权得到本工程的工程款。

前述合同签订后，水利电力公司进场施工。自2017年11月17日起至

2018年12月,水利电力公司与电建市政集团一直在就案涉工程项目的工期进度及质量问题以书面函件往来的形式进行了多次协商。2018年12月6日,水利电力公司与电建市政集团双方共同作出一份《关于阿尔及利亚苏克哈斯房建项目广西水电项目移交专题会会议纪要》,就水利电力公司将案涉工程项目移交给电建市政集团的相关事宜进行协商并达成一致意见。2019年2月26日,水利电力公司与电建市政集团双方分别就案涉工程项目现场形象进度进行确认,并作出纪要,现场就案涉工程进行了移交。工程移交后,水利电力公司与电建市政集团还就工程相关问题进行了多次函件往来协商。

第三人交通银行股份有限公司广西壮族自治区分行(以下简称交行广西分行)开具了《预付款保函》。因工期延期,电建市政集团要求将前述保函的有效期延长至2019年3月31日。2019年3月19日,交行广西分行开具以电建市政集团为受益人、编号为0003250的《预付款保函》,载明:鉴于申请人与受益人签订了合同编号为ZSSSJ-AEJLYFJ-[2014]-3《阿尔及利亚苏克哈斯省姆道鲁什市400套设计施工公租房项目分包合同》,交行广西分行承诺其作为担保人向受益人出具总额为人民币7,300,000元的保函,在收到受益人提交的书面索赔通知(包括邮寄、电子邮件、传真等方式)后,在7个工作日内无条件地向受益人支付保函限额之内的一笔或数笔款项。2019年7月23日,电建市政集团向交行广西分行递交索赔通知书,载明因水利电力公司违反合同约定的义务,电建市政集团据此向交行广西分行请求支付保函索赔款。水利电力公司认为其在合同履行过程中不存在违约行为,电建市政集团的索赔行为构成独立保函欺诈,遂诉至一审法院,请求确认电建市政集团要求交行广西分行支付案涉《预付款保函》项下款项的行为构成独立保函欺诈,并判令交行广西分行终止向电建市政集团支付案涉《预付款保函》项下款项人民币7,300,000元。

一审庭审辩论终结前,各方当事人一致同意援引国际商会URDG 758。

法院裁判

关于本案的法律适用问题,一审法院认为:

国际商会URDG 758第34条a款规定:"除非保函另有约定,保函的适用法律应为担保人开立保函的分支机构或营业场所所在地的法律。”《中华人民共和国涉外民事关系法律适用法》第44条规定：“侵权责任，适用侵权行为地法律，但当事人有共同经常居所地的，适用共同经常居所地法律。侵权行为发生后，当事人协议选择适用法律的，按照其协议。”本案系保函欺诈纠纷，案涉保函系第三人交行广西分行经水利电力公司的申请而向受益人开立的，故本案应适用开立人即第三人交行广西分行所在地的法律即中华人民共和国法律进行审理。

一审法院判决驳回水利电力公司的全部诉讼请求。

水利电力公司不服一审判决提起上诉。二审法院认为：

本案水利电力公司系以电建市政集团向保函开立人交行广西分行请求支付保函索赔款构成独立保函欺诈为由提起的诉讼，本案为保函欺诈纠纷案。根据各方当事人一审均一致同意援引的国际商会URDG 758第34条a款和《中华人民共和国涉外民事关系法律适用法》第44条的规定，一审法院适用开立人交行广西分行所在地法律即中华人民共和国法律进行审理正确，二审法院予以维持。

二审法院最终判决驳回上诉，维持原判。

评析

独立保函欺诈纠纷系侵权纠纷，当事人对法律适用问题的事先合意并无约束力，但事后合意应予尊重。本案中，审理法院综合当事人合意援引的URDG 758以及法院地冲突法的规定，确认独立保函欺诈纠纷应适用保函开立人所在地法律。

中电电气（南京）光伏有限公司与阿尔法公司、第三人交通银行股份有限公司江苏省分行独立保函欺诈纠纷案

江苏省高级人民法院（2017）苏民终423号

案情介绍

2012年11月27日，印度阿尔法公司与中电电气（南京）光伏有限公司（以下简称中电电气公司）签订一份关于太阳能组件的采购合同（以下简称案涉合

同)。2012 年 12 月 13 日,中电电气公司向阿尔法公司出具保函,其中载明:中电电气公司承诺并保证,根据案涉合同所列条款,银行保函的担保期限为连续 5 年(年续)。除第五年外,每年需在期限届满前 15 日进行保函延期。2013 年 1 月 15 日,交通银行股份有限公司江苏省分行(以下简称交行江苏分行)通过 SWIFT 电文将"购买订单项下的质量保证保函"发送至阿尔法公司,其中载明:根据案涉合同条款中的规定,中电电气公司向阿尔法公司提交合同价款的 10% 即总额为 671,616 美元的质保保函,以保证中电电气公司将正确和忠实地履行所述的合同条款。交行江苏分行根据中电电气公司的要求,一经收到阿尔法公司的书面索赔,并发现以下问题后,无条件地、不可撤销地同意,保证支付阿尔法公司不超过 671,616 美元的索赔金额:(1)合同项下的已发货太阳能组件未达到合同规定的相应标准或者技术规范,以及有缺陷组件产品的数量和序列号未达标。(2)中电电气公司未履行合同所规定的义务以及其光伏组件的有限保修。(3)由双方所认可的第三方测试机构,如 TUV 莱茵或弗劳恩霍夫太阳能系统研究所或其他任何第三方机构(以下简称测试机构)出具的最终测试报告或者证书表明:①组件未达到合同规定的技术规范;②上述缺陷组件的数量及功率损耗未达标。(4)经中电电气公司确认的由于组件产品缺陷使阿尔法公司遭受的实际和直接损失。交行江苏分行还同意:在对阿尔法公司和中电电气公司将要履行的合同条款、其他合同文件更改、增补或修改,均不能免除交行江苏分行在该保函下的任何责任;上述更改、增补或修改也无须通知交行江苏分行。该保函自 2013 年 1 月 15 日至 12 月 31 日有效,并在其后 2 个月的索赔期持续有效。一旦质保失效,该保函将部分失效。除第五年外,如果中电电气公司在该保函每年到期日前 15 日未提供新的保函,根据中电电气公司的指示,交行江苏分行同意代替中电电气公司向阿尔法公司提供无条件不可撤销的、金额不超过 671,616 美元的担保,承诺一经收到阿尔法公司的书面索赔,表明满足上述有关规定,将向阿尔法公司支付索赔金额。之后,阿尔法公司应将该保函退还交行江苏分行。该保函适用 URDG 758。

2013 年 12 月 9 日,印度 YES 银行(以下简称 YES 银行)通知交行江苏分行,案涉保函失效日为 2013 年 12 月 31 日,请求该行立即根据案涉保函第 4 条约定进行保函展期,将上述保函延期至2014年12月31日。

2013年12月19日,交行江苏分行回复YES银行:其已通知中电电气公司,且该公司正在与阿尔法公司进行协商。

2013年12月21日,YES银行按照阿尔法公司要求向交行江苏分行提出索赔。2013年12月26日,YES银行按照阿尔法公司要求向交行江苏分行发出第一次索赔提醒电文,要求交行江苏分行将671,616美元的保证金汇入阿尔法公司的银行账户。同日,YES银行收到交行江苏分行提供的新保函,新保函于2013年12月25日出具。该保函载明,根据案涉合同的规定,中电电气公司向阿尔法公司提交合同价款的10%,即总额为671,616美元的银行保函,以保证中电电气公司将正确和忠实地履行所述的合同条款。除明确该保函自2014年1月1日至12月31日有效,并在2个月的索赔期内继续完全有效外,其他内容同案涉保函。

2013年12月31日,YES银行按照阿尔法公司要求向交行江苏分行发出第二次索赔提醒电文,要求交行江苏分行将671,616美元的保证金汇入阿尔法公司的银行账户。同日,交行江苏分行回复YES银行,其中载明,案涉保函的有效期截止日应为2013年12月31日,另有2个月的索赔期。新保函已于2013年12月25日开出。中电电气公司正与阿尔法公司协商,请等待后续的协商结果。当日,YES银行向阿尔法公司转发交行江苏分行的前述SWIFT电文,并请求告知下一步的工作安排。

2013年12月31日,中电电气公司诉至一审法院,请求判令阿尔法公司停止侵权行为,撤销阿尔法公司向交行江苏分行发出的索赔函,交行江苏分行对案涉银行保函项下的担保金额终止支付等。

法院裁判

一审法院认为,关于本案的法律适用问题。本案系见索即付保函欺诈纠纷,涉及准据法的适用。首先,案涉保函明确适用URDG 758,该规则第34条规定,“除非保函另有约定,保函的适用法律应为担保人开立保函的分支机构或营业场所所在地的法律”,故与案涉保函有关的争议应适用保函开立机构交行江苏分行所在地法律,即中华人民共和国法律。其次,有关见索即付保函欺诈争议的性质,依据我国法律应识别为侵权纠纷,《中华人民共和国涉外民事关系法律适用法》第 44 条规定:“侵权责任,适用侵权行为地法律,但当事人有共同经常居所地的,适用共同经常居所地法律。侵权行为发生后,当事人协议选择适用法律的,按照其协议。”本案审理过程中,各方当事人当庭均明确表示适用 URDG 758。根据当事人意思自治原则,一审法院确定我国法律作为解决本案纠纷的准据法。

一审法院判决驳回中电电气公司的诉讼请求。中电电气公司不服提起上诉。关于法律适用,二审法院认为:

阿尔法公司为印度公司,中电电气公司主张阿尔法公司的索赔构成保函欺诈,故本案的性质为涉外侵权纠纷。《中华人民共和国涉外民事关系法律适用法》第 44 条规定:“侵权责任,适用侵权行为地法律,但当事人有共同经常居所地的,适用共同经常居所地法律。侵权行为发生后,当事人协议选择适用法律的,按照其协议。”本案没有证据证明双方当事人就保函欺诈达成了选择适用法律的协议,故应适用侵权行为地法律。阿尔法公司向交行江苏分行提起索赔,中华人民共和国为侵权行为地,因此本案应适用中华人民共和国法律。

评析

本案对独立保函欺诈纠纷的性质及法律适用问题予以了明确,即独立保函欺诈纠纷系侵权纠纷,依照我国冲突法规则应适用侵权行为地法律。

格里布瓦尔水泥有限公司与中材装备集团有限公司、中国工商银行股份有限公司天津分行保函欺诈纠纷案

天津市高级人民法院(2012)津高民四终字第 3 号

案情介绍

2004 年 12 月 30 日,中材装备集团有限公司(曾用名天津水泥工业设计研究院有限公司,以下简称中材装备公司)与格里布瓦尔水泥有限公司(以下简

称格里布瓦尔公司）在巴基斯坦签订《巴基斯坦境内水泥生产线（日产6700吨）合同》（以下简称基础合同）。双方同时约定在执行合同中发生纠纷时，双方应及时协商解决，协商不成将根据巴基斯坦1940年仲裁法在迪拜进行仲裁。随后双方还签订了一系列的附属合同。

2008年2月5日，中材装备公司以中国工商银行股份有限公司天津分行（以下简称工商银行天津分行）为担保行，以格里布瓦尔公司为受益人申请开立两个无条件和不可撤销的银行保函，金额分别为2,689,741.80美元和707,600欧元，有效期至2008年5月30日。该保函约定，自收到格里布瓦尔公司在保函有效期内根据此保函可能发出任何指明中材装备公司未能履行协议下义务的索赔请求通知后15日内，工商银行天津分行向格里布瓦尔公司支付总金额最大值2,689,741.80美元和707,600欧元，无须向中材装备公司取证，即使中材装备公司与格里布瓦尔公司之间或有争议。此保函的所有索赔必须通过巴基斯坦国家银行发送SWIFT报文且此保函下的所有索款将支付给巴基斯坦国家银行并贷记到格里布瓦尔公司账户。此保函受URDG 458约束，并适用新加坡法律。

2008年5月29日，格里布瓦尔公司的委托行巴基斯坦国家银行向工商银行天津分行发出SWIFT报文，提出中材装备公司违反了保函未履行条款的协议，请求支付保函项下的款项2,689,741.80美元和707,600欧元。2008年7月2日，巴基斯坦国家银行向工商银行天津分行发出SWIFT报文，称该行参照上述银行保函，已收到格里布瓦尔公司向中材装备公司发送的，关于将索兑此保函日期推延至2008年7月20日的请求。后经多次推延，银行保函的兑现期延至2009年10月15日。2009年10月14日，巴基斯坦国家银行向工商银行天津分行发出付款通知，称该行收到格里布瓦尔公司要求对担保总额为2,689,741.80美元和707,600欧元保函的付款通知，且该公司还依据保函第2条E项提供了书面证明书。

中材装备公司以格里布瓦尔公司的索款行为构成欺诈为由，向法院提起诉讼。

法院裁判

一审法院认为,本案为保函欺诈纠纷,属因侵权行为提起的诉讼。涉案担保银行及保函项下的款项支付地为工商银行天津分行住所地,该住所地应认为是侵权结果发生地,故本院依法具有管辖权。格里布瓦尔公司和工商银行天津分行未提出管辖异议并应诉答辩。

关于本案准据法适用。中材装备公司主张本案是侵权纠纷,应适用中华人民共和国法律;格里布瓦尔公司则主张按照保函的约定,应适用新加坡法律。根据《中华人民共和国涉外民事关系法律适用法》第 44 条的规定,侵权责任应适用侵权行为地法律。且涉案保函中关于法律适用的约定,也仅对担保银行工商银行天津分行和受益人格里布瓦尔公司具有约束力,据此本案处理应适用中华人民共和国法律。

二审法院认为,关于本案纠纷的定性及法律适用。涉案保函的主体为保函的担保行工商银行天津分行和受益人格里布瓦尔公司,虽然该保函中约定适用新加坡法律,但上述约定仅系工商银行天津分行与格里布瓦尔公司之间就解决保函争议所适用法律形成的合意,而中材装备公司并非该保函的一方主体,故上述法律适用的约定对中材装备公司不具有约束力。本案中,中材装备公司系以格里布瓦尔公司在索兑保函项下的款项过程中存在欺诈情形为由提起的诉讼,属于侵权之诉,根据《中华人民共和国涉外民事关系法律适用法》第 44 条的规定,侵权行为适用侵权行为地法律,本案应适用中华人民共和国法律。

评析

本案明确,独立保函约定的准据法并不适用于保函欺诈纠纷,对非保函主体方不具有约束力;独立保函欺诈纠纷的性质依据我国法律应识别为侵权纠纷,应适用侵权行为地法律。

拓展研究

（一）关于准据法的默示选择

与明确允许当事人通过援引行为默示合意援引 URDG 等独立保函交易示范规则不同，我国司法解释在准据法的确定问题上，对是否允许当事人默示合意语焉不详，由此造成一些特殊情况下的疑难问题。例如，理论上，基于意思自治原则，当事人可以将一个独立保函分为几个部分而选择适用不同的法律，这在实践中往往具有比较明显的操作意义和价值。[①] 但是，如果允许当事人通过援引行为默示合意准据法，此种情况下将使准据法的识别变得尤为复杂、困难和容易产生争议；而如果只允许当事人默示合意单一的准据法，在法理和逻辑上又很难自洽。又如，根据我国《涉外民事关系法律适用法》第 9 条的规定，涉外民事关系适用的外国法律，不包括该国的法律适用法，因此当事人约定了适用的独立保函交易示范规则并不等同于约定了准据法。但从另一个角度看，如果允许当事人默示合意准据法，则当事人对独立保函交易示范规则的约定能否视为当事人默示选择了该独立保函交易示范规则所指向的准据法？尤其是，在当事人对独立保函交易示范规则的约定本身即为默示合意的情况下，能否推定当事人对准据法的选择存在第二层的默示合意？

（二）关于独立保函欺诈纠纷法律适用的事先约定

由于独立保函欺诈纠纷案件属于侵权之诉，故无论是独立保函受益人和申请人之间关于基础合同纠纷的法律适用约定，还是受益人和担保人之间关于独立保函纠纷的法律适用约定，在相关各方当事人未明确约定适用的情况下，都无法直接适用于独立保函欺诈纠纷。但是，根据《独立保函司法解释》，独立保函

---

① 比如，某国法律对独立保函收益的转让作出了严格的限制性规定，当事人可能会希望适用其他国家相对宽松的法律规定。当事人对不同的部分选择不同的准据法，有利于其交易和利益最大化。参见刘应民、张亮：《独立担保制度研究：以见索即付保函与备用信用证为视角》，中国社会科学出版社 2017 年版，第 183～184 页。

欺诈纠纷的法律适用同样允许当事人意思自治,其中,纠纷发生后的事后合意自无任何问题,而在纠纷发生之前,是否允许当事人就独立保函欺诈纠纷的法律适用进行事先约定,即申请人与受益人、开立人等可否在独立保函之外另行订立协议,明确一旦发生独立保函欺诈纠纷的,应当如何适用法律,则存在较大争议。本质上,这属于是否允许当事人之间就可能发生的侵权纠纷事先约定准据法的问题。

第五章

独立保函的识别与独立性判定

独立保函的独立性认定问题，主要是在《独立保函司法解释》第 1 条和第 3 条中予以规定。《独立保函司法解释》第 1 条从独立保函订立程序的角度，定义了独立保函的基本内涵，但并未就独立保函的司法认定作出明确规定，而是在第 3 条列举了保函文本中明言其为独立保函的文字表示。司法实践中，如果金融机构开立的保函载明据以付款的单据和最高金额，但未明确写明“见索即付”或“适用国际商会《见索即付统一规则》等独立保函交易示范规则”，则会依据“保函文本内容”运用自由裁量权对保函的性质进行判定。然而由于对“单据”“最高额”等保函形式要件的认定仍存在争议，在具体的案件中，单据要求的具体内容、援引基础交易合同的违约条款、从属性担保条款的存在，均会成为法院审理相关案件时的考量因素。

从现有规定来看，《独立保函司法解释》第 3 条规定的认定规则在三要素的基础上，提出保函须载明据以付款的单据和最高金额，这在形式上明确了认定标准，但是如何从事实查明和法律适用两个角度把握这一认定标准仍体现在每一个案件处理的司法裁判过程中。独立保函的实质化认定，有必要遵循和考量独立担保制度于我国产生及存在的历史沿革和国情实际，同时还应当正视在我国实施“一带一路”倡议背景之下独立保函对跨国企业商业和诉讼风险应对与防范方面的实践意义和特殊功用。

从历史沿革来看，独立保函的产生与备用信用证的发展不无关联。故有必要从备用信用证的产生和发展轨迹一窥独立保函识别与认定的既往思路。

作为信用证的一个分支，备用信用证最早产生于19世纪的美国。由于世界各国银行一般均可开立保函，当时美国法律却禁止其国内商业银行开立保函，为与外国银行竞争，达到为客户担保之目的，美国银行于第二次大战后开始广泛开立实际上属于保函性质的支付承诺——备用信用证。作为一个独立的凭单付款的承诺，备用信用证通常仅要求受益人提交汇票和简单的文件，以证明申请人违约。时至今日，虽然美国限制商业银行开立保函的法律早已取消，但由于备用信用证具有独立性、单据化和见索即付的特点，在处理具体业务时又可快速办理，因此较保函而言，备用信用证较易为银行和进出口商接受，不仅在美国沿用至今，而且在世界范围也得到了广泛应用。在美国法中，一个承诺付款的法律文件究竟名为“独立保函”还是“履约保函”抑或“备用信用证”从来都只是一个称谓而已，只要承诺其具有独立性，法院即认定其具有独立担保的基本特征。[①] 美国法未将作为独立担保重要衍生物的备用信用证置于传统从属性担保的范畴加以规制，也完全不将其与从属性担保相比较，最重要的原因正是基于商事实践产生的备用信用证自产生之初就是商事内发需求导向下信用证业务扩展的个性化产物，此一明确的目的也表示其从未成长于传统担保制度的土壤，[②]当然也无须受到传统担保法律制度的束缚。美国备用信用证业务的盛行，一方面与美国银行业规避禁止银行提供担保这一古老规则不无关系，另一方面也是高度商事自治下信用证高效功用性引发的市场自然选择的结果。鉴于此，美国无论是商业界

---

① See Horn N, Wymeersch E. Bank-Guarantees, Standby Letters of Credit and Performance Bonds in International Trade. Boston: Kluwer Law Press, 1990: 17 – 18. 转引自陆璐:《独立保函的时代演进与制度发展》，东南大学出版社2019年版，第37页。

② See Edward Owen Engineering Ltd. v. Barclays Bank Intemational Ltd. [1978] Q. B. 159; United Trading Corp. SA v. Allied Arab Bank Ltd. [1985] 2 Lioyd's Rep. 554(CA); Tukan Timbεr Ltd. v. Barclays Bank Plc. [1987] 1 Loyd's Rep. 171, 174.

还是法学界，都不认为对独立保函独立性的认定应当拘泥于形式。独立保函作为商业工具的独立担保功能才是其存在的根本价值所在。

另外，备用信用证与独立保函之间的联系与区别也可以为我们准确识别和认定独立保函提供一个比较法上的角度。如前所述，备用信用证最初是作为保函的替代方式产生的，所以两者在性质上、应用上基本相同，都是由银行或其他实力雄厚的非银行金融机构应某项交易合同项下的当事人（申请人）的请求或指示，向交易的另一方（受益人）出立的书面文件，承诺对提交的在表面上符合其条款规定的书面索赔声明或其他单据予以付款。从法律观点来看，我们可以说备用信用证等同于见索即付保函，但两者还是有重大不同。备用信用证如今已发展到适用于各种用途的融资工具，包含着比见索即付保函用途更广的范围。另外，由于两者适用的规则有所不同：备用信用证适用于 ISP98 或 UCP 500，而见索即付保函则适用于 URDG。这将直接决定当事人之间可能产生不同的权利和义务，[①]同时是两者法律适用上的重要差异，在识别和认定独立保函过程中需要特别注意。

无论是当下相关行业的部分工作人员对独立保函及独立保函有关法律制度认识不足的实际情况，还是司法实践中存在的诸如含有混合性表述条款，或者含有基础交易违约情形，或者含有仲裁前置条款等情况下如何识别独立保函之诸项争议，都越发使梳理和明晰独立保函的实质化认定问题迫切需要得到解决。本部分在把握《独立保函司法解释》规定目的和原则的基础上，梳理争议观点，分析倾向性意见，以对裁判思路进行细节化调整，[②]做到具体问题（纠纷）具体分析。

---

① 参见李燕：《〈见索即付保函统一规则〉和〈国际备用信用证惯例〉之比较》，载《西南政法大学学报》2003 年第 3 期。

② 参见程啸：《民法典物权编担保物权制度的完善》，载《比较法研究》2018 年第 2 期。

一、同时记载“独立保函责任”与“连带责任担保”的保函是否认定为独立保函

诉讼争点

从对《独立保函司法解释》出台后的案件梳理情况来看，保函文本中同时出现独立性条款和连带责任意思表示的情况屡见不鲜。对此情形的认定存在分歧，一种观点认为，保证人承担“连带保证责任”这一措辞与该涉案保函设立的受益人交单、保证人审单后付款义务相矛盾，但该保函若系专业金融机构的保证人开立，理应清晰地表明保证的性质，否则因保函条款理解而产生争议时，应作有利于受益人的解释，因此判定该保函仍然可认定为独立保函。另一种观点则认为，“承担连带保证责任”的记载表明当事人愿意放弃独立担保之独立性，因此该保函应当属于保证承诺，不符合独立保函的相关规定，不属于独立保函。

裁判指引

司法实践中在遇到此类争议时倾向于以维护保函独立性为原则，根据具体案情和记载内容作出判定，即其他条款不影响单据相符情形下独立付款条件的成立和效力之情况下，一般认定为独立保函；而保函或者基础合同条款中如果除独立付款条件的内容之外，还有其他针对独立保函性质和效力的记载内容，如“一旦基础合同修改，则该独立保函自动失效”等，在该记载内容足以影响独立保函性质认定和效力判断的情况下，则应根据当事人约定内容和其他案件事实进行综合判断。即在保函中同时记载“独立保函”与“连带责任担保”或其他矛盾表述时，需要根据保函整体用语、当事人真实意思表示等进一步解释。在通常情况下，金融机构作为保函开立人，对于此类金融工具的理解较其相对方应处于更有利地位，如在保函用语中出现矛盾之处，应作不利于保函开立人的解释。裁判观点的分歧在一定程度上受到《独立保函司法解释》相关条文对保函独立性

的规制思路之影响，但更反映了对独立性认定思路之不同。作为“一带一路”倡议实施过程中给予配套支持的司法解释之一，《独立保函司法解释》的出台本身就已肯定了独立保函在中国的实用价值和应用价值。因此，法院在独立保函或是连带保证责任的选择问题上，可根据我国市场交易和对外贸易的现实需求予以调整。

实际上，对于承认独立保函独立效力的问题，早在《独立保函司法解释》出台前就有多年争论，司法解释相关条文对独立保函法律效力的明确认可正是从实践需求出发的引领式司法。面对独立保函或是连带保证责任的适用困境，应当正视独立保函于国内、国际同等地位的立法存在，不宜过分解读“连带责任”等从属性用词的法律效力，应首先肯定独立担保与传统从属性担保的差异，将独立保函的独立性置于首位。由于独立担保制度的存在和发展已经是国际化法制进程中不可逆之方向，法院对案件的裁定思路也可遵循立法的实践需求和实际期待，这也对专业金融机构的风险应对能力提出了更高要求。

相关规定

《独立保函司法解释》

第三条　保函具有下列情形之一，当事人主张保函性质为独立保函的，人民法院应予支持，但保函未载明据以付款的单据和最高金额的除外：

（一）保函载明见索即付；

（二）保函载明适用国际商会《见索即付保函统一规则》等独立保函交易示范规则；

（三）根据保函文本内容，开立人的付款义务独立于基础交易关系及保函申请法律关系，其仅承担相符交单的付款责任。

当事人以独立保函记载了对应的基础交易为由，主张该保函性质为一般保证或连带保证的，人民法院不予支持。

当事人主张独立保函适用民法典关于一般保证或连带保证规定的，人民法院不予支持。

典型案例

上海北海船务股份有限公司与中国光大银行股份有限公司南京分行、江苏熔盛重工有限公司担保合同纠纷案

武汉海事法院(2014)武海法商字第00823号

案情介绍

上海北海船务股份有限公司(以下简称北海公司)与江苏熔盛重工有限公司(以下简称江苏熔盛公司)于2011年9月29日签订《造船合同》,约定江苏熔盛公司为北海公司建造一艘75,000载重吨原油轮。2012年11月1日,中国光大银行股份有限公司南京分行(以下简称光大银行南京分行)开立了《预付款保函》,承诺光大银行南京分行在江苏熔盛公司应当退还北海公司支付的进度款时,光大银行南京分行将承担"连带保证责任"。北海公司在船舶交付前根据造船合同向江苏熔盛公司支付的造船合同价款共计1,156,539,200元,第一期进度款23,556,050元、第二期进度款28,210.872元、第三期进度款32,891,446元、第四期进度款56,385,336元。如果北海公司要求解除或终止造船合同并赔偿船舶的所有损失,而江苏熔盛公司未能在合同规定的期限内全部或部分退还上述造船合同价款及合同规定的相应利息,光大银行南京分行将于收到北海公司要求退款的书面请求后10个工作日内向北海公司支付原本应由江苏熔盛公司归还的北海公司已支付的款项及相应利息。北海公司要求退款的书面请求必须附加北海公司要求返还的款项及其利息的计算,关于江苏熔盛公司根据造船合同条款应当退还如上计算的款项且退款期限的说明,收款银行账户、账号等以及关于已要求江苏熔盛公司退款但未收到退款的说明。

2014年5月15日,北海公司向光大银行南京分行发出索款函,称江苏熔盛公司违反造船合同约定的交船义务,北海公司已根据造船合同约定拒绝接收该船,并要求江苏熔盛公司退还其已支付的款项,但江苏熔盛公司至今未退款。鉴于此,根据《预付款保函》的规定,北海公司要求光大银行南京分行承担独立保函责任,并由上海北海公司向武汉海事法院提起诉讼,要求江苏熔盛公司向

其支付造船合同进度款1,766,922元及相应利息，光大银行南京分行承担独立保函责任。光大银行南京分行辩称案涉保函并不具有独立性，无须承担独立保函责任。

法院裁判

本案争议焦点之一，为光大银行南京分行在《预付款保函》项下承担的是独立保函责任还是连带保证责任。

审理法院认为，首先，《预付款保函》符合《独立保函司法解释》对独立保函的定义，理由如下：

第一，独立保函的核心，在于保函开立人是否设立了相符交单情形下的独立付款义务。《预付款保函》在第1条中明确了北海公司应支付的各期进度款的金额，在第2条中明确了光大银行南京分行将在北海公司提出书面的付款请求及相关文件后的付款义务，在第6条中明确了该保函的有效金额。综合《预付款保函》中对于北海公司申请退款和光大银行南京分行付款审查的表述，北海公司在要求光大银行南京分行付款时，仅需提交该保函要求的书面申请以及北海公司单方制作的相关书面文件，光大银行南京分行也仅对北海公司提交的相应书面文件进行审查。由此可见，光大银行南京分行在《预付款保函》中设立的，是在北海公司相符交单情形下的付款义务。

第二，《预付款保函》第2条所作关于北海公司要求江苏熔盛公司退还进度款而江苏熔盛公司未依约退还时，光大银行南京分行在北海公司要求退款的书面请求后的10个工作日退还应由江苏熔盛公司退还的款项的表述，其目的显然是审查在北海公司要求光大银行南京分行履行付款义务时，江苏熔盛公司是否已向北海公司付款及其金额，以确定光大银行南京分行在《预付款保函》项下的付款金额，而非表明在确定光大银行南京分行在《预付款保函》项下的付款义务时，将审查北海公司与江苏熔盛公司之间的船舶建造合同履行情况。据此，光大银行南京分行在《预付款保函》项下的付款义务不受北海公司与江苏熔盛公司之间的基础合同关系的影响，是独立的。

第三，《预付款保函》第1条所称光大银行南京分行在江苏熔盛公司应当退还北海公司支付的进度款时，光大银行南京分行将承担"连带保证责任"这一措辞，与该保函第 2 条所设立的北海公司交单、光大银行南京分行审单后付款义务相矛盾，但该保函系光大银行南京分行开立，其作为专业金融机构，理应清晰地表明保函的性质，否则因保函条款理解而产生争议时，应作有利于受益人，即北海公司的解释。虽然北海公司在《独立保函司法解释》未颁布前，要求光大银行南京分行承担连带保证责任，但在该解释颁布后，已据此要求光大银行南京分行承担独立保函责任，应以此作为最终的判断依据。

第四，在《预付款保函》已设立相符交单情形下的独立付款义务的情况下，是否载明见索即付或适用 URDG 等独立保函交易示范规则，并不影响《预付款保函》作为独立保函的性质。而补充协议关于在江苏熔盛公司不履行或不能履行合同项下义务的情况下，北海公司有权依据还款保函的约定取得还款保函项下的全部已付款和利息的约定，与《预付款保函》本身无关，不能作为确定光大银行南京分行在《预付款保函》项下义务性质的依据。

其次，《预付款保函》的金额可以确定。根据《独立保函司法解释》第 1 条第 1 款的规定，独立保函的担保金额，可以是约定的特定金额或最高金额。《预付款保函》第 1 条、第 6 条载明了北海公司应向江苏熔盛公司支付的各期进度款的金额，保函的生效金额及利息的计算方式和起止日期，即《预付款保函》是设定了最高金额的保函。而且，北海公司在要求光大银行南京分行付款时，也应当提交江苏熔盛公司退款情况的说明。因此，在光大银行南京分行实际承担付款义务时，其付款金额是确定的。光大银行南京分行提出的《预付款保函》金额不确定的抗辩，于法无据，法院不予支持。

综上所述，《预付款保函》的约定符合《独立保函司法解释》第 1 条第 1 款、第 2 款以及第 3 条第 1 款第 3 项的规定，应当被认定为独立保函。

评析

本案的裁判意义在于形成了判断独立保函司法裁判标准的思路，可以总结为三点：(1) 认定为独立保函应以明确约定独立担保内容和单据相符情形下独立付款义务为条件；(2) 当同时出现独立担保责任与连带责任担保的两项表述时，应作出不利于保函开立人的解释，即保函受益人可以主张保函为独立保函；(3)未载明见索即付或适用 URDG 758 等独立保函交易示范规则，并不影响判断独立保函的性质。

拓展研究

从独立担保的域外实践来看，无论是美国法忽略保函称谓基于保函承诺内容之独立性的宽松认定，还是法国强调明确担保债务标的的独立性和担保人放弃基于被担保合同的抗辩两项事宜的严格认定，都是以保函在商业实践中的应用目的需求为导向，均不以“独立担保”等字面上的表述作为考量依据。《独立保函司法解释》的出台本身就是以适应“一带一路”倡议背景下中国的涉外金融商事司法裁判发展为目的的。

从司法实践意义上来看，准确识别从属性担保和独立保函，防止不当扩大认定范围，是认定独立保函独立性的出发点和落脚点。这是因为在实践中，当事人常常对保函是保证还是独立性的担保行为发生分歧，争议焦点在于“独立性”的判定标准，不同的判定意味着差异巨大的法律后果。

第一，关于如何认定独立保函，即独立保函的识别手段，可以在其他法系或法域找到两种完全不同的方法。第一种方法，是源于英美法系的传统，由法官根据个案的实际情况进行个案的综合认定。例如，英国法院通过将争议的保函“作为一个整体、不带任何先见与偏见地进行观察”，①保函签发的商业环境也一并予以考虑，综合各种要素判定保函是否具有独立性。具体而言，“见索即付”“无条件地支付”“担保人为第一债务人”“见单即付”“索付应提交的单据属于证明违约的决定性证据”“适用 URDG 的担保”等约定内容，可以认为系当事人各方一致的意思表示，进而视为各方愿受其约束，法官可以据此认定构成独立保函。② 第二种方法，是由法律或司法解释等具有较高效力位阶的规范性文件明

① ILG Capital LLC v. Van der Merwe. See M. Hughes, *When is a Guarantee not a Guarantee?*, Law and Financial Markets Review, 2009, Vol. 3, No. 1, p. 31 - 39.

② See N. Enonchong, *The independence principle of letters of credit and demand guarantees*, Oxford University Press, 2011, p. 53 - 63.

确规定可以认定为独立保函的必要条件,这种方法对于当事人而言具有明确的可预期性和确定性,但可能因无法穷尽所有特殊情况带来缺乏灵活性的问题。

第二,关于如何把握认定“独立性”的标准问题,司法裁量明显分为两个方向:一是通过减少条件,或降低独立保函的认定标准,从而鼓励适用独立保函;二是趋向严格认定“独立性”问题,针对独立保函的认定保持一种高标准,间接扩张保证的适用范围。第一种意见中有观点认为,只要保函约定担保人不能以基础交易关系对抗主债权人即为独立保函;这种认定标准太过宽松,一方面容易给债权人带来风险,另一方面也可能导致架空保证制度的不利后果。第二种意见中有观点要求保函不仅在内容上应体现独立性,而且在名称与表述上也须表明其独立性;①这种要求缺乏必要性同时有违独立保函实质化认定的国际趋势,更不符合不应局限于文字表述而努力探求当事人真实意图的“合同解释规则”,如果保函名称虽称为独立保函,但其他主要条款的规定明显地否定了其独立性,应根据其实质性内容而不是合同的形式名称来认定保函的法律性质。②

我国司法机关对新兴规则下保函独立性认定的谨慎态度是可以理解的,但是可以适度采纳国际独立担保规则的探索成果,如在独立性判定问题中的“重实质轻形式”的一致性规则。从规则制定目的的角度来看,国内司法对独立保函独立性的认定应当修正原有思路,采用更为宽松的政策。国内部分司法裁判中出现的较为谨慎的判决思路,的确可以规避风险,但是也从另一个方面体现了国内司法对独立保函惯有的保守态度。《独立保函司法解释》规定要在三要素的基础上,保函须载明据以付款的单据和最高金额,这在形式上明确了认定标准,但实质化的认定依据仍需通过司法实践予以完善。保函的实质化认定,应当遵循和考量独立担保制度在我国的产生及存在依据,同时正视独立保函在“一带一路”倡议下的特殊功用,承认当下国内行业的部分企业工作人员对保函及与保函相关的法律制度仍理解不到位的实际情况,在明确目的需求的基础上,对认定思路进行细节化调整,总体上对独立性认定采用积极肯定的态度,做到具体

---

① 参见白彦:《独立担保制度探析》,载《北京大学学报(哲学社会科学版)》2003 年第 2 期。

② 参见曹士兵:《独立担保案件的处理》,载《人民法院报》2005 年 8 月 3 日,B03 版。

问题具体分析。

在独立保函纠纷案件中，司法裁判在对独立保函的独立性进行识别和认定的过程中掌握较为灵活的尺度，因此独立保函履行过程中容易导致申请开立人一方产生商业和诉讼风险。司法裁判者通过发挥延伸职能，针对大型企业，尤其是我国“一带一路”倡议实施中的大型基建类企业在使用和应对独立保函争议的过程中，提出了一些协助企业防范风险的措施。具体包括以下几个方面：(1)在开立保函时加强风险评估、事实调查、诉讼应对等全流程、全方位的环节把控和核实审批，完善单项大额资金风险防控工作机制，降低企业资金风险。(2)在金融工具、合同履行延期等关键时间节点上，就工程项目进度协商、合同履行情况沟通等过程注意留存书面证据，有针对性地搜集并保留证据，提高诉讼水平与举证能力，以应对可能发生的合同违约或诉讼风险。(3)应建立跟踪监管工作制度，有效防范商业风险和法律风险，在交易过程中，尤其在海外业务拓展的过程中，国有企业应对涉重大或敏感行业的工程项目建立跟踪监管工作制度，对合同签订、合同履行到发生诉讼等各个环节的情况进行全面掌握和及时跟进，降低风险，促进企业的长远发展。

二、记载基础交易内容的保函是否认定为独立保函

诉讼争点

要构成独立保函，保函中应有独立性条款。独立性条款分为独立付款义务、责任范围、责任履行、责任解除的独立性条款以及放弃抗辩权条款。其中，独立付款义务成为判定独立保函的重要标准。而当保函中记载基础交易出现混合性描述时，容易导致当事人权责不明，该描述应该认定为对事实的描述还是付款条件存在争议。一种观点认为，保函中载明“申请人出现违约事项，担保人在收到受益人索偿通知后无条件支付款项”的，该保函不具有独立性；另一种观点认为，该表述应该属于对事实的描述而非对付款条件的限定。

裁判指引

司法实践中多采用第二种观点，即在认定独立付款义务时，司法裁判者应当充分尊重独立保函的有效性。区分一份保函的性质是独立保函还是民法典规定的保证，关键在于考察保函文本是否为开立人设定了独立付款义务，而不在于是否使用了保证责任的措辞。如果存在承担担保责任一类的记载，如何判断或区分独立保函与普通保证之间的关系，仍是值得探讨的问题。

有的保函载明内容足以证明开立人的独立付款义务，则可以认定为独立保函。审理过程中，由于保函中载明的混合性描述并不足以影响保函的性质，将保函中对基础交易的记载认定为对事实的描述，系较为妥当的裁判思路。在独立保函相关案件中，应当对保函记载的内容进行审查，但并非所有记载付款意思表示的内容都可被认定为独立付款义务，进而被认定为独立保函。因此，独立付款义务才是判定是否构成独立保函性质的决定性因素，没有独立付款意思表示的记载内容，仅是一般付款行为或者付款前提条件的意思表示，则意味着该份保函并未创设独立付款义务，可认定为区分于独立担保性质的从属性担保。

相关规定

《独立保函司法解释》

第一条　本规定所称的独立保函，是指银行或非银行金融机构作为开立人，以书面形式向受益人出具的，同意在受益人请求付款并提交符合保函要求的单据时，向其支付特定款项或在保函最高金额内付款的承诺。

前款所称的单据，是指独立保函载明的受益人应提交的付款请求书、违约声明、第三方签发的文件、法院判决、仲裁裁决、汇票、发票等表明发生付款到期事件的书面文件。

独立保函可以依保函申请人的申请而开立，也可以依另一金融机构的指示而开立。开立人依指示开立独立保函的，可以要求指示人向其开立用以保障追偿权的独立保函。

第三条　保函具有下列情形之一，当事人主张保函性质为独立保函的，人民法院应予支持，但保函未载明据以付款的单据和最高金额的除外：

（一）保函载明见索即付；

（二）保函载明适用国际商会《见索即付保函统一规则》等独立保函交易示范规则；

（三）根据保函文本内容，开立人的付款义务独立于基础交易关系及保函申请法律关系，其仅承担相符交单的付款责任。

当事人以独立保函记载了对应的基础交易为由，主张该保函性质为一般保证或连带保证的，人民法院不予支持。

当事人主张独立保函适用民法典关于一般保证或连带保证规定的，人民法院不予支持。

典型案例

长江岩土工程总公司与中国建设银行股份有限公司温岭支行独立保函纠纷案

一审：浙江省高级人民法院（2016）浙民初 20 号

二审：最高人民法院（2019）最高法民终 302 号

案情介绍

2009 年 7 月 29 日，长江岩土工程总公司（武汉）（总包人，以下简称湖北长江公司）与中博建设工程集团有限公司（承包人，以下简称浙江中博公司）签订《承包合同书》。浙江中博公司为履行上述承包合同，向中国建设银行股份有限公司温岭支行（以下简称建行温岭支行）申请开立保函。在 2009 年 12 月 3 日至 2010 年 1 月 26 日建行温岭支行以湖北长江公司为受益人开立了 7 份保函，其中包括 5 份预付款保函和 2 份履约保函。2011 年 3 月 25 日，浙江中博公司以项目所在国利比亚发生骚乱及战争，承包人本国政府已将其公民全部撤出利比亚，构成“不可抗力”为由，向建行温岭支行申请对有效期届满的保函停止支付、有效期内的保函暂停支付。2011 年 3 月 25 日，建行温岭支行向湖北长江公司发送《关于浙江中博公司保函相关事项的通知》,称鉴于不可抗力的原因及浙江中博公司的要求,履约保函中止支付、预付款保函项下的款项由浙江中博公司与湖北长江公司清算后多退少补,并不再办理保函延期和重新开立工作。2011 年 3 月 28 日,浙江中博公司向湖北长江公司发送了《关于要求即行中止合同履行、停止办理保函延期的函》,要求中止合同履行、对已完工工程进行结算,并保留解除合同的权利,同时停止办理保函延期工作。2011 年 3 月 21 日至 2015 年 8 月 24 日,湖北长江公司多次向建行温岭支行发出索赔通知,就案涉 7 份保函,以浙江中博公司违约为由,向建行温岭支行索赔共计 7 亿元。2015 年 12 月 7 日,建行温岭支行向湖北长江公司发送《要求退回保函正本的通知》,称案涉保函有效期届满,要求湖北长江公司退还保函原件。2016 年 3 月 7 日,温岭市人民法院作出(2016)浙 1081 民破 1 号民事裁定书,裁定受理浙江中博公司的重整申请。

湖北长江公司向浙江省高级人民法院提起诉讼,要求建行温岭支行支付独立保函项下的款项。建行温岭支行答辩,案涉预付款保函和履约保函均非独立保函,而是从属性保证合同。案涉 5 份预付款保函均未生效。湖北长江公司未在案涉保函有效期届满前向建行温岭支行提出过索赔,或提出过符合保函要求文件的索赔。湖北长江公司就案涉保函提起诉讼已超过法定的诉讼时效。即使案涉保函属于独立保函,湖北长江公司在明知存在利比亚国战争这一不可抗力因素时索赔已经构成保函欺诈。

法院裁判

浙江省高级人民法院于 2018 年 11 月 26 日作出(2016)浙民初 20 号民事判决,认定本案系独立保函纠纷,案涉 5 份预付款保函及 2 份履约保函均合法有效。浙江省高级人民法院认为,湖北长江公司与浙江中博公司签订承包合同书后,建行温岭支行依据浙江中博公司的申请向湖北长江公司开立的涉案 5 份预付款保函及 2 份履约保函合法有效。生效判决书已经认定浙江中博公司实际完成的工程量高于湖北长江公司支付的预付款,且涉案工程无法履行的原因在于工程所在国利比亚发生骚乱和战争,湖北长江公司对此应属明知,故其向建行温岭支行要求支付保函项下的款项的请求不能成立。湖北长江公司在明知工程所在国利比亚国发生骚乱和战争的情况下仍向建行温岭支行要求支付保函项下的款项属于保函欺诈。建行温岭支行和浙江中博公司关于湖北长江公司请求支付保函项下的款项属于保函欺诈的答辩理由成立，浙江省高级人民法院予以支持。

湖北长江公司不服一审判决向最高人民法院提起上诉。最高人民法院二审认为：

1. 关于涉案保函的性质

《独立保函司法解释》第1条规定："本规定所称的独立保函，是指银行或非银行金融机构作为开立人，以书面形式向受益人出具的，同意在受益人请求付款并提交符合保函要求的单据时，向其支付特定款项或在保函最高金额内付款的承诺。"区分一份保函的性质是独立保函还是担保法规定的保证，关键在于考察保函文本是否为开立人设定了相符交单情形下的独立付款义务，而不在于是否使用了保证责任的措辞。《独立保函司法解释》第3条第1款规定了3类能够认定开立人具有提供独立保函意思表示的情形，其中第3项为：根据保函文本内容，开立人的付款义务独立于基础交易关系及保函申请法律关系，其仅承担相符交单的付款责任。涉案保函第1条均约定了本保函项下开立人承担的保证责任的最高金额。第3条约定了"我行在收到你方提交的书面宣布申请人违反合同规定的正式通知及由你方法定代表人（负责人）或授权代理人签字并加盖公章，列明索赔金额的索赔通知后五个工作日内，支付相应的保证金"。涉案保函记载了据以付款的单据和最高金额，开立人无须在单据之外确定基础交易的履行情况，能够确定开立人付款义务的独立性和跟单性，一审判决认定涉案保函为独立保函是正确的。

2. 关于湖北长江公司的付款请求权是否应予支持的问题

独立保函中，开立人向受益人承担附单据条件的付款义务，该项义务独立于基础交易和独立保函的申请关系，不受基础交易和独立保函申请法律关系相关情况的影响。相符交单付款固然是独立保函交易各方当事人自愿接受的风险分配的安排，但是受益人欺诈的风险并不是当事人预期承担的风险。因此，《独立保函司法解释》确立了独立性原则的例外情形，认定具有实质性欺诈行为的受益人不受独立性原则的保护,开立人有权拒绝付款。《独立保函司法解释》第18条规定:“人民法院审理独立保函欺诈纠纷案件或处理止付申请,可以就当事人主张的本规定第十二条的具体情形,审查认定基础交易的相关事实。”本案中,建行温岭支行、浙江中博公司提出了保函欺诈抗辩,故最高人民法院有必要就涉案独立保函的基础交易进行审查。考虑到独立保函见索即付的制度价值,本案对基础交易的审查应当坚持有限原则和必要原则。审查的范围限于受益人是否明知基础合同的相对人并不存在基础合同项下的违约事实或者不存在其他导致独立保函付款的事实,具体为《独立保函司法解释》第12条规定的5种情形。

《独立保函司法解释》第12条规定:“具有下列情形之一的,人民法院应当认定构成独立保函欺诈:(一)受益人与保函申请人或其他人串通,虚构基础交易的;(二)受益人提交的第三方单据系伪造或内容虚假的;(三)法院判决或仲裁裁决认定基础交易债务人没有付款或赔偿责任的;(四)受益人确认基础交易债务已得到完全履行或者确认独立保函载明的付款到期事件并未发生的;(五)受益人明知其没有付款请求权仍滥用该权利的其他情形。”承包合同书第34条明确约定,如果由于不可抗力或发包人原因造成工程延期或其他责任,总包人和承包人双方免责,并共同采取措施减少损失。湖北长江公司对不可抗力导致各方当事人的风险分担是明知的。(2018)浙10民终1355号民事判决已经查明因利比亚国内发生战争,浙江中博公司和湖北长江公司撤离涉案工程项目。浙江中博公司系因不可抗力不能履行合同,并未违约。在此情况下,湖北长江公司对其不享有涉案保函索赔权是明确知晓的。湖北长江公司明知案涉工程因不可抗力无法继续的情况下,仍然坚持以浙江中博公司违约为由,要求建行温岭支行支付履约保函项下的款项,缺乏诚实信用,属于滥用索赔权。一审法院依据《独立保函司法解释》第12条第5项之规定,未支持湖北长江公司的索赔请求并无不当。与此同时,(2018)浙10民终1355号判决结合法院调取的证人证言及证人提供的证据材料、涉案工程建设过程中形成的会议纪要、湖北长江公司向商务部申报的营业额以及驻利比亚参赞处出具的意见等证据,认定能够查明的涉案工程量不低于26.695亿元,高于湖北长江公司给付的工程预付款金额,说明工程预付款已用于工程,浙江中博公司并没有不当占有该工程款项,即浙江中博公司对湖北长江公司没有交还预付款的义务。已生效的法院判决认定浙江中博公司作为基础交易的债务人没有付款责任。涉案7份保函，虽然有5份名称为预付款保函，有2份名称为履约保函，但保函约定的权利义务关系基本一致，其性质均为独立保函。依据《独立保函司法解释》第12条第3项、第5项之规定，一审判决未支持湖北长江公司的支付请求并无不当。因此，最高人民法院于2019年6月28日作出（2019）最高法民终302号民事判决书，判决驳回上诉，维持原判。

评析

一份保函的性质是独立保函还是担保法中的保证，关键在于保函文本是否为开立人设定了相符交单情形下的独立付款义务。在保函记载了据以付款的单据和最高金额，开立人无须在单据之外确定基础交易是否履行的情况下，能够确定开立人付款义务的独立性和跟单性的，可认定为独立保函。当事人提出保函欺诈抗辩时，人民法院有必要就独立保函的基础交易进行审查，审查的范围限于受益人是否明知基础合同的相对人并不存在基础合同项下的违约事实或者不存在其他导致独立保函付款的事实。基于本案司法裁判逻辑观点及认定标准可以看出，保函载明内容如果足以证明申请开立人具有相符交单的独立付款义务，则可以认定为独立保函。虽然独立保函的文本并未载明适用URDG等独立保函交易示范规则，但根据保函文本内容，以及载明的“无条件的、不可撤销”字样，足以认定申请开立人的付款义务独立于基础交易关系及保函申请法律关系的，应当认定保函属于独立保函。如果将保函中对基础交易的记载认定为对事实的描述，则更倾向于认定属于独立保函。如果认定为付款条件，注意这里并非相符交单的独立付款义务，而是跟从主债权的付款义务，则意味着该份保函并未创设独立付款义务，属于从属性担保。仍需强调的是，独立付款义务或付款义务的独立性是认定保函性质的决定性因素，保函中载明的混合性描述并不足以影响保函的性质。

拓展研究

独立于基础合同纠纷是信用证和独立保函制度存在的基础，也是其存在的价值所在。“根据现代法理学的一般见解，法律的合理性分为工具合理性与价值合理性；工具合理性因其具有形式和手段的特征，又可称为形式合理性；价值合理性因其探讨的是事物（比如法律）内在的正当性，因而又可称为实质合理性。”[①]独立担保是异于传统的从属性担保的一种独立于基础合同法律关系的特殊的信用担保形式，具有典型的商事功用性。[②] 但这和独立担保本身完全脱离基础合同存在是截然不同的，无论是信用证还是独立担保，都是在有基础合同的前提下产生的，否则可能构成欺诈乃至诈骗。独立保函独立性的真正体现就在于作为担保人的银行或其他金融机构独立于基础交易的担保责任，这是对受益人利益的个别保护，也是金融机构开立保函的价值所在。

从这个角度上说，国内相关判例中因为保函文本提及受益请求借以依托的基础合同而否认保函独立性的情形，等于扭曲了独立保函的存在意义与价值，基础合同的内容如何、索赔人是否具备应有的索赔依据，担保方只能根据保函中确定的单据加以审核。至于索赔人提出索赔请求是否诚实，是“欺诈例外”条款要解决的问题，不应当影响对保函独立性的认定。如根据法国法上的经验，[③]担保条款虽然约定了“放弃针对基础交易的抗辩权”的内容，但只要担保责任范围或担保标的范围是以主债务人所欠债务为限，仍将被认定为“保证”。如有保函约定，索付时，担保人应立即支付债务人在合同项下所欠数额，且不能迟延并主张任何“抗辩理由”，鉴于担保人的支付金额与主债务金额直接联动，法国最高法院将其认定为“保证”而非独立担保。

另外，上述案例中还提到了保函欺诈止付中涉及的实体法认定，即不可抗力问题。需要注意的是，不可抗力往往是大陆法系国家在立法中规定的，某些事项是否构成不可抗力条款，首先需要依据合同中的约定，满足相关条件。如果在合同中没有明确，则需要考虑各国法律对不可抗力构成要件的具体规定。如果符

---

① 刘艳红：《实质刑法观》，中国人民大学出版社 2009 年版，第 20 页。

② 参见陆璐：《独立保函国内适用难题研究——以信用证欺诈例外规则的引入为视角》，载《苏州大学学报（哲学社会科学版）》2014 年第 6 期。

③ 参见李世刚：《独立担保中国规则的风险控制机制研究——以“独立保函司法解释”为研究对象》，载《法学杂志》2020 年第 2 期。

合合同中或者法律中对不可抗力的规定,则可以依法适用不可抗力的规定,根据事件影响程度部分或者全部免除责任。当事人对于合同不能履行或者损失扩大有可归责事由的,应当依法承担相应责任。而英美法系国家,往往需要当事人在相关合同中约定不可抗力条款。实务中,许多合同并没有纳入不可抗力条款,因此无法直接主张不可抗力。此外,有些合同专门排除了一些被认定为不可抗力的情况。即便合同中约定了不可抗力,还需要认定相关因果关系、一方是否尽到减损义务等。最后在认定构成不可抗力后,一方才可以免除合同义务。

三、含有特殊仲裁条款的保函是否认定为独立保函

诉讼争点

实践中,基于利益平衡的考量,当事人会在保函中约定仲裁前置条款。所谓仲裁前置条款,是指在保函中约定,如果受益人索赔保函后,申请人可以在保函约定的付款期限内根据基础合同约定提起仲裁或者诉讼,一旦提起基础合同项下的纠纷解决之诉,开立人就自动中止保函项下的付款,等待基础合同项下的裁决或者判决,再根据裁判文书对外赔付或者拒付。

在保函中记载仲裁前置条款的情况下,对于保函是否还能被认定为独立保函,仲裁前置的纠纷处理方式是否会对保函独立性认定产生影响,实践中存在以下争议:观点一认为,基于对独立保函当事人意思自治的尊重,一旦独立保函中约定了仲裁前置条款,则应视为各方当事人通过明确约定仲裁前置的方式确认应当在基础交易合同纠纷处理结束后再确定保函涉及的权利义务关系的内容。即认为约定仲裁前置方式条款含有当事人选择在基础交易合同权利义务确定之后才能开始处理保函所涉法律关系的合意。这一仲裁前置条款的约定内容既便于查明案件事实,也提高了裁判效率,同时亦未违背各方当事人的意志。观点二认为,仲裁前置条款作为当事人各方订立保函时的合意表现,其实是在承认保函独立性的前提下,为独立保函项下的索赔和付款设置的纠纷由谁处理由谁优先

的程序性条件，并非对保函纠纷本身管辖做出的排他性约定。因此，约定仲裁前置条款有利于判断独立保函案件的主管权和程序安排，但并不会对保函独立性的判断产生影响。是否为独立保函的认定仍应依据保函本身关于付款条件是否为独立性的记载内容和其他案件事实进行考量。

裁判指引

虽然各国法院对“约定了仲裁前置条款的保函是否仍具有独立性”的问题观点不一，但国际商会 URDG 中将仲裁裁决及法院判决纳入独立保函所附单据范围。

我国司法实践中亦多采用第二种观点，即肯定仲裁前置条款效力及保函独立性的前提下，认为仲裁前置条款是对基础合同案件主管权及处理程序的约定，而不能替代理解为针对保函独立性的否定性意思表示。因此，仲裁前置条款并不影响独立保函之独立性判定。独立保函中可以载明由特定法院管辖或提交仲裁，这属于主管权约定范畴，该约定对保函开立人和受益人均具有约束力。若保函文本中未作仲裁前置约定，则应当根据《中华人民共和国民事诉讼法》以及《独立保函司法解释》的相关规定确定主管权和管辖法院。

相关规定

《中华人民共和国民事诉讼法》

第二十四条　因合同纠纷提起的诉讼，由被告住所地或者合同履行地人民法院管辖。

《独立保函司法解释》

第二十一条　受益人和开立人之间因独立保函而产生的纠纷案件，由开立人住所地或被告住所地人民法院管辖，独立保函载明由其他法院管辖或提交仲裁的除外。当事人主张根据基础交易合同争议解决条款确定管辖法院或提交仲裁的，人民法院不予支持。

URDG 758

第 35 条　司法管辖

a. 除非保函另有约定，担保人与受益人之间有关保函的任何争议应由担保人开立保函的分支机构或营业场所所在地有管辖权的法院专属管辖。

……

典型案例

上海船厂船舶有限公司（Shanghai Shipyard Co. Ltd.）、华彬国际投资（集团）有限公司 [Reignwood International Investment（Group）Company Limited]“不可撤销付款担保”合同纠纷案

英国高等法院[2020] EWHC 803（Comm）

案情介绍

2011 年 9 月 21 日，原告上海船厂船舶有限公司（以下简称上海船厂）和被告华彬国际投资（集团）有限公司[Reignwood International Investment（Group）Company Limited，以下简称 Reignwood 公司]签订了一条钻井船的《造船合同》。2011 年 11 月 17 日，Reignwood 公司向上海船厂作出了一份不可撤销付款担保协议（irrevocable payment guarantee，即《付款保函》），用以担保买方就最后一期造船款的付款义务。2011 年 11 月 30 日，通过签署一份转让协议（novation agreement），被告将造船合同转让给了其非直接的子公司奥普斯泰格公司（Opus Tiger 1 Pte Ltd.，以下简称 Opus 公司），由该子公司作为新的买方。船舶建造好后，Opus 公司没有接收船舶，理由是该船舶不符合交付条件（not deliverable）。上海船厂在向船东发出违约通知及《取消（〈造船合同〉）通知》后，于 2017 年 5 月 23 日要求被告依据《付款保函》的约定，支付《造船合同》项下的 1.7 亿美元尾款。2017 年 5 月 23 日，上海船厂在要求被告依据《付款保函》付款未果的情况下，遂在英格兰及威尔士高等法院（The High Court of Justice，The Business and Property Courts of England & Wales，Queen's Bench

Division, Commercial Court,以下简称高等法院)提起了诉讼。船东 Opus 公司根据《造船合同》第 17 条的约定,就《造船合同》所涉纠纷对上海船厂提起仲裁。其间,被告作为《付款保函》的担保人,请求高等法院中止审理本案。

本案中,《付款保函》第 1 条约定:担保人不可撤销的、绝对的、无条件的担保(irrevocably, absolutely and unconditionally guarantee),作为首要义务人而不仅仅是保证人(as the primary obligor and not merely as the surety),买方还款 1.7 亿美元。第 4 条第 1 款约定,如果买方不还款,当造船厂书面提出请求时,担保人则应立即付款 1.7 亿美元给造船厂,而不需要造船厂对买方采取任何其他措施或者程序。[①] 第 4 条第 2 款约定,如果买方和造船厂就买方是否应该支付尾款发生争议时,如果该争议开始了仲裁,则担保人在仲裁裁决之前无须付款。除非仲裁裁决买方支付尾款,否则担保人无须支付。如果买方不支付尾款,担保人再去支付。[②] 第 7 条约定,担保人的义务不应被买方和造船厂之间的纠纷所影响。对于该保函是否为独立保函,成为双方在审理过程中的主要争议焦点。

法院裁判

英国高等法院的罗宾·诺里斯(Robin Knowles)法官认为,案涉付款保函不是一份独立保函。首先,罗宾·诺里斯法官援引了巴拿马运河管理局诉赛尔股

---

① 原文:In the event that [the Buyer] fails to punctually pay the Final Instalment guaranteed hereunder in accordance with the Contract or [the Buyer] fails to pay any interest thereon, and any such default continues for a period of fifteen (15) days, then, upon receipt by [the Guarantor] of [the Builder's] first written demand, [the Guarantor] shall immediately pay to [the Builder] or [the Builder's] assignee all unpaid Final Instalment, together with the interest as specified in paragraph (3) hereof, without requesting [the Builder] to take any further action, procedure or step against [the Buyer] or with respect to any other security which you may hold。

② 原文:In the event that there exists dispute between [the Buyer] and the Builder as to whether: (i) [The Buyer] is liable to pay to the Builder the Final Instalment; and (ii) The Builder is entitled to claim the Final Instalment from [the Buyer], and such dispute is submitted either by [the Buyer] or by [the Builder] for arbitration in accordance with Clause 17 of the Contract, [the Guarantor] shall be entitled to withhold and defer payment until the arbitration award is published. [The Guarantor] shall not be obligated to make any payment to [the Builder] unless the arbitration award orders [the Buyer] to pay the Final Instalment. If [the Buyer] fails to honour the award, then [the Guarantor] shall pay you to the extent the arbitration award orders。

份公司和其他主体案[Autoridad del Canal de Panama v. Sacyr SA and others [2017] EWHC 2228 (Comm)],并指出独立保函的特征是:(1)独立于基础合同关系。(2)保函名称,或者用首要义务人(principal debtor)这种词语描述,并不具有决定性,因为独立或者非独立保函之中都有这种措辞。"on demand"这种措辞的作用也有限。实质性的问题是,保函措辞是不是独立性的,是否需要相关索赔支持文件,而这只能是通过仔细检查保函的措辞才可以得出结论。(3)法院会审查保函的整个措辞,而不是预先对其设置一个判断。

Robin Knowles 法官认为,担保人是买方的母公司,而不是银行或者其他金融机构。如果保函不是金融机构出具的,如果保函的措辞不是足够明确表明其是独立保函,那么在法院看来,这就强烈地意味着此种保函可能不是独立保函。无论是银行还是母公司,都可以出具独立保函,实质性的问题是保函的措辞如何。

根据权威的书籍《佩吉特银行法》(*Paget's Law of Banking*),具备以下4种特征的,很可能属于独立保函:(1)涉及不同法域的当事人之间的基础交易;(2)由银行签发;(3)载有"按要求付款"的承诺(无论是否有"首要"和/或"书面"等字样);(4)包含排除或限制担保人可利用的抗辩权的条款,那么几乎都可以视为独立保函。

本案保函不属于银行或者金融机构出具的,因此该书所描述的情形并不适用。虽然保函不是银行或者金融机构出具的,但是这不等于直接可以认定此种保函不是独立保函,也不妨碍就其他三个要素进行进一步重点分析。从保函的措辞整体来看,由于第4条第2款约定担保人可以在仲裁结果之前不去付款,因此这不是一份独立保函。

高等法院作出判决后,上海船厂提起上诉。

英国上诉法院(The Court of Appeal)法官认为,应当把《付款保函》的措辞放到首要考虑的因素,并基于以下原因,推翻了高等法院的判决,作出有利于上海船厂的判决:首先,担保人为银行、金融机构或是一般的商业主体,对保函性质为独立的见索即付函或是一般保函并不起决定作用。《造船合同》中船厂承担的风险是有别于其他商业合同的,买方(船东)一般无其他业务及资产,系为基于避税及保密目的而被设立于特定地区的单船公司。因此,《造船合同》项下的《付款保函》需要满足降低或减少船厂风险的需求,保函“见索即付”的目的即在于为船厂提供该种保护。因此,重要的并非商业业务的类型或担保人是否是银行机构,而是担保人是否为具有经济实力且有良好信誉的主体。其次,保函属于“见索即付保函”还是“一般保函”,一般取决于保函的具体措辞。本案中,付款保函被认定为见索即付保函,主要基于以下措辞:(1)第1条及第3条均采用“绝对的”“无条件”的表述;(2)书面要求后第1条采用“作为首要义务人,不仅仅是担保人”的表述;(3)第4条“在我们收到您首次书面要求后,我们应立刻支付您…”的表述;(4)第7款“保证人的义务不被造船合同的任何争议所影响”的表述。

上诉法院法官还认为,《付款保函》第4条第2款并未表示其在争议发生时触发,而是在争议被提交仲裁后才触发。本案中上海船厂在仲裁申请被提交前已经向担保人发出要求支付最后一笔造船尾款的通知,依据《付款保函》的约定,担保人应立刻支付相关款项。在后提交的仲裁申请,无法中止在先发生的支付要求。最终,英国上诉法院作出判决推翻了高等法院的判决,支持了上海船厂的请求。

评析

英国上诉法院的判决确立了独立保函的识别标准包括以下内容:(1)保函措辞是判断其独立性最重要的因素。本案中,《付款保函》被认定为见索即付保函正是基于以下措辞:“绝对的”“无条件”的表述,采用“作为首要义务人,不仅仅是担保人”的表述,“在我们收到您首次书面要求后,我们应立刻支付您……”的表述,以及“保证人的义务不被造船合同的任何争议所影响”的表述等,从上述措辞的整体来看,足以明确表明该份保函是独立保函,仲裁前置条款本身并不影响保函独立性的认定。(2)保函签发的背景也是识别独立性应予考虑的因素,保函独立性的识别应当最大限度发挥保函功能,同时兼顾平衡双方当事人利益。(3)保函签发的主体是否是银行对判断保函是否具有独立性不起决定作用。具有经济实力且有良好信誉的主体都可以成为独立保函的担保人。

拓展研究

“仲裁前置”条款，又称“仲裁止付”条款，多见于船舶建造领域开立的付款保函中。如上述案件中，为确保船东保有船只，船东向银行或其他金融机构申请，为船厂作为受益人免于船东弃船风险而开立的保函，在海商事实践中并不罕见。[①] 尤其是在船舶付款保函大都约定适用英国法，并选择英国仲裁或诉讼作为解决争议的方式下，仲裁前置条款更有其适用空间。

针对含有“仲裁前置条款”的保函能否认定为独立保函，各国观点不尽相同。根据英国法相关规定和判例，[②]在判定某一保函是否为见索即付保函时，常常会考虑以下几个因素：(1)保函所涉及的交易是否在两个不同司法管辖区域的当事人之间进行；(2)保函是否由银行或其他金融机构开立；(3)保函会否承诺在受益人索赔时(on demand)就付款，无论是否是第一次索赔(first)或书面索赔(written)；(4)保函不包括排除或限制担保行抗辩权的条款。符合上述条件的，一般会被认定为见索即付保函。上述内容最初为英国银行法权威著作《佩吉特银行法》一书所归纳提出，后在英国相关判例中被多次引述并得以确认。尽管有上述《佩吉特银行法》提及的“通用标准”，英国法在判定某一船舶预付款保函属性时，也并非全盘套用上述标准。英国法院或仲裁庭也几乎不会拘泥于保函的个别措辞直接予以判定，而仍要通过对保函整体分析后作出解释。[③] 实际上，各国船厂申请的那些以国外船东为受益人并将英国法作为适用法律的预付款保函，提交仲裁或诉讼后大多数被最终判定为见索即付保函。

结合我国相关立法，《独立保函司法解释》明确规定了“独立保函”的认定标准：(1)保函载明“见索即付”；(2)保函载明适用国际商会 URDG 等独立保函交

---

① 仲裁前置条款多见于造船保函中，原因在于海商海事制度下造船通常是定制的，一旦船东弃船，再索赔保函的话，造船厂很可能要血本无归，再加上巨额债务，立即就会破产。因此保函所谓的先赔付，后争议的原则无法保护船厂的利益。一旦保函被索赔，造成船厂破产，或者即使不破产，也无力再去和船东花费大额律师费打官司。

② 据统计船舶贸易预付款保函中，有大约 80% 以上适用英国法。

③ See Wuhan Guoyu Logistics Group Co. Ltd. and others v. Emporiki Bank of Greee SA [2012] EWHC1715 (Comm); Spliethoff's Bevrachtingskantoor BV v. Bank of China Ltd. [2015] EWHC 999 (Comm).

易示范规则;(3)根据保函文本内容,开立人的付款义务独立于基础交易关系及保函申请法律关系,其仅承担在相符交单情况下的付款责任。从相关司法实践来看,即使保函文本中存在诸如"为保函开立行设定付款条件(多与基础交易合同相关联)或开立行承担连带责任等与独立保函认定不一致"的争议表述等情形,法院在判定保函是否为独立保函的过程中,都会结合保函文本内容综合考虑,并把认定保函为独立保函是否更有利于受益人作为重要的考虑因素。① 一些案例也表明,只要保函相关表述足以明确开立行的独立付款义务,其他与此不一致或不正相关的表述不影响开立行独立付款义务这一基本判定。② 在此背景下,我国船厂作为受益人的付款保函,实际上均存在被司法界认定为独立保函的可能性。

因此,当出现独立保函纠纷时,止付申请人对独立保函中的仲裁前置条款无异议,则仲裁前置条款可以视为独立保函当事人对独立保函纠纷管辖的书面协议,可据此确定独立保函纠纷的案件管辖。针对此,有观点提出,独立保函的一大功效在于,"使用独立保函可以转移基础合同履行产生的诉讼管辖"。③ 这也就是意味着,开立保函受益人无须通过基础交易约定的司法管辖就可以通过在独立保函下提交相符单据而得到付款,保函开立人付款,保函申请人(一般是基础交易债务人)对受益人是否有权在保函下要求付款以及要求付款的金额有争议的,再通过基础交易约定的司法管辖解决争议。与传统从属保函受益人需先通过基础交易约定的司法管辖方式再获得违约赔付相比,受益人可能通过此条款达到风险反转的效果。

---

① 参见上海北海船务股份有限公司与中国光大银行股份有限公司南京分行、江苏熔盛重工有限公司海事担保合同纠纷案,武汉海事法院(2014)武海法商字第00823号民事判决书。

② 参见中国机械设备工程股份有限公司与中国建设银行股份有限公司杭州宝石支行原审第三人浙江省火电建设公司保证合同纠纷案。一审:杭州市中级人民法院(2011)浙杭商外初字第16号民事判决书;二审:浙江省高级人民法院(2013)浙商外终字第89号民事判决书。

③ See John. E. Dolan, *The Law of Letters of Credits*, *Commercial and Standby credits*, 4th ed, Volume 1, An A. S. Pratt Publication, Release 20 April. 2017, p.3 –54.

第六章

独立保函的效力

一份保函即使能够从内容上识别出具有独立性特征，也并不直接意味着该保函为已经成立并且生效的独立保函。独立保函只有满足法律规定的要件，才能具有法律效力。从这个意义上说，独立保函的效力主要受两个方面的制约：其一，保函开立人是否做出了独立担保的意思表示；其二，该种意思表示能否得到法律的认可。前者主要涉及对保函文本内容的解释，通过担保人的意思表示区分独立保函与从属性保证，归根结底是独立保函的识别问题；而后者则关涉《独立保函司法解释》对于独立保函的规范界定，如果一份保函不符合《独立保函司法解释》在开立主体或形式上的明确规定，即使能够从内容上识别出开立人具有承担独立担保责任的意思表示，该保函也并非《独立保函司法解释》所承认的独立保函，故其不受《独立保函司法解释》的调整，相关独立性条款不具有法律上的效力，因此该保函不能被认定为构成适法有效的独立保函。本部分从独立保函的开立主体、可否运用于国内交易、开立人是否需要内部决议、外汇管制对效力的影响这 4 个方面进行分析。

一、非银行金融机构能否成为独立保函开立主体的争议

诉讼争点

对于独立保函的开立主体,银行是实践中最为常见的开立人。非银行金融机构能否作为独立保函的开立主体一直是审判中争议的焦点,实践中存在不少非银行金融机构甚至非金融机构出具的独立保函,对其性质和效力主要有以下两种观点。

第一种观点认为,对于独立保函的开立主体不应予以限制。联合国《独立担保与备用信用证公约》第2条规定:为了适用本公约,保证系指一项独立的义务,国际惯例上称为:独立保证或备用信用证中的承诺或义务。银行或其他机构或个人(亦可称“保证人”)签发此类保函或备用信用证并承诺:一经请求或一经附其他单据的请求即行以符合保函的条款和任何单据条件、指示或可推知的条件的方式向受益人支付确定的或有限期的款项。① 公约中的该条款对独立保函开立主体并未加以限制,故认可独立保函的开立主体并未做严格的限制。无论是银行或非银行金融机构,或者是非金融机构均具有出具独立保函的资格。

第二种观点认为,独立保函的开立主体只能是银行或非银行金融机构。因独立保函开立人承担的责任较重,普通企业并不一定了解独立保函中的风险,故独立保函的开立主体只能是银行或非金融机构。

---

① United Nations Convention on Independent Guarantees and Stand-by Letters of Credit Article 2. Undertaking(1) For the purposes of this Convention, an undertaking is an independent commitment, known in international practice as independent guarantee or as a stand-by letter of credit, given by a bank or the other institution or person (“guarantor/ issuer ”) to pay to the beneficiary a certain or determinable amount upon simple demand or upon demand accompanied by other documents, in conformity with the terms and any documentary conditions of the undertaking, indicating, or from which it is to be inferred, that payment is due because of a default in the performance of an obligation, or because of another contingency, or for money borrowed or advanced, or on account of any mature indebtedness undertaken by the principal/applicant or another person.

裁判指引

我国司法解释最终选择了第二种观点，故司法实务中应适用第二种观点。

对于开立主体限定于银行或非银行金融机构，《独立保函司法解释》第1条予以了明确。对于非银行金融机构，《非银行金融机构行政许可事项实施办法》第2条称非银行金融机构包括：经银保监会批准设立的金融资产管理公司、企业集团财务公司、金融租赁公司、汽车金融公司、货币经纪公司、消费金融公司、境外非银行金融机构驻华代表处等机构。即并非所有的非银行金融机构均可开展独立保函业务，非银行金融机构需要监管部门批准后才能成立。对于上述主体之外的机构开立的独立保函，则可转为从属性保证处理。

相关规定

《独立保函司法解释》

第一条第一款　本规定所称的独立保函，是指银行或非银行金融机构作为开立人，以书面形式向受益人出具的，同意在受益人请求付款并提交符合保函要求的单据时，向其支付特定款项或在保函最高金额内付款的承诺。

《非银行金融机构行政许可事项实施办法》

第二条　本办法所称非银行金融机构，包括经银保监会批准设立的金融资产管理公司、企业集团财务公司、金融租赁公司、汽车金融公司、货币经纪公司、消费金融公司、境外非银行金融机构驻华代表处等机构。

《全国法院民商事审判工作会议纪要》（法〔2019〕254号）

54.【独立担保】从属性是担保的基本属性，但由银行或者非银行金融机构开立的独立保函除外。独立保函纠纷案件依据《最高人民法院关于审理独立保函纠纷案件若干问题的规定》处理。需要进一步明确的是：凡是由银行或者非银行金融机构开立的符合该司法解释第1条、第3条规定情形的保函，无论是用于国际商事交易还是用于国内商事交易，均不影响保函的效力。银行或者非银行金融机构之外的当事人开立的独立保函，以及当事人有关排除担保从属性的约定，应当认定无效。但是，根据“无效法律行为的转换”原理，在否定其独立担保效力的同时，应当将其认定为从属性担保。此时，如果主合同有效，则担保合同有效，担保人与主债务人承担连带保证责任。主合同无效，则该所谓的独立担保也随之无效，担保人无过错的，不承担责任；担保人有过错的，其承担民事责任的部分，不应超过债务人不能清偿部分的三分之一。

典型案例

中铁十八局集团有限公司与信德唯实投资担保有限责任公司保证合同纠纷案

一审：北京市海淀区人民法院（2016）京0108民初16688号

二审：北京市第一中级人民法院（2019）京01民终2754号

案情介绍

2013年8月20日，阿图巴德公共贸易和承包公司（Al-Tawbad General Trading & Contracting Co.，主包商）与中铁十八局集团有限公司（China Railway 18th Bureau Group Co. Ltd.，系分包商，以下简称中铁十八局）就科威特市政厅市政委员会总秘书大楼及多层停车场的施工、完成及维护项目签订分包合同。该分包合同中分包商处所盖印章印文的英文字样为"CHINA RAILWAY 18 THBUREAU（GROUP）CO. LTD. KUWAIT"。

前述合同签订后，2014年7月22日，中铁十八局科威特公司（China Railway 18th Bureau Group Co. Ltd.，Kuwait，系承包商，以下简称科威特公司）与广州怡基机电铁器工程有限公司（以下简称怡基机电公司，系分包商）就科威特市政厅市政委员会总秘书大楼及多层停车场的施工、完成及维护项目签订《钢结构分包合同》，约定承包商将该工程中的钢构工程分包给分包方；合同包干金额为701,104.20第纳尔，或按照双方同意并确定的包干价加根据所附工程量清单和最终报批图纸进行重新测量确定金额；在签订合同时分包商应以无条件保函信件形式向承包商出具一份履约保函，金额为合同价格的10%，即70,110.42第纳尔，保函形式应为中国的银行或保险公司提供保函，该履约保函的条款须经承包商同意许可，按照主合同条款，履约保函以全额保留，有效期至主合同期限加90日，如有必要，分包商需自费更新，补充并保持此保函有效；在分包商提交由中国银行或保险公司提供的银行保函或保证信函中，金额为合同额的20%，即140,220.84第纳尔，其条款应被承包商确认接受，承包商向分包商支付相应预付款，金额为分包价款的20%，预付款将在分包商提交了履约保函和预付款保函之后支付，预付款保函应该在分包商付款返还完成后，并在符合主合同条件规定的情况下退还。《钢结构分包合同》中所盖分包人印章印文的英文字样与前述分包合同相同。

2016年1月12日，怡基机电公司（甲方、委托保证人）与信德唯实投资担保有限责任公司（以下简称信德唯实公司，乙方、保证人）签订《承包商履约委托保证合同》《预付款委托保证合同》，约定信德唯实公司在收到怡基机电公司担保费之后，向发包人出具《承包商履约保函》和《承包商预付款保函》。

2016年1月15日，信德唯实公司向科威特公司出具《预付款保函》，载明："致：科威特公司（发包方）。根据发包方和怡基机电公司（承包方）于2014年7月22日签订的承建工程的钢结构分包合同及双方已签订或将要签订的钢结构分包合同，发包方同意按照钢结构分包合同条款执行。应承包方要求，发包方同意支付给承包方总额KWD140,220.84（折合人民币322万元）的预付款，一次性支付。承包方提供预付款保函做保证，直到承包方提交了等额的钢结构件后或者发包方依据中标函或钢结构分包合同的所有条款将支付的预付款完全收回。"

同日，信德唯实公司向科威特公司出具《履约保函》，载明："致：科威特公司（发包方）。鉴于信德唯实公司客户怡基机电公司（承包人）与发包方于2014年7月22日签订的承建工程的钢结构分包合同。应承包人要求，信德唯实公司（保证人）在此向发包方（受益人）开立上述分包合同项下不可撤销的履约保函。保证人保证在收到受益人于保函有效期内提交的索赔文件及承包人未履行上述合同的书面索赔证明及本保函正本后7个工作日内，向受益人偿付金额不超过KWD70,110.42（折合人民币161万元）的履约保证金；本保函适用于中华人民共和国法律，受中华人民共和国法律管辖；除非受益人自动中止或放弃保函项下享受的权利，本保函一经开立即行生效，于2017年1月11日失效。"

后中铁十八局称怡基机电公司(承包人)未按约定进场施工,存在重大违约,怡基机电公司则对此不予认可,且称怡基机电公司一直积极履行合同,而中铁十八局未依约足额支付预付款(已支付的预付款不足约定预付款的一半,中铁十八局在诉讼中认可该点,在诉讼中向信德唯实公司主张的预付款数额为其按照合同应当向怡基机电公司支付的全部预付款),违约方为中铁十八局。中铁十八局与怡基机电公司均认为钢结构分包合同已无法继续履行,但双方就合同履行不能的责任问题尚未达成一致。故中铁十八局向法院起诉要求信德唯实公司承担《履约保函》《预付款保函》项下的支付义务及利息损失。

法院裁判

北京市海淀区人民法院一审判决驳回原告的所有诉讼请求。二审北京市第一中级人民法院认为,首先,信德唯实公司出具的《预付款保函》和《履约保函》中均约定有"本保函受中华人民共和国法律约束及解释"或"本保函适用于中华人民共和国法律,受中华人民共和国法律管辖"的内容,而原《担保法》并未设定独立担保制度。同时,最高人民法院的《独立保函司法解释》第1条第1款规定:"本规定所称的独立保函,是指银行或非银行金融机构作为开立人,以书面形式向受益人出具的,同意在受益人请求付款并提交符合保函要求的单据时,向其支付特定款项或在保函最高金额内付款的承诺。"而案涉《预付款保函》和《履约保函》的开立人信德唯实公司并非银行或非银行金融机构,不符合《独立保函司法解释》的适用条件。故中铁十八局主张案涉《预付款保函》和《履约保函》具有独立保函性质并要求信德唯实公司承担独立担保责任的诉讼主张缺乏法律依据。其次,本案中的《钢结构分包合同》履行不能的相关责任尚不明确,故此时中铁十八局要求信德唯实公司按照"见索即付"的要求向其径行赔付相应款项的主张亦缺乏事实依据,最终依照《中华人民共和国民事诉讼法》第170条①第1款第1项之规定,判决:驳回上诉,维持原判。

① 2022年修订后为第177条。

评析

本案明确了独立保函的开立主体限定于银行或其他非银行金融机构，不属于“银行或非银行金融机构”的主体出具的上述《预付款保函》等名称中带有独立保函字眼的保函，并不具有独立保函的独立性。除此以外，本案所涉《预付款保函》及《履约保函》系依怡基机电公司的申请开立，但怡基机电公司因申请开立保函而与信德唯实公司签订的两份“委托保证合同”中，载明的保证范围均为“甲方(怡基机电公司)未履行主合同约定的义务，给发包人(中铁十八局)造成的实际损失”，保证方式均为“连带保证”，以上内容与独立保函的性质特征不相符，据此开立的《预付款保函》及《履约保函》不宜认定为适用《独立保函司法解释》中规定的独立保函。

中国交通建设股份有限公司与西霞口集团有限公司保证合同纠纷案

北京市高级人民法院(2017)京民终542号

案情介绍

2006年12月6日，中国交通建设股份有限公司(以下简称中国交通建设公司)与西霞口集团有限公司(以下简称西霞口集团公司)作为共同卖方与买方德国船东下属的5个单船公司签订了合同编号分别为CCCC－07YW1－MPV01/02/03/04/05的5艘5670吨《船舶建造合同》，单船合同价格为1399万美元，合计6995万美元。

为了履行与德国船东签订的《船舶建造合同》，并明确中国交通建设公司与西霞口船业公司之间的权利与义务，2007年4月16日，中国交通建设公司与西霞口船业公司签订了编号为CCCC－07YW1－XXK1的《代理协议书》。2007年6月18日，双方又签订了编号为CCC－07YW1－XXK1/A的《船舶建造补充协议书》(以下简称《补充协议》)，约定了保函和信用证费用：中国交通建设公司应按照《代理协议书》中3.1的规定及时向德国船东、分包方开具银行保函、信用证。中国交通建设公司采取包干的方式按照合同总额的0.35%（千分之三点五）收取因开具保函、信用证而发生的所有银行费用，上述费用在收到德国船东支付的每期合同款时按照比例扣除。合同总额被追加或减少时，银行费根据变更后的合同总额同比例计算。如果建造船舶未能按照合同中规定的交船期限交船、合同仲裁等需要延长保函原定时间时，中国交通建设公司按照年费率0.2%另行收取增加的保函费用。

2007年4月16日，西霞口集团公司向中国交通建设公司出具担保函，载明：根据贵公司于2007年4月16日与西霞口船业公司签订的CCCC－07YW1－XXK1协议，贵公司同意作为代理人就出口德国5艘5670吨多用途船项目作为共同卖方与德国船东签订合同，并由贵公司向银行申请开立以德国船东为受益人的预付款退款保函。西霞口集团公司愿意就中国交通建设公司与西霞口船业公司的执行协议一事做担保人，提供独立性担保，并承担一切连带保证责任。约定：（1）西霞口集团公司以本担保人的资产作为担保保证，保证履行本担保函规定的义务。（2）本担保函为无条件不可撤销的担保函，担保最高金额为贵司申请银行为该项目开立的保函项下之本金55,960,000美元及应付利息、其他费用和相关经济损失之和。（3）受益人径向贵司索赔或通过银行向贵司索赔时，贵司即有权直接向本担保人索偿，而无须先向西霞口船业公司追偿等。

2007年5月8日起，应中国交通建设公司和西霞口船业公司的要求，招商银行股份有限公司北京分行（以下简称招行北京分行）和交通银行股份有限公司北京分行（以下简称交行北京分行）陆续向德国船东出具了11份不可撤销还款保函，金额共计31,477,500美元。

《船舶建造合同》项下的5艘船于2008年3月开始陆续开工。由于工期原因，中国交通建设公司、西霞口船业公司与德国船东于2008年12月10日签订了针对CCCC－07YW1－MPV03/04/05号船的3份备忘录（以下简称《延期交船备忘录》），将每船德国船东弃船权的延误期从210天调整为400天。此后西霞口船业公司仍未能如期交船，德国船东于2011年8月23日发出关于取消CCCC－07YW1－MPV03合同的通知，并向中国交通建设公司及为中国交通建设公司开具还款保函的银行发出了 3 号船项下 4 份还款保函的索赔电文。2011 年 9 月 23 日，德国船东再次发出取消 CCCC－07YW1－MPV04/05 合同的通知，并对 4、5 号船项下合计 7 份还款保函提出索赔，其中工程款总计 31,477,500 美元，德国船东油料、材料垫付款 110,507.62 美元及 25,443.18 欧元及违约金、利息。

2012 年 11 月 7 日，中国交通建设公司分别向西霞口船业公司、西霞口集团公司发出《关于要求偿还德国 5670DWT 多用途船项目垫付款项的函》《关于要求归还德国 5670DWT 多用途船项目下船东索赔款的索付通知》，要求西霞口船业公司和西霞口集团公司按照担保函第 3 条的承诺向中国交通建设公司清偿。北京市长安公证处对全过程进行了公证。2012 年 11 月 12 日，西霞口集团公司回函中国交通建设公司，表示暂时无力清偿。

中国交通建设公司、西霞口船业公司与德国船东于 2011 年 10 月起在伦敦海事仲裁员协会进行仲裁程序。2017 年 3 月 30 日，伦敦海事仲裁员协会作出裁决：CCCC－07YW1－MPV03/04/05 合同分别于 2011 年 8 月 23 日、2011 年 9 月 23 日合法终止，由西霞口船业公司、中国交通建设公司共同向德国船东退回预付款共计 31,477,500 美元；向德国船东退还德国船东供货或赔偿共计 110,507.62 美元及 25,443.18 欧元；按每年合同价格 5% 支付利息。

伦敦海事仲裁员协会作出最终裁决后，德国船东向招行北京分行、交行北京分行出具索赔函；招行北京分行、交行北京分行向中国交通建设公司出具《索赔通知书》。中国交通建设公司亦向两个分行提交相应的《境外汇款申请书》，支付了相关索赔款项。后中国交通建设公司起诉西霞口集团公司，请求清偿中国交通建设公司为西霞口船业公司开具的保函项下的款项 31,477,500 美元及利息 6,421,122.54 美元等费用。

法院裁判

北京市高级人民法院认为，虽然西霞口集团公司在担保函中明确其提供的是“独立性担保”，但是西霞口集团公司并不属于《独立保函司法解释》第 1 条规定的可以开立独立保函的“银行或非银行金融机构”的主体范围。故一审判决作出的不应按照“见索即付”的独立保函要求担保人径行赔付的认定正确，北京市高级人民法院予以确认。

西霞口集团公司辩称担保函是《船舶建造合同》和《代理协议书》的从合同，因《船舶建造合同》无效而担保函亦无效。最高人民法院（2013）民申字第1764号民事裁定认定：“《船舶建造合同》是中国交通建设公司与西霞口船业公司共同作为‘卖方’与德国船东作为买方签订的合同；而《代理协议书》及《补充协议》系中国交通建设公司与西霞口船业公司之间签订的协议，属于共同‘卖方’内部的协议，‘买方’德国船东并非该协议的当事人。故《代理协议书》及《补充协议》并非《船舶建造合同》的补充协议。根据《担保函》的表述，该担保函系为《代理协议书》的委托方西霞口船业公司向受托方中国交通建设公司出具的附条件的履行承诺，而不是为《船舶建造合同》的‘卖方’向‘买方’出具的担保，也不是为该合同的‘买方’向‘卖方’出具的担保。”根据该认定，担保函是《代理协议书》的从合同，西霞口集团公司作为西霞口船业公司的履约担保人，向《代理协议书》中的受托人中国交通建设公司承担担保责任。西霞口集团公司关于担保函是《船舶建造合同》和《代理协议书》从合同的辩称没有事实和法律依据，北京市高级人民法院不予采信。

综上，西霞口集团公司向中国交通建设公司出具的担保函是其真实意思表示，其在函中“愿意就中国交通建设公司与西霞口船业公司的执行协议一事做担保人，提供独立性担保，并承担一切连带保证责任”的表述清楚、合法有效。依照原《担保法》第6条“本法所称保证，是指保证人和债权人约定，当债务人不履行债务时，保证人按照约定履行债务或者承担责任的行为”的规定，在银行保函受益人德国船东向中国交通建设公司提出索赔，且中国交通建设公司亦已向德国船东实际退还预付款及支付利息后，中国交通建设公司有权依照担保函的约定，要求保证人西霞口集团公司承担连带保证责任。

评析

一方面，本案明确了独立保函的开立主体限定于银行或其他非银行金融机构；另一方面，在否定其独立担保效力的同时，认定其为从属性担保，该观点在

2019年《全国法院民商事审判工作会议纪要》中也有体现，“根据‘无效法律行为的转换’原理，在否定其独立担保效力的同时，应当将其认定为从属性担保。此时，如果主合同有效，则担保合同有效，担保人与主债务人承担连带保证责任。主合同无效，则该所谓的独立担保也随之无效，担保人无过错的，不承担责任；担保人有过错的，其承担民事责任的部分，不应超过债务人不能清偿部分的三分之一”，即根据其意思表示确定其承担的担保责任。

拓展研究

各国对独立保函开立主体的限制不尽相同，对不同主体（金融机构或非金融机构）提供的保函担保应如何认定，实务中的观点也不一样。我国将独立保函开立主体限定在银行及非银行金融机构，对于银行或者非银行金融机构之外的当事人开立的保函是否具有独立性，《全国法院民商事审判工作会议纪要》一般不认定为独立保函的法律关系。独立保函纠纷案件依据《独立保函司法解释》处理。需要进一步明确的是：凡是由银行或者非银行金融机构开立的符合该司法解释第1条、第3条规定情形的保函，无论是用于国际商事交易还是用于国内商事交易，均不影响保函的效力。银行或者非银行金融机构之外的当事人开立的独立保函，以及当事人有关排除担保从属性的约定，应当认定无效。但是，根据“无效法律行为的转换”原理，在否定其独立担保效力的同时，应当将其认定为从属性担保。而URDG 758中对开立主体未做特别限制，银行、非银行金融机构等其他组织或个人均可以成为开立主体，只是因其他开立人较银行来说缺乏信用背书导致受益人的风险较大，实践中往往也比较少见。但少见并不意味着不可存在，故也有人提出对我国开立主体的范围应予以扩张。

（一）法国法中开立主体对保函性质的影响

关于自然人能否出具独立保函，有学者提出在法国法中，独立保函作为一种非典型性担保，被认为是契约自由的产物，该制度的设立是建立在当事人意思自治的基础上，理论上任何具有民事行为能力的主体均可以提供独立担保。但法国法长期保障弱势群体保证人，为减轻保证人所负担的商业风险，在担保法修订之前，对于由自然人所开具的独立保函，法院裁决倾向于解释为从属性担保而非独立担保。所以，此类司法实践一直存有争议，法国上诉法院在相关判例中曾明确表示，法国法并未禁止自然人开立独立保函。[①]

（二）英国法中开立主体对保函性质的影响

英国法中，法院认为“保函由银行或其他金融机构出具”作为要件之一。即当保函规定由银行或者金融机构凭索款请求付款，并且缺乏明确表明保函义务与基础关系相关联的表述时，保函被解释为独立担保。也就是说，保函如果以银行等金融机构作为开立主体，能够为其具有独立性提供支持性依据，即使保函中关于独立性的表述不是很明确，法院也会倾向于将其认定为独立保函。反之，则对独立性存疑，如果保函的文本内容中不包含独立性的表述，法院则认定该保函为从属性的。[②] 英国《佩吉特银行法》中关于认定见索即付独立保函标准的论述如下：“如果一份保函（i）涉及所在地位于两个不同司法区域的当事人之间的交易（ii）由银行开具（iii）承诺其在受益人索赔（on demand）时即付款，无论是否表明为第一索赔（first）或书面索赔（written）字样，无须查看申请人在基础合同项下的付款义务，并且（iv）不包括排除或限制保函开立人抗辩权的条款，则一般倾向于认为其为见索即付的保函。”但英国上诉法院在[2021]EWCA Civ 1147 一案中推翻了此前的因“保函开立人不是银行或其他非银行的金融机构”为主要理由，而作出的认为此保函仅为一般保函且不享有见索即付保函的独立性的判定。

---

① 马子腾提出，法国法中自然人承担独立担保责任存在法律上的可能性，但同时法律对此又特别设置了较多的例外性规定，以达到自然人设立担保并不比普通担保具有更利益的效果。参见马子腾：《独立保函的认定标准》，中国政法大学 2020 年硕士学位论文。

② 马子腾在《独立保函的认定标准》一文中引用了“Marubeni Hong Kong & South China Ltd. v. Government of Mongolia”案件，案涉保函是由蒙古国财政部开立，由于并非“银行文据”，并且保函的文本内容中不包含能够体现开立人具有承担独立担保责任之意思表示，法院据此认为此为从属性担保而非独立保函。参见马子腾：《独立保函的认定标准》，中国政法大学 2020 年硕士学位论文。

二、国内交易中是否能够使用独立保函的争议

诉讼争点

关于国内交易中是否可以使用独立保函，在实践中一直存有争议。因独立保函的提示付款单据简单、付款责任严厉，司法实践中对国内交易中独立保函的效力问题存在分歧，主要有以下两种不同的观点。

第一种观点认为，不应在国内民商事活动中采取独立保函的方式。1995 年《担保法》第 5 条规定了担保合同与主合同的关系以及担保合同无效后的法律后果，约定担保合同是主合同的从合同，主合同无效，担保合同无效。担保合同另有约定的，按照约定。2007 年《中华人民共和国物权法》（以下简称《物权法》）第 172 条规定了设立担保物权，应当依照本法和其他法律的规定订立担保合同。担保合同是主债权债务合同的从合同。主债权债务合同无效，担保合同无效，但法律另有规定的除外。

《民法典》第 388 条对物保予以规定，设立担保物权，应当依照本法和其他法律的规定订立担保合同。担保合同是主债权债务合同的从合同。主债权债务合同无效的，担保合同无效，但是法律另有规定的除外。第 682 条对人保也予以规定，保证合同是主债权债务合同的从合同。主债权债务合同无效的，保证合同无效，但是法律另有规定的除外。因此，应遵照先前的做法，禁止在国内交易中使用独立保函。

第二种观点认为，国内业务和涉外业务均可使用独立保函。虽然独立保函多应用于国际商事交易过程中，但是随着交易的发展以及应用场景的增加，不应限制其在国内交易中使用。而且，随着独立保函使用范围的扩大，国内交易主体对其熟悉程度、风险认识也会随之提升。

裁判指引

我国独立保函的相关立法最终采纳了第二种观点。2016 年《独立保函司法

解释》首次明确统一了国际和国内独立保函的效力认定规则，于第 23 条规定，当事人约定在国内交易中适用独立保函的，人民法院不能以独立保函不具有涉外因素为由，否定保函独立性约定的效力。《担保制度司法解释》第 2 条明确规定因金融机构开立的独立保函发生的纠纷，适用《独立保函司法解释》。该司法解释亦不限制独立保函在国内使用。

《独立保函司法解释》的出台，统一承认了涉外、国内保函独立性的效力，认可金融机构开立国内保函的效力、统一了国内外保函的认定规则，进而完善了我国信用保障制度，尊重了当事人意思自治和对市场主体的平等保护。至于因独立保函项下付款责任严苛，导致存在的欺诈和滥用付款请求权风险，《独立保函司法解释》将开立人的范围限定于对独立保函风险有成熟认知的金融机构，还对独立保函欺诈例外的认定以及止付程序作出明确规定，债务人在受益人欺诈或滥用索赔权利时有了司法救济手段，为独立保函在国内的运行提供了较为完善的法律框架。

相关规定

《民法典》

第三百八十八条　设立担保物权，应当依照本法和其他法律的规定订立担保合同。担保合同包括抵押合同、质押合同和其他具有担保功能的合同。担保合同是主债权债务合同的从合同。主债权债务合同无效的，担保合同无效，但是法律另有规定的除外。

担保合同被确认无效后，债务人、担保人、债权人有过错的，应当根据其过错各自承担相应的民事责任。

第六百八十二条　保证合同是主债权债务合同的从合同。主债权债务合同无效的，保证合同无效，但是法律另有规定的除外。

保证合同被确认无效后，债务人、保证人、债权人有过错的，应当根据其过错各自承担相应的民事责任。

《担保制度司法解释》

第二条　当事人在担保合同中约定担保合同的效力独立于主合同，或者约定担保人对主合同无效的法律后果承担担保责任，该有关担保独立性的约定无效。主合同有效的，有关担保独立性的约定无效不影响担保合同的效力；主合同无效的，人民法院应当认定担保合同无效，但是法律另有规定的除外。

因金融机构开立的独立保函发生的纠纷，适用《最高人民法院关于审理独立保函纠纷案件若干问题的规定》。

《独立保函司法解释》

第二十三条　当事人约定在国内交易中适用独立保函，一方当事人以独立保函不具有涉外因素为由，主张保函独立性的约定无效的，人民法院不予支持。

2007 年《物权法》

第一百七十二条第一款　设立担保物权，应当依照本法和其他法律的规定订立担保合同。担保合同是主债权债务合同的从合同。主债权债务合同无效，担保合同无效，但法律另有规定的除外。

1995 年《担保法》

第五条　担保合同是主合同的从合同，主合同无效，担保合同无效。担保合同另有约定的，按照约定。

担保合同被确认无效后，债务人、担保人、债权人有过错的，应当根据其过错各自承担相应的民事责任。

典型案例

湖南洞庭水殖股份有限公司与中国光大银行长沙华顺支行、湖南嘉瑞新材料集团股份有限公司、长沙新振升集团有限公司借款担保合同纠纷案

一审：湖南省高级人民法院（2006）湘高法民二初字第 10 号

二审：最高人民法院（2007）民二终字第 117 号

案情介绍

湖南安塑股份有限公司（以下简称安塑股份，后改名为湖南嘉瑞新材料集

团股份有限公司)经董事会研究决定,于2004年4月16日与中国光大银行长沙华顺支行(以下简称光大华顺支行)签订一份《借款合同》,约定了借款金额人民币2000万元等信息。湖南洞庭水殖股份有限公司(以下简称洞庭水殖)为上述借款提供连带责任保证,并与光大华顺支行签订《保证合同》。合同签订后,光大华顺支行于签订合同当日,依约向安塑股份发放贷款人民币2000万元,到账后,同日,安塑股份从该账户上划走人民币2000万元到湖南鑫振贸易有限公司账户。

2004年8月31日,光大华顺支行与湖南嘉瑞新材料集团股份有限公司(以下简称嘉瑞新材)再次签订一份《借款合同》,约定了借款金额3000万元等信息。洞庭水殖为上述贷款提供连带责任保证,并与光大华顺支行签订《保证合同》,约定:担保的主债权为人民币3000万元借新还旧贷款;保证方式为连带责任保证等。

为确保上述债务按期归还,债权人光大华顺支行与债务人嘉瑞新材于2004年8月31日签订《质押合同》,约定:为确保上述两份《借款合同》人民币5000万元贷款债务的履行,嘉瑞新材愿意以其所持有的长沙新振升集团有限公司(以下简称新振升集团)75%的股权(价值人民币120,880,000元)为上述借款提供质押担保。该质押担保经嘉瑞新材董事会和新振升集团股东会同意。

新振升集团经股东会研究决定,于2004年8月31日与光大华顺支行签订(保证合同),约定:为确保嘉瑞新材上述两份《借款合同》人民币5000万元贷款债务的履行,新振升集团提供连带责任保证;保证期间为2005年4月16日至2007年4月16日。

嘉瑞新材取得上述贷款后,到期只还了6万元,尚欠本金人民币4994万元和利息人民币5,651,161.02元(利息计算至2006年3月21日)。光大华顺支行分别于2006年2月16日、27日向债务人嘉瑞新材和担保人洞庭水殖催收,嘉瑞新材和洞庭水殖分别在《逾期贷款催收通知书回执》和《履行担保义务通知书》上签章确认。后仍无法还款,光大华顺支行提起诉讼。

一审法院湖南省高级人民法院判决:(1)嘉瑞新材于该判决生效后10日内,偿付光大华顺支行借款本金人民币4994万元及利息人民币5,651,161.02

元(已计算至2006年3月21日,此后利息按中国人民银行规定的同期逾期贷款利率计付至还清之日止);(2)洞庭水殖对上述借款承担连带清偿责任;(3)新振升集团对上述借款承担连带清偿责任;(4)嘉瑞新材与光大华顺支行行签订的《质押合同》无效。案件受理费人民币287,965元,由嘉瑞新材承担。

上诉人洞庭水殖不服上述民事判决,向最高人民法院提起上诉,并在上诉理由中首次提出:光大华顺支行与洞庭水殖签订的《保证合同》第14条约定"本合同的效力独立于主合同,不因主合同的无效而无效",但根据《担保法》第5条规定之本意,独立担保不能在国内交易中使用,因此《保证合同》第14条的约定无效,不能以当事人另有约定为由而否认本案中《保证合同》的从属性,故保证人不应承担保证责任。

法院裁判

对于洞庭水殖是否应当承担保证责任的问题。最高人民法院认为:本案诉争问题归根结底是洞庭水殖是否应当承担连带保证责任的问题。综观本案现已查明的事实和相关证据,与洞庭水殖是否承担保证责任相关的影响因素主要有三:第一,借款合同是否生效?第二,为2000万元借款提供担保中是否存在骗保?第三,保证合同的独立担保条款是否有效?关于第一个因素即借款合同是否生效的问题,根据借款合同和担保合同的约定,无论是担保合同还是借款合同,依法依约均已生效。洞庭水殖主张光大华顺支行与嘉瑞新材未经其同意变更2000万元借款用途而应免除保证责任,最高人民法院认为,即便2000万元借款合同从根本上改变了借款用途,未征得保证人洞庭水殖的书面同意,但根据《最高人民法院关于适用〈中华人民共和国担保法〉若干问题的解释》第30条第1款关于"债权人与债务人对主合同数量、价款、币种、利率等内容作了变动,未经保证人同意的,如果减轻了债务人的债务的,保证人仍应当对变更后的合同承担保证责任;如果加重了债务人的债务的,保证人对加重的部分不承担保证责任"的规定,因洞庭水殖的保证责任并未被加重,故洞庭水殖仍应承担保证责任。关于第二个因素即2000万元是否骗保问题,经过两审审理,的确没有充分的证据能够证明光大华顺支行与嘉瑞新材恶意串通诈骗保证人,因此洞庭水殖关于骗保的主张，二审法院不予支持。关于第三个因素即独立担保条款是否有效的问题，光大华顺支行与洞庭水殖签订的两份《保证合同》的第 14 条均明确约定“本合同的效力独立于主合同，不因主合同的无效而无效”，根据原《担保法》第 5 条之规定，上述条款明显属于独立担保条款。最高人民法院的审判实务已明确表明：考虑到独立担保责任的异常严厉性，以及该使用该制度可能产生欺诈和滥用权利的弊端，尤其是为了避免严重影响或动摇我国担保法律制度体系的基础，独立担保只能在国际商事交易中使用，不能在国内市场交易中运用。因此，洞庭水殖关于本案所涉保证合同中独立担保条款无效的主张有理，最高人民法院予以支持。但应当看到，否定独立担保在国内交易市场中的运用之目的，在于维护原《担保法》第 5 条第 1 款所规定的我国担保制度的从属性规则，因此，不能在否定担保的独立性的同时，也否定了担保的从属性。尽管洞庭水殖可以因本案所涉保证合同中的独立担保条款无效而免除独立担保责任，但由于本案主合同即借款合同为有效合同，所以保证人仍应承担依约有效的从属性担保责任即连带保证责任。故洞庭水殖关于其不应承担连带保证责任的主张不能成立，最高人民法院予以驳回。

评析

本案是在《独立保函司法解释》颁布前作出的判决，可以看出对于独立担保的适用范围，最高人民法院从独立担保在国内交易中无法使用，禁止当事人通过合同约定独立担保，仅在涉外交易中可以使用的态度，逐渐转化为无论是否涉外交易均可以使用独立担保，并承认其效力。从独立担保制度的历史沿革可以看出，《独立保函司法解释》对独立保函进行全方位的规范，对债权人的保护更加确定，对交易的便捷作用更加明显，力图不断完善相关制度为经济发展保驾护航。

北京银行股份有限公司绿港国际中心支行与中信国安集团有限公司、青海中信国安科技发展有限公司、中信国安第一城国际会议展览有限公司、中信国安有限公司、中信国安资本管理有限公司合同纠纷案

一审：北京市高级人民法院(2019)京民初47号

二审：最高人民法院(2020)最高法民终717号

案情介绍

2015年7月，人保投资控股有限公司(以下简称人保公司)作为受托人与作为偿债主体的中信国安集团有限公司(以下简称国安集团)签订《投资合同》，约定：人保公司承诺将按照本投资合同的约定向国安集团投入投资计划本金。国安集团承诺将按照本投资合同的约定使用投资计划本金，并向人保公司按时返还投资计划本金、支付利息及其他任何应付款项。

2015年7月1日，北京银行股份有限公司绿港国际中心支行(以下简称绿港支行)作为授信人与作为受信人的国安集团签订编号为0289351的《综合授信合同》，约定：最高授信额度为人民币30亿元，其中保函额度折合为人民币30亿元。

2015年7月31日，国安集团向绿港支行提交编号为DG00024150036的《开立保函申请书》，载明：申请人为国安集团，受益人为人保公司；基础交易合同编号为人保投控金合〔2015〕57号，合同名称为《投资合同》；保函金额为人民币28亿元；保函有效期自2015年7月31日至2021年7月31日。绿港支行在担保行审核审批意见处加盖了公章。

2015年7月31日，北京银行股份有限公司(以下简称北京银行)作为担保人向人保公司出具编号为DG00024150036的《担保函》，载明：本保函为独立保函，即使《投资合同》被确认为无效或被撤销，对本《担保函》的效力均无任何影响。如《投资合同》被确认为不成立、不生效、无效、部分无效或被撤销、被解除，则北京银行对于国安集团因返还财产或赔偿损失而形成的全部债务也承担连带保证责任，人保公司有权在此情况下立即向北京银行主张保证责任，北京

银行应在收到人保公司法定代表人或授权代表签字并加盖人保公司公章的书面索赔通知及本《担保函》正本原件后 7 个工作日内按人保公司要求将相应款项支付至人保公司的指定账户。

2017 年 4 月 19 日，绿港支行作为授信人与作为受信人的国安集团签订编号为 0405937 的《综合授信合同》，约定：最高授信额度为人民币 55 亿元，其中保函额度折合为人民币 28 亿元。下列合同项下已经发生但尚未结清的业务占用本合同下的授信额度，但该业务下的权利义务仍按该合同执行：绿港支行与国安集团订立的编号为 0289351 的《综合授信合同》。

2019 年 6 月 12 日，人保公司向北京银行出具《索赔通知》，载明：北京银行是人保投控—中信国安棉花片危改项目不动产债权投资计划（以下简称投资计划）的担保人。因偿债主体国安集团无法归还相关款项，故请北京银行根据《担保函》的约定承担保证责任，在收到本索赔通知后 7 个工作日内将前述款项和逾期产生的违约金划入本投资计划的托管账户。

2019 年 6 月 20 日，绿港支行向人保公司指定账户分两笔共计付款人民币 2, 712, 927, 375 元，转账原因均写明为 DG00024150036 保函赔付款。2019 年 6 月 14 日，绿港支行向国安集团出具《关于保函索赔的告知函》，称：鉴于绿港支行于 2019 年 6 月 13 日收到编号为 DG00024150036 的保函项下索赔文件（见附件）。根据国安集团与绿港支行签署的 DG00024150036 号《开立保函协议》，北京银行将依据保函条款进行表面的和形式性的审核，如无不符，绿港支行即可根据保函规定向受益人履行保函项下的付款责任。绿港支行有权自主审查判断保函索赔请求是否符合保函的规定，并有权自主决定是否付款。绿港支行向受益人履行保函项下的付款责任后，国安集团应立即向绿港支行履行偿付义务。该函附件为人保公司向北京银行出具的《索赔通知》和北京银行向人保公司出具的《担保函》。绿港支行支付了保函项下的赔付款和罚息后，诉至北京市高级人民法院，要求国安集团支付保函赔付款及罚息。

法院裁判

北京市高级人民法院作出一审判决，判决国安集团于判决生效之日起 10 日内给付绿港支行保函赔付款人民币 2,712,927,375 元，并支付罚息。国安集团不服一审法院认定的债务金额，提起上诉。最高人民法院认为本案系独立保函开立人向受益人付款后向保函申请人提起的追偿纠纷。根据一审查明的事实，国安集团向绿港支行申请开立以人保公司为受益人的保函，其后，人保公司依据北京银行向人保公司出具的 DG00024150036 号《担保函》出具《索赔通知》。2019 年 6 月 20 日，绿港支行向人保公司的指定账户支付该《担保函》赔付款人民币 2,712,927,375 元。绿港支行在本案中要求国安集团向其支付等额的保函赔付款，系向保函申请人国安集团追偿。一审判决认定 DG00024150036 号《担保函》的法律性质为独立保函，各方当事人对此均无争议。独立保函开立人承担付款责任后，依据独立保函向申请人追偿，应适用《独立保函司法解释》的有关规定。该司法解释第 9 条规定，开立人依据独立保函付款后向保函申请人追偿的，人民法院应予支持，但受益人提交的单据存在不符点的除外。本案中，国安集团向绿港支行申请开立独立保函，北京银行开立独立保函后，绿港支行依据北京银行开立的独立保函承担了垫付款的义务。一审法院经审查，认为北京银行已经承担了相符交单的付款责任，已经支付了款项，遂判决支持绿港支行的追偿请求。国安集团提出的利息多计算 8 天以及违约金计算基数错误等上诉理由均不属于单据不符点的情形，故其上诉理由不成立，驳回上诉，维持原判。

评析

一方面，本案的裁判在司法实践中确定了国内交易中可以通过合同约定的方式确定独立保函的地位；另一方面，在保函追偿纠纷中，开立人依据独立保函的约定向受益人付款后，再向保函申请人追偿的，应予支持。在整个过程中，保函开立人负担单据相符的审核义务。

拓展研究

《独立保函司法解释》第 23 条明确了一个之前颇为争议的问题。根据之前的司法实践，在国内交易活动中发生的独立担保并未获得承认，法院对国内企业、银行之间的独立担保采取否定的态度，不承认当事人对独立担保约定的法律效力。最高人民法院在一些判例中对国内和涉外的独立担保合同的效力予以区别对待,否定了独立担保在国内贸易活动中的有效性。例如,在湖南机械进出口公司、海南国际租赁公司与宁波东方投资公司代理进口合同案中,最高人民法院认为,担保函中虽然有“不因委托人的原因导致代理进口协议书无效而失去担保责任”的约定,但是在国内民事活动中不应采取此种独立担保方式,因此该约定无效。该判决虽没有充分说明国内独立担保合同无效的理由,但其态度是明确的,即不承认独立担保在国内贸易中的效力。

《独立保函司法解释》的出台很大程度上与我国“一带一路”倡议和企业“走出去”的战略目标有关。随着全球贸易、金融交往的不断深入,独立保函成为国际贸易、投资中用于保证交易方信用的有效工具。另外,在国内外建设工程等领域也经常使用独立保函作为履约担保的手段,总包商申请银行向境外业主开立独立保函,同时往往要求国内的分包商开立类似的保函以规避风险,如果采用不一样的标准,赔付会出现分歧和差异,导致风险增加,从而导致相关纠纷数量增多,故在国内交易亦可使用独立保函。

(一)应予承认独立保函在我国国内经济活动中的效力

独立保函的适用范围在我国经历了只承认涉外独立保函的效力,到《独立保函司法解释》颁布第一次正式认可国内经济活动中使用独立保函的效力。有学者提出独立保函既适用于涉外经济活动,又适用于国内交易。主要理由有:(1)“内外有别”缺乏法理依据。在世界经济一体化的大背景下,区分国内经济与国际商事活动是困难也是徒劳的,并且从原《担保法》第5条的规定,并没有明确得出独立担保仅适用于国际商事领域活动的结论。“内外有别”的规定不符合法律逻辑,缺乏法律依据及法理依据。(2)“内外有别”不恰当地限制了意思自治。独立担保本身属于当事人意思自治的范畴,“法无禁止即可为”,当事人的约定只要不存在无效的情形即应属于有效。不能因制度可能引发的纠纷而去否定制度的价值,以其弊端否定适用应有相应法律依据是不恰当的。(3)“国际商事交易”和“国内经济活动”在有些情况下难以界定,尤其是在世界经济一体化的背景下。根据《最高人民法院关于适用〈中华人民共和国涉外民事关系法律适用法〉若干问题的解释(一)》的规定，当事人一方或双方是外国人或无国籍人，或者当事人一方或双方的经常居住地、标的物、引起民事关系变动的法律事实发生地在国外的，可以认定为涉外民事关系。但这一规则适用于“国际”或“国内”独立保证的认定时会遇到困难。按照《境内机构对外担保管理办法》的规定，境内机构向境外机构或境内的外资金融机构提供的担保均属对外担保，但从法律地位上看，境内的外资金融机构除外国金融机构在境内设立的分支机构之外，均为中国法人。此时，境内机构为境内机构提供担保也是对外担保，但两者均无涉外因素。比如，外国金融机构在境内设立的分支机构，为境内金融机构向中外合资企业提供的贷款所出具的担保，是“国内”还是“国际”经济活动较难判定。①

(二)法国法中对国内保函的态度转变

有学者提出法国传统的保证制度，是基于“人的担保”，在此类保证中，提供担保的主体常常不是金融机构，而是普通企业或者自然人，法国法长期贯彻保护弱势保证人的原则，使此类保证中的债权人在主张债权时可能面对诸多抗辩，如债权的从属性、保证人对风险的不确定性，这样的保证形式在高效率的商业时代被金融机构视为一种束缚和麻烦。于是，“独立担保”作为一种快捷、有效的担保手段被引入法国国内市场。法国法院初期对独立担保效力的承认也存在如中国法一样的保守态度。保函欺诈、违法、基础交易无效等诸多因素均为独立担保制度在法国发展的主要障碍，更重要的是，由于独立担保在法国国内法出现初期就存在替代一般性“人的担保”的意图，立法者当然存在债权人滥用独立担保造成具有从属性的保证制度被架空的顾虑。在2006年法国担保法改革之前，法国法院对国内独立担保的效力承认一直呈现较为摇摆的状态。直到2006年3月，法国法将“独立担保”作为一种新型的“人的担保”在《法国民法典》中固定下来，根据规定“独立担保人不能主张基于被担保的债务所生的抗辩”，独立担保人的

① 刘应民、张亮于2017年6月出版的《独立担保制度研究——以见索即付保函与备用信用证为视角》一书中、高圣平教授在《论独立保证的典型化与类型化》一文中均提出应认可独立保函在国内交易中的地位。

付款义务与被担保债务的独立性被予以明确，原则上独立担保人不能引用任何抗辩理由对抗受益人。这也表明，法国法正式将独立担保作为一种特殊的担保形式融入法国担保法律制度中加以规制。①

三、公司内部决议机制是否影响独立保函的效力

诉讼争点

《中华人民共和国公司法》（以下简称我国《公司法》）第16条针对公司对外提供担保的程序作了规定，但实践中，不乏公司法定代表人未经相应程序即擅自对外签署合同提供担保的现象，而该等情形下担保效力的认定也一直是公司纠纷案件中存在很大争议的问题。独立保函亦是对外担保的一种形式，因此也存在类似争议。实践中，对此存在两种不同的审判思路。

第一种观点认为，应根据相对人是否善意予以确定独立保函的效力。关于法定代表人越权提供担保的效力，要视相对人是否为善意来确定：相对人善意的，构成表见代表，效果等同于有效担保；相对人非善意的，担保行为不对公司发生效力，公司不承担基于有效担保产生的担保责任，但要承担缔约过失责任。实践中对善意的把握主要是看相对人在订立合同时是否知晓法定代表人的越权行为。若相对人并不知晓其越权，且尽到了合理审查义务，应认定为善意。

第二种观点认为，内部机关决议对公司对外担保虽有影响，但独立保函是金融机构开立的，且国际使用场景较多，如果要审查内部机关决议，对于接受担保的债权人而言会增加许多成本，影响了交易的效率。而且跨国使用时，还需要考虑独立保函开立人所在地的法律，非常不便。因此，提供独立保函无须以公司决议为前置条件，债权人只需要证明独立保函是以公司名义出具的即可，该担保行为就符合民事法律行为有效要件。银行或非银行金融机构出具独立保函，不属

---

① 参见陆璐：《独立保函的时代演进与制度发展》，东南大学出版社2019年版，第6页、第7页。

于从属性担保，并非《公司法》第16条调整的范围，无须受到其约束。

裁判指引

司法实务中笔者认为应采纳第二种观点。

传统的公司对外担保，确实需要考虑债权人的善意。《全国法院民商事审判工作会议纪要》中对善意予以认定，是指债权人不知道或者不应当知道法定代表人超越权限订立担保合同。《公司法》第16条对关联担保和非关联担保的决议机关作出了区别规定，相应地，在善意的判断标准上也应当有所区别。一种情形是，为公司股东或者实际控制人提供关联担保，《公司法》第16条明确规定必须由股东（大）会决议，未经股东（大）会决议，构成越权代表。在此情况下，债权人主张担保合同有效，应当提供证据证明其在订立合同时对股东（大）会决议进行了审查，决议的表决程序符合《公司法》第16条的规定，即在排除被担保股东表决权的情况下，该项表决由出席会议的其他股东所持表决权的过半数通过，签字人员也符合公司章程的规定。另一种情形是，公司为公司股东或者实际控制人以外的人提供非关联担保，根据《公司法》第16条的规定，此时由公司章程规定是由董事会决议还是股东（大）会决议。无论章程是否对决议机关作出规定，也无论章程规定决议机关为董事会还是股东（大）会，根据原《民法总则》第61条第3款关于"法人章程或者法人权力机构对法定代表人代表权的限制，不得对抗善意相对人"的规定，只要债权人能够证明其在订立担保合同时对董事会决议或者股东（大）会决议进行了审查，同意决议的人数及签字人员符合公司章程的规定，就应当认定其构成善意，但公司能够证明债权人明知公司章程对决议机关有明确规定的除外。①

但独立保函开立人比较特别，而且开立独立保函为其专属业务范围之一，金融机构的内部管理应该更为规范，因此受益人会默认为出具独立保函的行为经过了内部业务审批授权。在这种情况下，应予以特殊对待，即银行和非银行金融机构出具独立保函不受内部机构决策机制的影响。否则，相对方比较难以审查

① 参见最高人民法院《全国法院民商事审判工作会议纪要》（法〔2019〕254号）。

独立保函的有效性，会导致独立保函的作用大打折扣，影响独立保函业务的根基。为此，《担保制度司法解释》第8条对此专门作出了明确规定。

相关规定

《公司法》

第十六条 公司向其他企业投资或者为他人提供担保，依照公司章程的规定，由董事会或者股东会、股东大会决议；公司章程对投资或者担保的总额及单项投资或者担保的数额有限额规定的，不得超过规定的限额。

公司为公司股东或者实际控制人提供担保的，必须经股东会或者股东大会决议。

前款规定的股东或者受前款规定的实际控制人支配的股东，不得参加前款规定事项的表决。该项表决由出席会议的其他股东所持表决权的过半数通过。

《担保制度司法解释》

第八条 有下列情形之一，公司以其未依照公司法关于公司对外担保的规定作出决议为由主张不承担担保责任的，人民法院不予支持：

（一）金融机构开立保函或者担保公司提供担保；

（二）公司为其全资子公司开展经营活动提供担保；

（三）担保合同系由单独或者共同持有公司三分之二以上对担保事项有表决权的股东签字同意。

上市公司对外提供担保，不适用前款第二项、第三项的规定。

拓展研究

在公司审判实务中，由于立法规定不明确、司法裁判规则不统一，我国公司在为他人提供担保方面，没有经公司决议而径行对外担保的情况普遍存在。在没有公司决议的情况下，根据目前公司治理不规范的现实情况，对公司法定代表人所提供的担保，如果案件事实表明该担保是为了公司的利益，就可以认定公司具有对外提供担保的真实意思表示。如果司法仅因公司没有作出决议就认定公司不承担担保责任,不仅会扰乱已安定的公司交易秩序,也容易滋长公司恶意逃避担保责任的道德风险。基于以上考虑,对公司为其全资子公司开展经营活动向债权人提供担保、担保合同系由单独或者共同持有公司2/3以上有表决权的股东签字同意等情形。而独立保函则有所不同,属于公司决议的例外情形。之所以对以为他人提供担保为主营业务的担保公司以及开展保函业务的银行或者非银行金融机构规定决议豁免,原因在于以担保为业的公司不属于《公司法》第16条的调整范围。需要重点说明的是,除该条规定的三种公司决议例外情形,在公司为他人提供担保领域,不存在其他任何公司决议例外事由,必须从严把握。①

除此之外,实务中还需要考虑一种特殊的情形,即企业代其联营体或子公司申请银行保函融资,是否应被视为公司对外担保,是否需审核公司对外担保的决议或(如为上市公司)担保公告。这是因为在"一带一路"倡议下,很多国企"走出去"参与海外项目工程承包建设。根据境外政府或业主的要求,企业在进行投标及项目执行时,需要与具有专项资质的企业或当地企业共同承揽工程,如在境外设立紧密型或松散型的联营体,再以联营体名义参与工程承包建设等。根据业主或项目发包方的要求,这些"走出去"的企业会为其联营体或子公司代开非融资性保函(如履约保函),一旦保函项下发生索赔,银行可向这些企业追索。这些企业代其联营体或子公司申请银行保函融资,是否应被视为公司对外担保,从而需要银行审核公司对外担保的决议或(如为上市公司)担保公告?

对此,也产生了不同的认识。有观点认为,这种情形构成对外担保,银行需审核申请人公司对外担保的决议。银行依据保函申请人的申请,为被担保人在基础交易项下的债务向受益人开立保函,并最终由保函申请人向银行承担开立保函关系项下债务的保函属于"分离式保函",即保函申请人与被担保人相互分离。保函申请人虽非保函法律关系项下的担保人,但保函开立人依据保函法律关系承担付款责任后,可依据保函申请法律关系要求保函申请人承担偿付义务,

① 参见最高人民法院民事审判第二庭:《最高人民法院民法典担保制度司法解释理解与适用》,人民法院出版社2021年版,第142页、第143页。

由此最终系由保函申请人承担了被担保人的债务履行义务，故其申请开立保函的行为构成实质性对外担保。因此，开立人接受申请时应依据《公司法》第16条的规定依法审查申请人公司的相关决议。

笔者认为，通常情况下这种情形不构成对外担保，无须审核申请人公司的对外担保决议。分离式保函申请人与保函项下被保证人并非构成担保法意义上的保证合同关系，而系保函申请人为被保证人代开保函的行为。保函申请人系独立依据保函申请法律关系向开立人承担相应偿付义务，并适用最高人民法院《独立保函司法解释》的相关规定，而不适用《民法典》关于保证合同的规定，故银行无须根据《公司法》关于对外担保的规定审核公司的内部决议。

四、外汇管制是否影响独立保函的效力

诉讼争点

随着跨境贸易的不断加强，中资银行的内保外贷业务不断增多，监管机构中国人民银行与外汇管理局对其加强了管理。2005年8月16日之前，中资银行对外出具的融资保证、融资租赁保证、补偿贸易项下的现汇履约保证和超过1年（不含1年）的延期付款保证要逐笔审批，除上述4类以外的对外保证则按照资产负债比例进行管理。非银行金融机构和非金融企业法人出具的对外保证则需报外汇管理局逐笔审批。独立保函的许多使用场景是国际业务，必定会涉及外汇管理。如果没有获得相关的审批，独立保函是否还具有法律效力？

在司法实践中，有两种截然不同的观点。第一种观点认为，为加强中国人民银行和外汇管理局的监管，未履行规定的审批手续或未按规定进行登记的，其对外签订借款合同或担保合同不具有法律约束力。[①] 第二种观点则认为，担保合

① 国家发展计划委员会、财政部、国家外汇管理局令〔2003〕第28号《外债管理暂行办法》第40条规定，境内机构举借外债或对外担保时，未履行规定的审批手续或未按规定进行登记的，其对外签订的借款合同或担保合同不具有法律约束力。

同的效力并不受外汇管制的约束，应受到《民法典》第153条的约束，违反法律、行政法规的强制性规定的民事法律行为无效，“强制性规定”是指效力性强制性规定。违反效力性强制性规定的合同无效，而外汇管制和相关的报批手续不属于效力性强制规定。

裁判指引

司法实务对此问题原先持严格的批准主义（采用的是第一种观点），而随着时代变迁以及外汇管理制度的变化，现在采用第二种观点，外汇局对跨境担保合同的核准、登记或备案情况以及跨境管理规定明确的其他管理事项与管理要求，不构成跨境担保合同的生效要件。

相关规定

《民法典》

第一百五十三条　违反法律、行政法规的强制性规定的民事法律行为无效。但是，该强制性规定不导致该民事法律行为无效的除外。

违背公序良俗的民事法律行为无效。

《跨境担保外汇管理规定》

第六条　外汇局对内保外贷和外保内贷实行登记管理。

境内机构办理内保外贷业务，应按本规定要求办理内保外贷登记；经外汇局登记的内保外贷，发生担保履约的，担保人可自行办理；担保履约后应按本规定要求办理对外债权登记。

境内机构办理外保内贷业务，应符合本规定明确的相关条件；经外汇局登记的外保内贷，债权人可自行办理与担保履约相关的收款；担保履约后境内债务人应按本规定要求办理外债登记手续。

第八条　担保人办理内保外贷业务，在遵守国家法律法规、行业主管部门规定及外汇管理规定的前提下，可自行签订内保外贷合同。

第二十九条　外汇局对跨境担保合同的核准、登记或备案情况以及本规定明确的其他管理事项与管理要求,不构成跨境担保合同的生效要件。

典型案例

中国银行(香港)有限公司与汕头宏业(集团)股份有限公司、汕头经济特区新业发展有限公司担保合同纠纷案

一审:广东省高级人民法院(2000)粤法经二初字第5号

二审:最高人民法院(2002)民四终字第6号

案情介绍

1997年11月28日汕头经济特区新业发展有限公司(以下简称新业公司)致国华银行《不可撤销担保契约》:"因贵行对达利丰集团有限公司(下称借款人)已作出或同意作出贷款、给予透支或其他银行授信,本公司/单位(下称担保人)现出具以贵行为受益人的无条件的及不可撤销担保契约。担保责任如下:……6.不论协议或其他任何部分是否有效或能否实施,此担保契约是延续有效、不可撤销及不附带任何条件的,直至借款人完全清还所有欠款为止……"

1998年4月17日,汕头宏业(集团)股份有限公司(以下简称宏业公司)致国华银行《不可撤销担保契约》:"因贵行对达利丰集团(下称借款人)已作出或同意作出贷款、给予透支或其他银行授信,本公司/单位(下称担保人)现出具以贵行为受益人的无条件的及不可撤销担保契约。担保责任如下:……6.不论协议或其他任何部分是否有效或能否实施,此担保契约是延续有效、不可撤销及不附带任何条件的,直至借款人完全清还所有欠款为止。7.此担保契约组成担保人对贵行的直接责任,不会因:(一)借款人或担保人或贵行人事变动、重组、合并、改组、改名、破产、清盘;(二)借款人超越借款权力;(三)借款与担保人或其他担保人之间之任何纠纷、争议或合约;(四)借款人或担保人与债权人重整债务;(五)借款人在协议下之责任不论其于任何理由而无效或不可履行或执行;(六)协议内容及/贷款、给予透支或其他银行授信内容之更改而受影响或导致其失效。贵行可将担保人作为主债务人,向其追讨欠款。"

1998 年 9 月 2 日，国华银行向达利丰集团发出档号为 P/113/98HKL 的《一般授信函》，约定透支额度不超过 200 万港元。透支年息率为国华银行不时所订定的港元最优惠利率的香港银行同业拆息隔夜利率加 1%，以较高者为准（无论在判决前或后），现时此透支额度的年息率为 11%，但此息率可不时浮动等。

宏业公司董事会于 1998 年 4 月 17 日在广东省汕头市天山路宏业大楼召开，全体出席董事一致同意通过以下决议：(1) 本公司同意向国华银行提供 31,300 万港元和有关费用的担保，保证达利丰集团有限公司履行其与国华银行之任何贷款协议；(2) 本公司已审阅、同意及接受《不可撤销担保契约》全部内容等。

2000 年 1 月 3 日，中国香港特别行政区高等法院以 1999 第 883 号公司清盘案确认国华银行对达利丰集团有限公司的债权合计 4,408,215,707 港元、25,771,093.15 美元及其利息 1,443,383.13 港元、708,517.61 美元。同年 5 月 22 日，达利丰集团有限公司的清盘人香港安永会计师事务所律师廖耀强以档案号为 NG/PY/DC/st/0005 – LI0953 的函，确认国华银行对达利丰集团有限公司的索偿为本金 44,082,157.61 港元、25,771,093.15 美元，利息 1,443,383.13 港元、708,517.61 美元；宏业公司、新业公司均为上列贷款之国内担保人，各担保人于其个别担保契约之责任均不超越 31,300 万港元。

1999 年 11 月 17 日，香港顾恺仁律师事务所分别向宏业公司、新业公司发出《关于达利丰集团（借款人）尚欠国华银行债务事宜》函称："我所受国华银行委托，就借款人清偿债务一事致函贵司。根据一份日期为 1997 年 11 月 28 日的不可撤销担保契约（担保书），贵司作为担保人向我所客户保证偿还借款人欠我所客户的债务……有关债务的详细资料，请参阅本函之附表。我所现按我所客户的指示，特函要求贵司立即偿还上述借款人的全部债务并连同有关利息及我所就发出本函所需收取的律师费用（港币 2000 元）。如我所在我所客户要求的情况下就上述事宜开展进一步的工作，我所的律师费用亦将相应增加。请在安排支付有关债务时再与我所客户确定有关利息的数额。如在本函发出日期的七天内，我所客户或我所仍未收到贵司偿还上述债务的款项，我所将按照我所客户的指示，在不另行通知贵司的情况下，采取相应的法律行动，以追索上述债务、所有累计利息及因此而产生的一切费用。"

1999 年 11 月 29 日，汕头市对外经济律师事务所向香港顾恺仁律师事务所复函称："本律师受宏业公司委托，就贵所于 1999 年 11 月 17 日发出律师信所述事项，作出回应如下：1.《不可撤销担保契约》是一无效声明，对宏业公司没有任何法律上的约束力。因为根据《中华人民共和国外汇管理条例》第二十四条的规定'提供对外担保，只能由符合国家规定条件的金融机构和企业办理，并须经外汇管理机关批准'。而《不可撤销担保契约》正是未经批准。2. 本律师建议，由达利丰集团与国华银行自行协商解决其争议。"

由于国华银行与宏业公司、新业公司就偿还款项问题发生纠纷，经协商未果，国华银行遂以宏业公司、新业公司为被告，向原审法院提起诉讼，要求两原审被告对达利丰集团有限公司拖欠其授信额度项下的贷款 44, 082, 157. 07 港元，25, 771, 093. 15 美元及其利息 1, 443, 383. 13 港元、708, 517. 61 美元承担连带赔偿责任，并承担本案全部的诉讼费用。

法院裁判

一审法院广东省高级人民法院认为，本案属担保纠纷。宏业公司、新业公司出具的担保书载明适用香港特别行政区法律。由于宏业公司、新业公司所担保的债权人是在香港特别行政区注册的企业，故本案属于对外担保。宏业公司、新业公司没有实际履行向外汇管理机关办理批准手续，而我国是外汇管制国家，我国法律强制规定对外担保须经过外汇管理机关批准。根据原《中华人民共和国民法通则》第 150 条"依照本章规定适用外国法律或者国际惯例的，不得违背中华人民共和国的社会公共利益"和《最高人民法院关于贯彻执行〈中华人民共和国民法通则〉若干问题的意见（试行）》第 194 条"当事人规避我国强制性或者禁止性法律规范的行为，不发生适用外国法律的效力"的规定，宏业公司、新业公司担保书约定适用中国香港特别行政区法律，属规避我国强制性或者禁止性法律规范的行为，该约定在中华人民共和国法域内不具有法律约束力，因此该担保书的效力认定应适用中华人民共和国法律。根据《中华人民共和国民法通则》第 7 条"民事活动应当尊重社会公德，不得损害社会公共利益，扰乱社会经济秩序"和《最高人民法院关于适用〈中华人民共和国担保法〉若干问题的解释》第 6 条

“有下列情形之一的,对外担保合同无效:(一)未经国家有关主管部门批准或者登记对外担保的……”的规定,宏业公司、新业公司向国华银行的担保未经国家有关主管部门批准或者登记而违反了我国的公序良俗原则,不具有法律效力。宏业公司和新业公司均在其出具的担保契约和董事会决定中承诺,保证其担保经政府同意,并且如果因未办理法律规定的手续导致担保无效,其将承担一切责任。因此,本案担保无效的责任应完全由宏业公司和新业公司承担。由此而造成的法律后果按照《最高人民法院关于适用〈中华人民共和国担保法〉若干问题的解释》第7条“主合同有效,债权人无过错的,担保人与债务人对主合同债权人的经济损失,承担连带赔偿责任……”的规定,宏业公司、新业公司应对本案债务承担连带赔偿责任。

二审最高人民法院认为,本案为担保合同纠纷,所涉担保系内地的公司作为担保人,为香港公司的外币借款进行担保,该担保属于对外担保。当事人虽然在担保契约中约定适用香港特别行政区法律,但由于香港特别行政区与内地分属于不同的法域,根据《最高人民法院关于贯彻执行〈中华人民共和国民法通则〉若干问题的意见》第194条规定所确立的原则,涉外合同当事人选择法律适用时,不得规避我国强制性或者禁止性法律规范。我国内地对对外担保有强制性的规定,本案担保契约如果适用香港特别行政区法律,显然规避了上述强制性规定,故本案当事人关于担保契约适用香港特别行政区法律的约定不发生法律效力,本案纠纷应适用我国内地的法律作为准据法。宏业公司和新业公司是为香港公司向香港银行的外币借款进行担保,该担保属于对外担保。根据我国内地关于对外担保的有关规定,此类担保应该到外汇管理部门办理有关批准登记手续。而本案宏业公司和新业公司出具的担保契约未办理上述手续,根据《最高人民法院关于适用〈中华人民共和国担保法〉若干问题的解释》第6条第1项的规定,该担保契约应认定无效。原审法院对本案担保契约效力的认定是正确的。但原审法院认定担保契约无效的责任完全由宏业公司和新业公司承担,属于划分责任不当。对于造成担保契约无效,债权人国华银行同样具有过错。国华银行作为债权人在接受担保时,有义务了解担保人宏业公司和新业公司是否具有出具此类担保的资格,出具此类担保是否需要由有关部门批准,担保人是否履行了批准手续,如果有关担保手续不完备,国华银行有义务督促担保人予以补正,从而取得一份完备有效的担保,使自己的权益得到更好的保障。但本案中在宏业公司和新业公司出具的担保未经有关外汇管理部门批准登记的情况下,国华银行未履行上述其应尽的义务而予以接受,因此对于本案所涉两份担保契约因缺乏法定审批登记手续而导致无效,宏业公司、新业公司及国华银行均存在过错。根据有关法律规定,宏业公司、新业公司只应当对主债务人不能清偿部分承担相应的赔偿责任。如果认定宏业公司和新业公司作出的承担一切责任的承诺有效,不仅违反上述规定,而且规避了我国关于外汇管理的有关规定,使债权人在对外担保契约因未经我国外汇管理部门批准登记而无效的情况下,却取得了同担保契约有效时相同的结果,因此应认定宏业公司和新业公司的上述承诺无效。

评析

本案为 2005 年第 7 期《最高人民法院公报》案例,在当时的司法背景下,独立保函因违反对外独立保函未经我国外汇管理部门批准登记而无效,规避我国内地关于外汇管理的相关规定,将导致保函无效。但是随着我国涉外经济的快速增长,国际收支交易规模的不断扩大,跨境担保行为也日趋多样化和复杂化,2014 年《跨境担保外汇管理规定》对跨境担保管理进行简政放权,规定对跨境担保合同的核准、登记或备案情况以及跨境管理规定明确的其他管理事项与管理要求,不构成跨境担保合同的生效要件。

拓展研究

(一)我国严进宽出的外汇政策

随着我国的外汇储备节节攀升,我国的外汇管制从“宽进严出”向“严进宽出”转变。2014 年 7 月国家外汇管理局颁布的《跨境担保外汇管理规定》(汇发〔2014〕29 号)是简政放权式的跨境担保管理方式改革,取消或大幅缩小跨境担保的数量控制范围和登记范围,只将“担保履约后新增居民对非居民负债或债权的部分跨境担保”纳入逐笔登记范围。同时，清理整合法规，废止了12项跨境担保相关规范性文件。关于内保外贷业务，取消了内保外贷业务数量的控制，取消境内机构融资性和非融资性内保外贷的事前审批或指标核定，并取消所有形式的数量控制，以事后登记管理代替额度管理、事前审批；除个别适用于所有机构的一般性限制条款外（如担保资金用途限制），取消针对特定主体（担保人、被担保人资产负债比例或关联关系要求）或特定交易（如非融资性担保）的资格条件限制；银行可自行办理对外担保履约，非银行金融机构和企业凭担保登记凭证直接到银行办理履约；担保履约后形成对外债权的，应按相关要求办理对外债权登记。①

（二）关注跨境担保中的外汇风险

由于独立保函较多涉及跨境担保，且在跨境担保过程中一般采用外币，汇率风险不容忽视。从被担保人的角度来说，合同项目的外币计价属性始终潜藏着汇率波动的风险。一旦汇率朝不利于被担保人的方向波动，被担保人就将蒙受损失，甚至被迫放弃合同。而这必然会触发担保履约，影响银行的资金安全。从银行的角度看，申请人的反担保币别与保函担保币别、赔付币别的不一致，都会将银行与被担保人置于汇率风险之中。为了最大限度地降低汇率风险，企业应尽可能地在国际合同中采用对自身有利或汇率稳定的货币计价；或者在对外合同与保函中加入汇率保护性条款，一旦汇率产生大的波动，企业可从外方获得部分补偿。因此，保函申请人和担保银行在开展业务前对外汇管制等可能影响项目运行的不利因素均予以充分考虑。

① 《跨境担保外汇管理规定》第9条规定，担保人签订内保外贷合同后，应按以下规定办理内保外贷登记。担保人为银行的，由担保人通过数据接口程序或其他方式向外汇局报送内保外贷业务相关数据。担保人为非银行金融机构或企业（以下简称非银行机构）的，应在签订担保合同后15个工作日内到所在地外汇局办理内保外贷签约登记手续。担保合同主要条款发生变更的，应当办理内保外贷签约变更登记手续。外汇局按照真实、合规原则对非银行机构担保人的登记申请进行程序性审核并办理登记手续。

第七章

独立保函中的相关日期

独立保函开立后,受益人的权益得到较好的保障,但保障的期间起算点从何时起算?保障的期间如何计算?是否如诉讼期间一样适用中止和中断?如果问题的答案,涉及独立保函的制度设计。如果保障期限很长、很宽泛,则有利于独立保函的受益人,但是对保函申请人或开立人来说这种不确定的保函将使他们所面临的风险更大。相反,如若对保函的期限予以特定化(设定一个特定的日期、期间或将事件作为保函终止的信号),则可以有效地将这种或然性责任控制在一定的范围内。本部分对独立保函相关的关键日期进行讨论。

一、同时载明开立生效和附条件生效的争议

诉讼争点

独立保函由于其独特的制度设计,在使用中存在一定的风险,可能会被滥用。为此,许多独立保函为控制风险,需要

特别设定生效与失效的条件，这也是控制风险敞口与加强内部管理的措施之一。

保函生效之后，受益人即可提出索赔。对于生效条件，URDG 758 在第 4 条开立和生效中规定："a. 保函一旦脱离担保人的控制即为开立。b. 保函一旦开立即不可撤销，即使保函中并未声明其不可撤销。c. 受益人有权自保函开立之日或保函约定的开立之后的其他日期或事件之日起提交索赔。"与此类似，《独立保函司法解释》第 4 条第 2 款规定，独立保函一经开立即生效，但独立保函载明生效日期或事件的除外。

在司法实践中，对生效条件存在一定的争议。比如，对于生效日期存在两种不同的观点，第一种观点认为，独立保函的生效日期为开立之日，开立即生效；第二种观点则认为，开立并不代表着生效，独立保函可以另外附条件生效，因此需要根据独立保函的用语与实际交易情况判断独立保函是否生效。

裁判指引

司法实务中笔者认为应采纳第二种观点。

实践中，对于独立保函的生效日期首先得看约定，有约定的按照约定，未约定的应结合基础交易以及交易惯例判断保函的生效条件。

相关规定

《独立保函司法解释》

第四条　独立保函的开立时间为开立人发出独立保函的时间。

独立保函一经开立即生效，但独立保函载明生效日期或事件的除外。

独立保函未载明可撤销，当事人主张独立保函开立后不可撤销的，人民法院应予支持。

URDG 758

第 4 条　开立和生效

a. 保函一旦脱离担保人的控制即为开立。

b. 保函一旦开立即不可撤销，即使保函中并未声明其不可撤销。

c. 受益人有权自保函开立之日或保函约定的开立之后的其他日期或事件之日起提交索赔。

典型案例

北京皕格林进出口有限公司与荷兰合作银行有限公司上海分行、第三人美利华股份有限公司（MINERVAS. A. Co. ,Ltd. ）独立保函纠纷案

一审：上海市第一中级人民法院（2015）沪一中民六（商）初字第 S413 号

二审：上海市高级人民法院（2017）沪民终 222 号

案情介绍

2014 年 9 月 19 日，北京皕格林进出口有限公司（买方，以下简称皕格林公司）与美利华股份有限公司（卖方，以下简称美利华公司）签订一份 BGL1501N 号销售合同，约定皕格林公司向美利华公司购买 7300 头 PTE 荷斯坦—弗里生小母牛，每头 2600 美元，共计 18, 980, 000 美元。销售合同第 2. b 条规定，销售合同项下小母牛的预计装运日期为 2015 年 1 月 15 日左右，第 2. d 条规定，小母牛的预计抵达日期为 2015 年 2 月 15 日左右。销售合同第 5. a 条约定，美利华公司应根据合同价款的 18% 开立一份预付款保函，并以皕格林公司为受益人，以保证于 2014 年 11 月交付货物；皕格林公司应在收到美利华公司提供的银行保函确认后 7 个工作日内，向美利华公司缴纳合同价款的 18% 作为保证金。

在此之前，截至 2014 年 9 月 19 日，皕格林公司与美利华公司之间共签订了 4 份销售合同，其中第二份合同签订于 2014 年 1 月 9 日，编号为 BGL1408N。该份合同项下，荷兰合作银行有限公司上海分行（以下简称荷银上海分行）曾于 2014 年 3 月 18 日向皕格林公司开具编号为 PG14/00005BRA 的预付款保函，并分别于 2014 年 4 月 16 日及 2014 年 5 月 6 日通知皕格林公司对保函进行了修改。修改后的保函金额为 3, 061, 800 美元，并载明，当荷银上海分行收到伊塔乌 BBA 股份银行（Banco Itau BBA S. A. ）拿骚（Nassau）分行的 SWIFT 报

文，其中指明其在渣打银行纽约分行的账户中已收到3,061,800美元，并以伊塔乌BBA股份银行拿骚分行为收款银行，进一步记入美利华公司为贷方时，保函生效。皕格林公司依据该保函，分别于2014年5月29日和2014年8月6日两次共计向美利华公司开户银行伊塔乌BBA股份银行拿骚分行的代理行渣打银行纽约分行汇款3,061,800美元。2014年5月5日，皕格林公司与美利华公司签订了第三份编号为BGL1411N的销售合同，并分别于2014年5月18日和2014年7月22日签订了编号分别为BGL1411N－1和BGL1411N－2的补充合同。2014年8月4日，荷银上海分行在该第三份销售合同及其补充合同项下，向皕格林公司开具了编号为PG14/00007BRA的预付款保函。该保函载明，荷银上海分行在收到巴西圣保罗拉博国际银行巴西股份公司（Banco Rabo bank International Brasil S. A.）的SWIFT报文，其中指明摩根大通银行纽约分行（SWIFT码：CHASUS33，ABA：021000021，账号400－758911）的账户中已收到3,390,120美元，并以拉博国际银行巴西股份公司为收款银行，进一步记入美利华公司为贷方时，保函生效。2014年9月3日，皕格林公司向美利华公司发送电子邮件询问第三份保函项下的付款路径是否与第二份保函相同。美利华公司于2014年9月4日回函称第二份和第三份保函项下的付款路径相同。同日，皕格林公司向美利华公司开户银行伊塔乌BBA股份银行拿骚分行的代理行渣打银行纽约分行汇款3,390,120美元。美利华公司和荷银上海分行未在皕格林公司汇款后提出异议。

2014年12月15日，根据美利华公司的申请，荷银上海分行向皕格林公司开具了以皕格林公司为受益人的涉案保函。保函中载明，荷银上海分行获悉皕格林公司与美利华公司已经于2014年9月19日签订一项编号为BGL1501N的销售合同，应美利华公司请求，荷银上海分行同意就合同项下美利华公司的履约义务，以皕格林公司为受益人开立该预付款保函；荷银上海分行不可撤销地承诺，在保函有效期内，荷银上海分行自收到皕格林公司第一份指明以下信息的书面索赔请求后，向皕格林公司支付不超过3,416,400美元的款项：（1）申请人（美利华公司）未能在2015年1月中旬前按照基础合同（销售合同编号：BGL1501N）履行将最少6570头PTE荷斯坦—弗里生小母牛由智利任何一个港口装运的义务;(2)本保函项下索赔的金额;(3)该金额表示短装牛数量乘以每头520美元所得到的金额;(4)短装牛数量应为6570头减去已装运牛数量;(5)提单副本,显示已装运牛数量,并注明装运日期;(6)本保函的参考编号;(7)付款方式。保函另约定,如果在2015年2月中旬前没有任何牛只从智利任何港口运抵,荷银上海分行应在收到皕格林公司的第一份书面索赔请求,且请求中指明2015年2月中旬前没有任何牛只从智利任何港口运抵后,向皕格林公司全额支付3,416,400美元。保函中载明,保函受URDG 758约束;因保函所发生的任何争议应受银行住所地中华人民共和国主管法院的管辖。保函中另载明:当荷银上海分行收到巴西圣保罗拉博国际银行巴西股份公司的SWIFT报文,其中指明摩根大通银行纽约分行(SWIFT码:CHASUS33,ABA:021000021,账号400-758911)的账户中已收到3,416,400美元,并以拉博国际银行巴西股份公司(SWIFT码:RABOBRASP)为收款银行,进一步记入美利华公司为贷方时,保函生效;荷银上海分行在保函项下的义务不应因对基础合同作出任何修改和补充、皕格林公司为美利华公司提供履约时间延期或任何其他原因而予以增加或延长。在保函的后文中,保函又规定保函于开立日生效,并保持有效至2015年5月31日。

2015年1月16日,皕格林公司通过中国建设银行向美利华公司支付了销售合同项下的预付货款3,416,400美元,该款汇至美利华公司开户银行伊塔乌BBA股份银行拿骚分行的代理行渣打银行纽约分行。

2015年5月21日,皕格林公司向荷银上海分行提交索赔请求,称由于美利华公司截至2015年2月中旬没有任何牛只从智利任何港口运抵,请求荷银上海分行将3,416,400美元支付皕格林公司。荷银上海分行于2015年5月27日回函称,由于从巴西圣保罗拉博国际银行巴西股份公司处获悉,其从未收到3,416,400美元款项供进一步记入至美利华公司贷方项下,按照保函的条款和条件,保函的生效条件未得到满足,故驳回皕格林公司的索赔请求。皕格林公司于2015年5月28日向荷银上海分行提交了第二份索赔请求,称其已向美利华公司支付了保证金3,416,400美元,荷银上海分行未回复。皕格林公司因向荷银上海分行申请付款未果,遂向一审法院提起诉讼,要求支付保函项下的款项、利息及律师费等。

在诉讼过程中，当事人的争议焦点之一为涉案保函是开立生效还是附条件生效？皕格林公司据此认为保函为不附条件的开立生效保函，而荷银上海分行与美利华公司则辩称涉案保函为附条件生效的保函。皕格林公司认为，依据URDG 758 第 4 条 a 款的规定，保函一旦脱离担保人的控制即为开立；此外，URDG 758 对 URDG 458 进行了修改并删除了其中有关“生效”的规定，因此可认定 URDG 758 是认可保函开立生效的。

法院裁判

一审法院上海市第一中级人民法院认为，原《合同法》第 125 条[①]规定，当事人对合同条款的理解有争议的，应当按照合同所使用的词句、合同的有关条款、合同目的、交易习惯以及诚实信用原则，确定该条款的真实意思。据此规定，一审法院认为皕格林公司关于保函开立即生效的观点难以成立。(1)皕格林公司的论证与 URDG 758 的其他条款并不相符。若保函开立即生效，则受益人有权在保函开立后立即提出索赔请求。但 URDG 758 第 4 条 c 款规定，独立保函受益人有权在保函开立之日或保函约定的开立后其他日期或事件提起索赔。当事人据此有权在开立之日外约定其他的保函生效条件。URDG 758 附录的“可加入见索即付保函格式中的选择性条款”中载明，保函的生效要件包括保函申请人在担保人处所开立账户收到指定预付款项。显然，涉案保函中关于皕格林公司向指定路径支付预付款的约定符合 URDG 758 第 4. c 条及其附录中规定的情形。(2)与皕格林公司所述不同，URDG 758 相比于 URDG 458 并没有更加认可保函的开立生效。URDG 458 第 6 条规定，保函开立生效，除非其条款中明确规定其后某一日期生效，或其生效依据保函中规定的条件。该条款与 URDG 758 第 4 条 a 款和第 4 条 c 款的规定内容相一致。(3)保函开立生效的设定与预付款保函的开立目的和销售合同的约定并不相符。销售合同第 5(a)条约定，皕格林公司必须在收到预付款保函后及时支付合同价款的 18% 作为保证金，双方设

---

① 现为《民法典》第 142 条、第 466 条。

立预付款保函的目的在于违约时受损方能够按时收到款项以减少实际损失,因而预付款保函同时具有退款和罚款双重性质,对于合同双方而言都是一种保证。鉴于此,如果涉案保函是开立生效,只有利于皕格林公司而不利于美利华公司,不符合销售合同的约定。(4)由皕格林公司与美利华公司的交易历史可推定,皕格林公司对保函的生效条件并非毫不知情。对于皕格林公司与美利华公司签订的第二份销售合同,皕格林公司当庭声称,曾因荷银上海分行在该合同项下保函中提供的付款路径不能正常支付,皕格林公司要求美利华公司提供新的付款路径,美利华公司遂向荷银上海分行申请修改付款路径,故皕格林公司两次收到保函修改通知书,且都有针对"当银行收到××银行的 SWIFT 报文,其中指明……时,本保函生效"的修改。显然,皕格林公司并无理由不注意到该条款及其潜在的法律后果。综上,一审法院认为,结合对 URDG 758 的解释和对交易历史的理解,涉案保函为附条件生效的保函。判决后,皕格林公司不服提起上诉。

二审法院上海市高级人民法院就涉案独立保函是否附条件生效的问题,认为涉案独立保函载明,当荷银上海分行收到指明有关指定收款路径已收款等信息的 SWIFT 报文后保函生效,但后文中又记载了保函于开立日生效。据此,皕格林公司主张涉案独立保函开立生效,而荷银上海分行与美利华公司则主张涉案独立保函附生效条件。上海市高级人民法院认为,《合同法》第 125 条规定,当事人对合同条款的理解有争议的,应当按照合同所使用的词句、合同的有关条款、合同目的、交易习惯以及诚实信用原则确定该条款的真实意思,一审法院据此并结合对 URDG 758 以及历史交易的理解,认定涉案独立保函附生效条件,并无不当,法院予以确认。

评析

本案中,法院认为涉案独立保函作为国际贸易的组成环节,系当国际贸易合同落空时对卖方返还买方已支付预付款的担保,如将其识别为开立即生效,则将背离预付款支付流程及国际贸易实务的需要,亦将造成开立独立保函的目的落空。这一观点表明,当独立保函生效日期出现矛盾时,应结合基础交易惯例和合同目的判断生效条件。

中国建设银行股份有限公司上海闸北支行、中国建设银行股份有限公司上海市分行与上海美特幕墙有限公司、上海华联天脉涂镀钢板有限公司担保追偿权纠纷案

一审：上海市第二中级人民法院(2011)沪二中民六(商)初字第5号

二审：上海市高级人民法院(2011)沪高民五(商)终字第23号

案情介绍

2008年5月22日，中国建设银行股份有限公司上海闸北支行(以下简称建行闸北支行)与上海美特幕墙有限公司(以下简称美特幕墙公司)签订《出具保函协议》，其第1条约定：如协议约定的保函与实际出具的保函不一致，则以实际出具的保函为准。甲方(美特幕墙公司)不得以实际出具的保函与上述约定不一致而拒绝或迟延履行本合同项下的义务。第4条约定：若受益人向乙方(建行闸北支行)索赔，乙方有权独立判断索赔要求以及索赔金额是否符合保函的约定，乙方对外赔付，无须事先征得甲方同意，甲方承诺不提任何异议等内容。建行闸北支行与美特幕墙公司签订《最高额保证合同》，约定如果保证人未在建行闸北支行要求的期限内支付应付款项，应自逾期之日起至保证人向建行闸北支行支付全部应付款项之日止，根据迟延付款金额按每日万分之二点一向某行闸北支行支付违约金。

2008年5月22日，中国建设银行股份有限公司上海市分行(以下简称建行上海分行)根据美特幕墙公司的要求，开具了以马士礼格银行为受益人的、金额为8,898,998美元的反担保函。约定：(1)反担保函载明：建行上海分行谨以马士礼格银行为受益人设立不可撤销的反担保和赔偿金，承诺在收到马士礼格银行通过经鉴证的SWIFT电文提出的首次请求后，无论是否有任何一方提出任何异议，均向马士礼格银行支付不超过总额8,898,998美元的金额另加利息与杂费(如有)。(2)反担保函载明："本保函只有当被贵方收到的8,898,998美元预付款在本保函出具日期后45天内汇付并到达我行，并应经贵方传输给我行的经SWIFT鉴证的电文确认时方始有效。"(3)此后，反担保函的上述内容于

2008 年 6 月 27 日、7 月 9 日、7 月 16 日历经修改，最终修改为“……本保函出具日期后 79 天内汇付并到达我行……”，其他条款保持不变。

庭审中，当事人一致确认：(1) 反担保函出具日期后的 79 天是 2008 年 8 月 9 日；(2) 马士礼格银行预付款保函项下款项 8, 898, 953 美元汇到某行上海支行的日期为 2008 年 8 月 13 日；(3) 公司于次日收到该笔款项后直至 2010 年之前，未对预付款逾期到账提出异议。

2010 年 2 月 11 日，马士礼格银行通过 SWIFT 电文向建行上海分行发出索赔函，称：“我们已经收到受益人的有效索偿，要求根据我行预付款保函支付 8, 898, 998 美元。既然它们已经按照保函条款提交了索赔书，请经由美国纽约州纽约市联邦储备银行向马士礼格银行纽约分行电汇 8, 899, 564 美元 (其中 8, 898, 998 美元为保函索偿金额、466 美元为未付佣金、另加我行电传费 100 美元)。”该索赔函引用了建行上海分行反担保函的编号，但未引用出具日期。2010 年 2 月 21 日、23 日，马士礼格银行又连续向建行上海分行发出相同内容的索赔函。2010 年 2 月 20 日，美特幕墙公司委托律师致函建行闸北支行称：反担保函并不生效，一旦反担保函受益人申请索赔，应当拒绝支付。2010 年 2 月 22 日，建行闸北支行回函美特幕墙公司称：“鉴于反担保函属于见索即付保函，建行有权独立判断索赔要求，故请美特幕墙公司在 2 月 24 日之前准备足额资金，以便对外赔付。”2010 年 2 月 23 日，美特幕墙公司以基础合同项下涉嫌保函欺诈等为由，向法院申请中止支付反担保函，法院作出 (2010) 沪二中民六 (商) 初字第 14 号民事裁定中止支付。后美特幕墙公司向法院提起诉讼，请求终止支付反担保函项下的款项。2010 年 4 月 12 日，美特幕墙公司申请撤诉获准。2011 年 3 月 3 日，法院作出裁定，认为建行上海分行应履行反担保函的对外付款义务，解除了反担保函款项的止付。2011 年 3 月 22 日，建行上海分行向马士礼格银行支付反担保函项下资金 8, 898, 998 美元。此后，马士礼格银行向建行上海分行主张利息及法律费用。同年 6 月 2 日，建行上海分行向马士礼格银行支付了上述利息和费用。随后，建行上海分行、建行闸北支行向美特幕墙公司以及其保证人华联天脉公司追索上述独立保函项下已经对外支付的费用，美特幕墙公司坚持认为反担保函尚未生效，不应对外支付。各方遂发生诉讼。

法院裁判

反担保函的生效日期是本案的争议焦点。

一审法院认为：反担保函与《出具保函协议》互为联系但各自独立，约束不同的当事人。反担保函的当事人有担保人建行上海分行和受益人马士礼格银行。虽然反担保函在客观上体现了基础合同当事人的意思表示，但是在法律上只能是根据担保人与受益人的意思表示来确定。本案事实表明，外方预付款有迟延支付至境内的情况，该事实确与反担保函约定的生效条件不符。但作为反担保函的当事人，建行上海分行并未就此提出异议，美特幕墙公司既未拒绝收款或退款，也未提出异议。直至马士礼格银行提出索赔后，美特幕墙公司才提及反担保函未生效之事，期间已长达一年半之久。根据美特幕墙公司的履行行为，可推定预付款到账迟延并未造成实质影响。反担保函的生效与履行，应只取决于反担保函当事人的意志，除非有国家强制力干预。本案中，建行上海分行与马士礼格银行对反担保函已生效并应予履行的态度并无二致，这完全可从双方往来电文中得到印证。美特幕墙公司答辩中提及 URDG 458 对保函生效问题的相关规定，认为只要约定了生效条件，除非以书面形式修改，否则该保函不生效。一审法院认为，上述规则属于国际惯例，并非强制性规定。如果保函双方当事人以其他方式一致认可且没有任何争议，该保函的相应修改同样应得到确认。因此，美特幕墙公司辩称反担保函从未生效的观点难以成立。

二审法院认为：《出具保函协议》系当事人双方的真实意思表示，合法有效，各方当事人应恪守。建行上海支行依约出具反担保函，根据见索即付独立保函的独立性原则，该反担保函既独立于基础交易，也独立于《出具保函协议》，并构成建行上海支行和受益人马士礼格银行之间的第一性承诺。保函就法律性质而言属于合同，合同关系的设立、变更及终止应当取决于合同当事人的意志。系争保函的当事人为建行上海支行及马士礼格银行，因此对于系争保函是否生效应当由合同当事人建行上海支行与马士礼格银行进行判断，而二者对此并无异议。建行闸北支行与美特幕墙公司签订的《出具保函协议》第 4 条明确约定：银行对于系争保函具有独立判断权，银行对外赔付，无须事先征得美特幕墙公司同意，美特幕墙公司承诺不提任何异议。因此,美特幕墙公司上诉称反担保函从未生效的观点无法成立。

评析

本案争议是确定反担保函的开立银行是否有权向申请人追偿已支付的反担保函项下的款项。反担保函申请人明知预付款迟延到账,不符合原先约定的反担保函生效条件,仍然接受了预付款,在长达一年多的时间里未提出异议,视为同意反担保函已生效。反担保函开立银行和申请人之间的权利义务关系由双方签订的《出具保函协议》确定,双方在《出具保函协议》中明确约定:银行对反担保函具有独立判断权,对外赔付无须事先征得申请人同意,申请人承诺不提任何异议。因此,银行有权依据《出具保函协议》向申请人追偿。另外,迟延4天到账也未给申请人造成实质性的负面影响。反担保函双方均认为反担保函已生效,实际上用行为改变了反担保函原先规定的生效条件,反担保函因而生效。

拓展研究

(一)独立保函的先决条件(conditions precedent)

独立保函的生效日期可以分为开立即生效和附条件生效(条件成就时保函生效,也有学者将其称为先决条件 conditions precedent),首先此两者并不冲突。开立生效,顾名思义即为保函一旦开立即发生法律约束力。附条件生效为在该条件未满足前保函不生效。保函的先决条件在保函中的地位十分重要,在条件不满足时保函开立人有权于条件成就前不予支付。[①] 一般很少出现基础合同未签订而保函已开立的情形。实践中,基础合同的签订并不当然成为保函生效的前提条件,往往会在履约保函(performance guarantee)条款中加入类似如下的条

① 实践中有人认为,约定先决条件的保函似乎遵循《民法典》中的意思自治原则,而这一约定排除了保函自开立时生效的惯例,上述案例1就是该观点的支撑。参见肖正章:《如何正确把握保函的生效时点?》,载腾讯网,https://new.qq.com/omn/20211106/20211106A013ZQ00.html。

款作为保函生效的先决条款："除非主合同已经签订，否则保函不发生效力(This guarantee does not become operative unless and until the... contract has been conclude)。"[①]这也是独立保函兴起时的最初表现形式。

对于此类先决条件的处理，受益人、债务人有不同的看法，有学者提出这一问题有两种解决方式：一种是在主债务人提供的反担保函中强调指出银行对于主合同是否成立的判断所承担的义务只限于依照合理的注意义务进行审查，或者在银行与主债务人的关系方面免除银行的审查义务；另一种较好的解决办法是规定通过提交先决条件成就的某种证明，最合适的也是最常用的单据就是主债务人提交一份先决条件已经成就的声明(statement)。对于受益人来说，在此种情形下确实存在一种风险，即虽然先决条件已经成就但是主债务人却拒绝提交声明，受益人的付款请求权就无法得到开立人的认同。不过，通常情况下此种风险较小，因为主债务人拒绝提交声明会使他丧失主合同项下的利益，因为此时主合同也未能生效。[②]

(二)预付款保函中条件的单据化

预付款保函一般随附生效条件，如约定申请人在担保行处所开立的账户上收到受益人支付的预付款后保函生效。但是在实务操作中，受益人往往并未严格执行该生效条件而导致丧失合理索赔权，遭担保行拒付的情形不占少数。预付款保函中往往会约定："This advance payment guarantee shall become effective after you have remitted the above mentioned guarantee amount in full into, and such amount is actually received in the supplier's account held with us of number ××××stating this guarantee no."(中文："本预付款保函应在贵方将上述保函金额全额汇入且该金额实际收到供应商在我方开立的编号为××××的账户后生效，并注明本保函编号。")故在实务中，建议受益人拿到保函文本后应查看是否附带生效条件。

① 周辉斌：《银行保函与备用信用证法律实务》，中信出版社2003年版，第190页、第191页。
② 同上。

条件的单据化是独立保函独立性的重要体现,适用 URDG 758 的独立保函,在约定保函的生效条件时,需特别注意条件的“单据化”,也即需规定表明满足该生效条件要求的单据。URDG 758 第 7 条对“非单据条件”规定:“除日期条件之外,保函中不应约定一项条件,却未规定表明满足该条件要求的单据。如果保函中未指明这样的单据,并且根据担保人自身记录或者保函中指明的指数也无法确定该条件是否满足,则担保人将视该条件未予要求可不予置理。”该条款通过对单据的要求体现了保函的独立性特征,以便担保人除进行单据审查外,不必涉及对相关具体事实的审查。因此,双方在保函中约定生效条件的同时,应规定表明满足该生效条件要求的单据。如果保函适用 URDG 758,同时约定以“收到预付款”作为生效条件,但并未规定将哪些单据(此类单据可以是约定接收预付款的银行账户及货币信息,也可以是进账证明或转账证明等)作为“收到预付款”的证明,而且根据担保人的自身记录也无法确定是否收到预付款(如实际接收预付款的账户是国外银行账户,作为担保人的国内银行无法根据自身记录确定国外银行账户是否收到预付款),则受益人有权不予置理,保函一经开立即生效。①

二、独立保函有效期认定的问题

诉讼争点

《独立保函司法解释》第 11 条与 URDG 758 对独立保函权利义务的终止侧重点并不相同,前者强调的是权利和义务的产生和灭失,而后者强调的是交单行为,但实质是相同的,即都表明:担保行在有效期内需承担对相符索赔的赔付责任;受益人在有效期内可由于申请人的违约而提交索赔并获得偿付;申请人需偿

---

① 参见侯超:《独立保函实务 15 问 15 答(上)》,载腾讯网,https://xw. qq. com/cmsid/20220118A015YT00;张勇健、沈红雨:《最高人民法院〈关于审理独立保函纠纷案件若干问题的规定〉的理解和适用》,载《人民司法(应用)》2017 年第 1 期。

还担保行在此期间赔付的相符索赔。因此，明确保函有效期对保函各方当事人非常重要。

通常保函主要采取以下两种方式规定有效期：

一是以一个明确的日历日作为保函到期日（expiry date）。在此种情况下，保函有效期一般与基础交易中约定的合同履行期间相对应。如投标保函，其有效期常持续至投标到期日后28天。以确切日期定义保函失效日，最不容易就保函的终止引发不必要的纠纷，各方责任的起止都是清楚确定的。

二是以某一失效事件（expiry event）的发生表示保函失效。URDG 758中对失效事件的定义是："保函中规定的导致保函到期的某一事件，无论是立即还是在事件发生之后的特定时间内到期。"例如，质量保函中以受益人向担保行提交"最终验收证明"（final acceptance certificate）作为保函失效事件；付款保函在受益人收到申请人支付的合同项下的款项后保函失效。①

裁判指引

司法实践中鲜有未约定有效期的独立保函，对保函有效期的确定首先应依据当事人的约定，当约定的失效条件或者日期出现时，独立保函对当事人的约束效力终止；如果二者都有，那么一般是指较早的一个。同时，在履行过程中，双方可以通过"延期条款"来延长对受益人的保障和对申请人、付款人的约束。保函当事人未对有效期做出约定时，可以依情况参照URDG 758"保函应自开立之日起3年之后终止，反担保函应自保函终止后30个日历日之后终止"。

相关规定

《独立保函司法解释》

第十一条　独立保函具有下列情形之一，当事人主张独立保函权利义务终止的，人民法院应予支持：

（一）独立保函载明的到期日或到期事件届至，受益人未提交符合独立保函

① 参见李霄、范璐：《银行独立保函有效期风险分析》，载《中国市场》2020年第4期。

要求的单据;

(二)独立保函项下的应付款项已经全部支付;

(三)独立保函的金额已减额至零;

(四)开立人收到受益人出具的免除独立保函项下付款义务的文件;

(五)法律规定或者当事人约定终止的其他情形。

独立保函具有前款权利义务终止的情形,受益人以其持有独立保函文本为由主张享有付款请求权的,人民法院不予支持。

URDG 758

第 25 条　减额与终止

a. 保函的可付金额应根据下列情况而相应减少:

i. 保函项下已经支付的金额,

ii. 根据第 13 条所减少的金额,或者

iii. 受益人签署的部分解除保函责任的文件所表明的金额。

b. 无论保函文件是否退还担保人,在下列情况下保函均应终止:

i. 保函失效,

ii. 保函项下已没有可付金额,或者

iii. 受益人签署的解除保函责任的文件提交给担保人。

c. 如果保函或反担保函既没有规定失效日,也没有规定失效事件,则保函应自开立之日起 3 年之后终止,反担保函应自保函终止后 30 个日历日之后终止。

d. 如果保函的失效日不是索赔提交地点的营业日,则失效日将顺延到该地点的下一个营业日。

e. 如果担保人知悉保函由于上述(b)款规定的任一原因而终止,则除非因失效日届至,担保人应将该情况毫不延迟地通知指示方,或者适用情况下的反担保人,在后一种情况下,反担保人也应将该情况毫不延迟地通知指示方。

典型案例

刘某某与长沙银行股份有限公司东风路支行、第三人张某、湖南友邦汽车贸易有限公司独立保函纠纷案

一审：湖南省长沙市开福区人民法院(2017)湘0105民初247号

二审：湖南省长沙市中级人民法院(2017)湘01民终5367号

案情介绍

2015年12月31日，第三人湖南友邦汽车贸易有限公司(以下简称友邦汽车公司)与刘某某签订《履约协议》，协议约定由刘某某将友邦汽车公司名下的房产装修工程恢复施工，并于2015年春节前施工完毕，刘某某履约后，友邦汽车公司向刘某某支付款项60万元，并约定友邦汽车公司向长沙银行申请开具《履约保函》。2016年1月4日，长沙银行股份有限公司东风路支行(以下简称长沙银行)向刘某某开具《履约保函》，其上载明：鉴于友邦汽车公司(被担保人)于2015年12月31日签订的履约协议合同，长沙银行向受益人(即刘某某，下同)开立上述合同书下的履约保函，保函最高担保金额为60万元，如被担保人未按上述合同履行合同义务，长沙银行在保函有效期内收到了受益人提交本保函正本、受益人身份证明、受益人出具的书面索赔通知书，受益人刘某某声明被担保人未按上述合同约定履行合同义务，要求长沙银行支付索赔款项(写明币种、金额)。长沙银行保留以下权利：保函合同标的、数量、履行期限和违约责任等所有条款的修改，必须取得长沙银行书面同意，否则，长沙银行不承担本保函担保责任。保函有效期为2016年1月4日起至2月28日止。协议签订后，刘某某委托申某某办理索赔事宜，申某某于2016年2月26日至长沙银行处送达索赔通知书，因办理该保函相关业务的长沙银行工作人员钟某身处外地，故申某某于2016年2月29日，再次至长沙银行处送达索赔通知书。后索要无果受益人刘某某起诉至法院要求长沙银行承担履约担保责任，支付相应的款项及违约金。

法院裁判

一审法院认为,本案所涉《履约保函》性质属担保,根据原《担保法》第5条[①]规定,担保合同为主合同的从合同,主合同无效,担保合同无效。(1)关于本案所涉主合同效力问题。本案所涉《履约协议》系刘某某与友邦汽车公司双方自愿签订,系双方真实意思表示,合同内容未违反相应法律规定,故对于该合同效力,该院予以认可。对于张某及友邦汽车公司所提出的因合同所涉工程未动工,该合同无效之主张,因其未向该院提交充分证据以证明该主张,故该院不予采信。(2)关于长沙银行是否应当依据《履约保函》承担履约担保责任的问题。根据该履约保函所载,保函有效期为2016年1月4日起至2月28日止,故刘某某应当于2016年2月28日前持保函所需材料至长沙银行处主张权利。刘某某委托申某某办理索赔事宜,2016年2月26日,申某某持相应材料至长沙银行处索赔,并与长沙银行处工作人员钟某进行联系,其未能将索赔相应材料送达长沙银行处之原因系办理该事宜的相关工作人员钟某表示其身处外地,并未能向申某某提示其他切实可行之办理方案,亦未能尽保函到期之提示说明义务,故该院认为,刘某某已于2016年2月26日向长沙银行主张权利。现友邦汽车公司未履行《履约协议》中所载义务,刘某某亦于保证期间内携《履约保函》中所载材料至长沙银行处主张权利,故长沙银行应当根据《履约保函》之约定承担相应的保证责任。故对于刘某某所提出的长沙银行承担履约担保责任,并自2016年3月4日至60万元全部清偿之日按年利率6%支付逾期付款违约金之诉求,该院予以认可。

二审法院认为,本案的其中两个争议焦点为:一是关于涉案的《履约保函》的性质及本案的案由的认定问题。从涉案的《履约保函》的内容来看,系长沙银行开立,向受益人刘某某出具的,同意在受益人刘某某请求付款并提交符合保函要求的单据时,在保函最高金额内付款的承诺。《履约保函》中虽记载了对应的基础交易即刘某某与友邦汽车公司于2015年12月31日签订的《履约协议》,但

---

① 现为《民法典》第388条。

根据《独立保函司法解释》第3条第2款的规定，“当事人以独立保函记载了对应的基础交易为由，主张该保函性质为一般保证或连带保证的，人民法院不予支持”，刘某某以此为由辩称《履约保函》不属于独立保函不能成立。长沙银行在该保函中虽声明保函合同的所有条款的修改需经其书面同意否则其不承担担保责任，但从该保函的主要内容以及长沙银行与申请人友邦汽车公司之间的《开立保函协议》约定的“长沙银行只对受益人提供索赔文件做单据式的形式审查，经审查后见索即付”等内容来看，不能因此而否认开立人长沙银行的付款义务独立于基础交易关系及保函申请法律关系，其仅承担相符交单的付款责任。故，涉案的《履约保函》属于独立保函。《独立保函司法解释》第2条规定，“本规定所称的独立保函纠纷，是指在独立保函的开立、撤销、修改、转让、付款、追偿等环节产生的纠纷”，故本案系独立保函纠纷，一审法院认定本案为保证合同纠纷不妥，故予以纠正。二是刘某某是否在《履约保函》载明的有效期内向长沙银行提交了索赔文件主张权利。第一，刘某某委托的办理索赔事宜的代理人申某某在一审庭审中述称，2016年2月26日其电话联系长沙银行经办人钟某，钟某称在外地学习让其将索赔通知书于2月28日前送过来并将索赔通知书等送到支行去，其也很清楚2月27日、28日是周六、周日。一审法院以长沙银行的工作人员钟某未能向申某某提示其他切实可行之办理方案，亦未能尽保函到期之提示说明义务为由，认定刘某某已于2016年2月26日向长沙银行主张了权利显然不妥，予以纠正。第二，《履约保函》中载明的保函有效期虽为2016年1月4日起至2月28日止，但2016年2月28日为周日，根据《中华人民共和国民法通则》第154条第3款[①]之规定，“期间的最后一天是星期日或者其他法定休假日的，以休假日的次日为期间的最后一天”，保函的有效期依法顺延至2016年2月29日。2016年2月29日申某某将索赔通知书等保函要求的单据提交给了长沙银行，长沙银行以刘某某未按照《履约保函》的约定在保函的有效期内提供符合保函文本格式要求的索赔文件请求支付为由拒绝履行付款义务的理由不能成立，不予支持。综上，二审法院支持刘某某的诉讼请求。

---

① 现为《民法典》第203条，原文略有不同。

评析

从履约保函条款来看,如果受益人按照索赔条款的规定提交一份相符的索赔请求,则担保行应立即赔付该索赔请求。对受益人来说,其履行义务时需要满足三个条件:一是出具书面索赔请求;二是索赔请求声明申请人未按合同约定履行其义务;三是满足时限要求,即确保担保行能在2016年2月29日前(包括当日)收到该索赔请求。只要同时满足了这三个条件,即可视该索赔为相符索赔,受益人在索赔时恰当地履行了义务,对担保行具有约束力。

保函条款明确了其有效期的含义,界定了保函效力的持续时段,依据这项条款,保函有效期对受益人的约束便是,受益人必须在有效期内出具索赔请求,如果在到期日之后出具,则该索赔对担保行并无约束力。换言之,索赔请求在到期日之前作出与在到期日之后作出,其法律后果截然相反。

拓展研究

大多数独立保函都会对保函的有效期作出约定,鲜有未约定存续期(一般指没有到期日的保函,俗称"敞口保函")的独立保函。实践中对"敞口保函"的存续有多种观点。一种观点认为,未规定有效期的保函通常认为是无期限的保函,其能有效地保障受益人的权利,应予以支持和鼓励其存在;另一种观点认为,无期限保函的做法对开立人、申请人的风险过高,会影响二者正常业务的开展,应对该类保函予以禁止。在实践中,保函申请人、开立人均对没有规定有效期的保函持谨慎态度,因为他们面对的风险将是持续性的,除非有终止的情形,否则保函对受益人均一直有效。但是也有极少部分的保函未规定有效期,有学者将其归纳为以下两种:第一,以提交法院或仲裁机构裁决作为银行付款条件的保函,通常在签发时不会提及保函的有效期。这种保函通常规定付款请求必须在一段规定的时间内,如在主合同履行完毕之后6个月内提出,但付款请求提交至法院或仲裁机构裁决后才能支付。第二,以税务机关和享受财政补贴的政府机关为受益人的付款保函,以及担保银行为其客户提供持续授信能够得到归还并以银行为受益人的付款保函,通常都是没有规定有效期的保函。在后一种情况下，保函中均会用条款规定，允许开证行撤销该保函，只须发出撤销通知，并经过一段合理期限即可撤销。假如主债务人不能重新提供新的担保，债权人/受益人就可以不再继续提供原先已答应的授信额度。①

三、独立保函的有效期适用诉讼时效中断的问题

诉讼争点

对于独立保函的有效期是否适用诉讼时效中断的问题，存在不同观点。第一种观点认为，独立保函的有效期是权利除斥期间，不适用诉讼时效中断，亦不同于担保法规定的保证期间，不能适用保证期间的相关规定。第二种观点认为，《最高人民法院关于审理民事案件适用诉讼时效制度若干问题的规定》（2020 年修正）第 15 条第 2 款规定，对于连带债务人中的一人发生诉讼时效中断效力的事由，应当认定对其他连带债务人也发生诉讼时效中断的效力。基础合同与独立保函虽属于两个不同的法律关系，且独立保函不适用《民法典》关于一般保证或连带保证的规定，但实质上若发生主债务诉讼时效中断的事由，应当认定独立保函的有效期也发生中断。

裁判指引

司法实务中笔者认为应采纳第一种观点。独立保函的有效期是权利除斥期间，不适用诉讼时效中断的规定，亦不同于担保法规定的保证期间，不能适用保证期间的相关规定。

---

① 参见周辉斌：《银行保函与备用信用证法律实务》，中信出版社 2003 年版，第 196 页。

相关规定

《独立保函司法解释》

第三条　保函具有下列情形之一，当事人主张保函性质为独立保函的，人民法院应予支持，但保函未载明据以付款的单据和最高金额的除外：

（一）保函载明见索即付；

（二）保函载明适用国际商会《见索即付保函统一规则》等独立保函交易示范规则；

（三）根据保函文本内容，开立人的付款义务独立于基础交易关系及保函申请法律关系，其仅承担相符交单的付款责任。

当事人以独立保函记载了对应的基础交易为由，主张该保函性质为一般保证或连带保证的，人民法院不予支持。

当事人主张独立保函适用民法典关于一般保证或连带保证规定的，人民法院不予支持。

典型案例

安徽淮化股份有限公司与上海浦东发展银行股份有限公司张家港支行合同纠纷案

一审：江苏省张家港市人民法院（2019）苏0582民初1414号

二审：江苏省苏州市人民法院（2019）苏05民终4820号

案情介绍

2015年6月23日，安徽淮化股份有限公司（甲方，以下简称淮化公司）与江苏新中环保股份有限公司（乙方，以下简称新中环保公司）签订了一份采购安装合同，合同总金额730万元。该合同第5条约定：合同签订后，乙方向甲方提交占合同总额10%的履约保函，履约保函有效期为1年。

2015年7月23日，鉴于上述合同的签订，上海浦东发展银行股份有限公司张家港支行(以下简称浦发银行)向淮化公司发出履约保函1份,开立了以淮化公司为受益人、金额不超过73万元的不可撤销担保函。保证:在保函有效期内,在收到淮化公司要求支付的书面通知和所附的下述违约证明文件后,依本保函规定向淮化公司支付不超过担保金额的款项。合同将违约证明文件明确约定为:表明淮化公司与新中环保公司对赔偿金额达成一致意见的来往函件或其他文件;或合同规定的仲裁机构或司法机构出具的裁定或判决新中环保公司承担赔偿金额的法律文件。本保函自开立之日起生效,有效期截止日为2016年7月23日。到期后,无论是否将保函正本退回,本保函均自动失效。

2016年7月21日,淮化公司向浦发银行发出关于要求支付履约保证金的函,但未附违约证明文件。次日,浦发银行相关人员批复要求其进一步提供依据。

之后,新中环保公司被法院受理破产清算,因交涉未果,淮化公司于2018年5月提起仲裁,于2018年12月取得仲裁裁决书。至此,淮化公司取得了符合保函条件的违约证明文件,遂于2019年1月起诉要求浦发银行承担保函项下的保证责任。

法院裁判

江苏省张家港市人民法院经审理认为,案涉履约保函载明了开立人为浦发银行,受益人为淮化公司,浦发银行在淮化公司提交"要求支付的书面通知和所附的下述违约证明文件"后,即向淮化公司支付不超过担保金额的款项,浦发银行仅承担相符交单付款责任等相关内容。上述内容符合《独立保函司法解释》关于独立保函的认定规则,故案涉履约保函的性质为独立保函,应适用《独立保函司法解释》,而非担保法及司法解释规定。

本案中,案涉履约保函明确载明了"有效期""到期后,无论你方是否将保函正本退回我行,本保函均自动失效"的内容。淮化公司虽于履约保函载明的有效期内(2017年7月21日)向浦发银行发出了要求付款的函件,但其并未随函附上相应单据即违约证明文件,而是在有效期之后才提交相关违约证明文件。根据《独立保函司法解释》第11条第1款的规定,到期日届满,独立保函项下的权利义务已经终止,故浦发银行无须再履行保函项下的付款义务。

张家港市人民法院判决驳回淮化公司的诉讼请求。

淮化公司不服,上诉至江苏省苏州市中级人民法院。苏州市中级人民法院经审理认为,案涉履约保函明确约定,受益人要求支付履约保函约定的担保金额时应提交受益人与申请人对赔偿金额达成一致意见的来往函件或其他文件;或合同规定的仲裁机构或司法机构出具的裁定或判决申请人承担赔偿责任金额的法律文件。本案中,淮化公司作为受益人,虽于2016年7月21日保函到期前向浦发银行请求付款,但其提交的函件并未表明与申请人新中环保公司就赔偿金额达成一致,在浦发银行提示不符条件下亦未能及时提交符合履约保函要求的单据。据此,浦发银行拒绝支付履约保证金,具有事实和法律依据。另外,根据《独立保函司法解释》第3条的规定,当事人主张独立保函适用担保法关于一般保证或连带保证规定的,人民法院不予支持。淮化公司主张浦发银行拒绝支付履约保证金构成保函诉讼时效中断,缺乏法律依据,法院不予支持。苏州市中级人民法院遂判决驳回上诉,维持原判。

评析

本案以判决的方式明确了独立保函的有效期是权利的除斥期间,不适用诉讼时效中断的规则。并且,受益人提交相符单据时已过有效期,开立人无须再承担付款义务。当然,本案已提示了风险,对于这种约定了具体日期,但又要以第三方结果(裁判结果)作为单据条件的保函,受益人的风险比较大,因第三方形成结果的时间不可控,有可能超过保函的有效期。

拓展研究

独立保函源于国际贸易,国际贸易中广泛适用的URDG对到期日的定义为"担保书中规定的可以提交担保书的日期",第25条(b)款规定:"无论担保文件是否归还担保人,担保应在期满时终止"。我国国内法律中并无有效期的相关规定。《独立保函司法解释》第11条第1款第1项规定,独立保函载明的到期日或到期事件届至,受益人未提交符合独立保函要求的单据时,当事人主张权利义务终止的，法院应予支持。从这些规则、规定中不难发现，这里的到期日即为本案中独立保函有效期的概念，它是指合同载明的可以提交书面申请要求承担独立保函项下付款义务的期限，也即行使权利的期限。

独立保函有效期或称到期日的规定，一方面，是为了敦促受益人及时行使索赔权利；另一方面，也是为了及时界定申请人和开立人的权益。各大银行在为申请人开立独立保函时，往往要求申请人提供一定金额的保证金或存单质押等反担保，在有效期内将冻结该保证金或存单的使用。当有效期经过，开立申请人的保证金或存单即获得释放。因此，若在有效期经过后，仍允许受益人主张权利，那么开立人承担付款义务后显然或将承担无法向申请人追偿的风险。这既不符合银行开立人与申请人不存在基础交易合同利益相关性的特征，也违背了银行开立人基于风险可控等因素而作为独立担保人参与到国际贸易中的初衷。

在了解独立保函有效期的概念及内涵后，即可推知独立保函有效期系权利除斥期间。

首先，因独立保函有效期即为《独立保函司法解释》第 11 条第 1 款中的“到期日”，故对有效期性质的争议应以该法律条款为主要依据。该条款明确规定，到期日届满前（或称有效期内），受益人未能提交符合独立保函要求的相关单据的，独立保函项下的权利义务终止，即实体上的付款请求权已消灭，故该有效期为不变期间，不适用诉讼时效中断、中止、延长等规定。

其次，虽然独立保函的有效期与保证期间均为除斥期间，且独立保函和保证均具有担保性质，但独立保函的有效期并非担保法上的保证期间。保证期间是指当事人约定或法律规定的保证人承担保证责任的期间，自主债务履行期限届满之日起计算。而独立保函的有效期为提交单据的期间，与主债务履行与否无关，两者并不具有任何关联性，且根据《独立保函司法解释》第 3 条第 3 款的规定，法院认定为独立保函的，应排除适用民法典有关一般保证或连带保证的相关规定。①

---

① 参见狄丽娜、朱伟：《独立保函有效期届满实体权利消灭》，载《人民司法》2020 年第 2 期。

第八章

独立保函的付款请求权及单据审查

“索赔”是独立保函机制运作的核心，也是独立保函法律关系的关键问题。基于独立保函的“单据化”特征，受益人向开立人提交单据的同时享有付款请求权。相应地，开立人享有在一定期限内按照一定标准审查单据的权利。可以说独立保函的付款请求权与单据审查是“索赔”环节的“一体两面”，两者同时构建了独立保函的审单付款制度。

独立保函受益人行使付款请求权以交单义务的履行为前提。受益人提交的单据应当与基础保函的约定相符，同时提交单据行为本身必须要满足其所适用的国际公约、国际惯例或国内立法中有关单据提交的要求，URDG 758 第 14 条、《独立担保公约》第 15 条和《独立保函司法解释》第 11 条第 1 款均对此予以规定。其中，URDG 758 第 14 条的规定最为详细。根据该条规定，受益人应该在保函有效期内于保函开立地或保函中指明的其他地点，按照保函规定的形式向开立人提交完整的单据（除非明确表明此后将补充其他单据）；同时，受益人在每次交单时都应指明其所对应的保函，否则将导致审单日期自该事项明确之日起开始计算。此外，就交单的语言，除非保函另有约定，受益人及其代表出具的单据（包括任何索赔书及支持声明）所使用的语言都应与该保函的语言保持一致。《联合国独立保证与备用信用证公约》第 15 条第 2 款也明确规定了受益人提交单据的时间和地点，其内容与 URDG 758 第 14 条的相关规定保持一致。[①]《独立保函司法解释》第 11 条第 1 款从独立保函权利义务终止的角度对受益人行使付款请求权的要求作出了规定，其中包括交单时间的要求，单据与保函相符的要求等。受益人提交的单据种类依独立保函约定的付款条件的不同而不同，主要包括索款书或违约声明、第三方文件、法院判决或仲裁裁决等。

对于开立人来说，审查单据既是一项义务，也是一项权利。相对于指示人而言，开立人具有审查单据的义务，若开立人未审慎履行审查单据的义务，在受益人不符索赔时仍对其付款，则开立人将无权向指示人追偿。而相对于受益人而言，开立人具有审查单据的权利，即其有权在一定期限内，按照一定标准对受益人是否构成相符索赔进行审查，从而决定是付款还是拒付。其中，审单标准又是开立人审查单据的核心，审单标准的取舍既要考虑独立保函制度运行的安全性，又要保障独立保函功能的最大限度发挥。经历了镜像标准、实质相符标准、表面相符标准、严格相符标准等发展更替，严格相符标准为相关国际惯例和各国立法及司法实践所广泛接受。

一、保函审查单据标准是否为表面相符

诉讼争点

URDG 758 第 2 条定义中对“相符索赔”表述为满足“相符交单”要求的索赔。在“相符交单”的适用标准上，一直存在“表面相符”和“实质相符”的争议。然而数十年来的司法实践表明，无论是英美法系还是大陆法系，表面相符原则都

---

① 《联合国独立保证与备用信用证公约》第 15 条第 2 款规定：“除保函另有规定者外，付款请求和保函所要求的任何证明或其他文件应在付款请求得以提出的时限内提供，且应在保函签发地向保证人提供。”

占据了主导地位,即便在英国,也只有少数判例适用了实质相符原则。在我国司法实践中,就如何适用"表面相符"的审单原则,有如下不同观点:

第一种观点认为,所谓的"表面相符"即要求单据与保函条款之间、单据与单据之间完全相符,只有单据与独立保函保持完全一致,才能视为交单相符。该观点中的审单标准也被称为"镜像规则"标准。

第二种观点认为,"表面相符"应理解为"表面无歧义",即只要单据与保函之间、单据与单据之间不存在矛盾和歧义,就应视为相符交单。对于不足以产生矛盾和歧义的微小不符点,仍构成"表面相符",开立人即应承担独立保函项下的付款责任。该观点中的审单标准也被称为"严格相符"标准。

裁判指引

司法实务中笔者认为应采纳第二种观点。

《独立保函司法解释》第 6 条第 1 款规定:"受益人提交的单据与独立保函条款之间、单据与单据之间表面相符,受益人请求开立人依据独立保函承担付款责任的,人民法院应予支持。"根据该规定,我国立法采用的是"严格相符""表面相符"的标准。只要受益人提交的单据与独立保函条款、单据与单据之间在表面上相符,开立人就必须独立承担付款义务,开立人不得利用基础交易或开立申请关系对受益人行使抗辩。换言之,开立人只负责审查单据的表面真实性和相符性,而不论基础交易项下的债务是否未得到履行,均应承担付款义务。

需要特别指出的是,根据独立保函所规定的单据付款机制的不同,独立保函与基础交易的实质关联以及对受益人的制约程度是有强弱之分的。其中,单据条件仅为请求书的独立保函,与基础交易的关联性最低,对受益人的制约最少。单据条件为违约声明、第三方单据诸如建筑师或工程师出具的证书、竣工验收证明等的独立保函,与基础交易关联性居中,构成对受益人一定程度的制约。单据条件为法院判决或仲裁裁决的独立保函,与基础交易的关联性最强,对受益人的制约最大。

相关规定

《独立保函司法解释》

第六条　受益人提交的单据与独立保函条款之间、单据与单据之间表面相符，受益人请求开立人依据独立保函承担付款责任的，人民法院应予支持。

开立人以基础交易关系或独立保函申请关系对付款义务提出抗辩的，人民法院不予支持，但有本规定第十二条情形的除外。

第七条　人民法院在认定是否构成表面相符时，应当根据独立保函载明的审单标准进行审查；独立保函未载明的，可以参照适用国际商会确定的相关审单标准。

单据与独立保函条款之间、单据与单据之间表面上不完全一致，但并不导致相互之间产生歧义的，人民法院应当认定构成表面相符。

第八条　开立人有独立审查单据的权利与义务，有权自行决定单据与独立保函条款之间、单据与单据之间是否表面相符，并自行决定接受或拒绝接受不符点。

开立人已向受益人明确表示接受不符点，受益人请求开立人承担付款责任的，人民法院应予支持。

开立人拒绝接受不符点，受益人以保函申请人已接受不符点为由请求开立人承担付款责任的，人民法院不予支持。

第九条　开立人依据独立保函付款后向保函申请人追偿的，人民法院应予支持，但受益人提交的单据存在不符点的除外。

典型案例

厦门金宝大酒店与紫金财产保险股份有限公司厦门分公司保证保险合同纠纷案

一审：福建省厦门市思明区人民法院(2019)闽0203民初8001号

二审：福建省厦门市中级人民法院(2020)闽02民终2726号

案情介绍

2018年12月16日，厦门金宝大酒店（以下简称厦门金宝酒店）就厦门金宝酒店装修工程进行公开招标。招标代理机构为福建省建设工程咨询有限公司。投标保证金为40万元。投保人可以以现金、银行保函、工程担保公司出具的保函、保险公司出具的投标保证保险形式提交保证金。投标须知第18.3款约定，投标人存在投标须知第20.6款规定的雷同情形之一，其投标保证金不予退还。投标须知第20.6款规定，投标人的投标文件存在下列情形的，视为投标文件雷同：(1)不同投标人的电子投标文件上传的计算机网卡MAC地址、CPU序列号和硬盘序列号等硬件信息均相同的。(2)不同投标人的已标价工程量清单XML电子文档记录的计价软件加密锁序列号信息有一条及以上相同。(3)不同投标人的技术文件经电子投标交易平台查重分析，内容异常一致或者实质性相同的。

2019年1月14日，广西建工集团第二建筑工程有限责任公司(以下简称广西建工公司)参加厦门金宝酒店苯修工程施工的投标，并于2019年1月7日以厦门金宝酒店为被保险人，向紫金财产保险股份有限公司厦门分公司(以下简称紫金保险厦门分公司)投保投标保证保险。投标保证保险合同约定，紫金保险厦门分公司愿意无条件地、不可撤销地就投保人广西建工公司参加厦门金宝酒店装修工程项目投标向厦门金宝酒店提供保证保险。紫金保险厦门分公司承诺在收到福厦门金宝酒店书面通知，说明下列事实的任何一条时，保证在7日内无条件地给付厦门金宝酒店不超过40万元的款项：……投标人的投标文件存在投标须知第20.6款规定的雷同情形之一。同日，厦门金宝酒店装修工程项目从福建省综合评标专家库网络终端抽取评标专家组成评标委员会，对参加投标的1032家投保单位的投标文件进行评标。其中，评标报告中投标文件雷同情况显示，广西建工公司的投标文件在制作已标价工程量清单XML电子文档的软硬件信息中计价软件加密锁信息重复内容及制作已标价工程量清单XML电子文档的软硬件信息中计算机硬件信息重复内容两个项目与他人存在雷同。

2019年3月6日，厦门金宝酒店向紫金保险厦门分公司发出告知函，告知因广西建工公司的投标文件存在投标须知第20.6款规定的雷同情形之一，厦门金宝酒店已正式书面通知紫金保险厦门分公司在收到告知函的7日内向厦门金宝酒店支付人民币40万元。紫金保险厦门分公司未向厦门金宝酒店支付人民币40万元，故厦门金宝酒店诉至厦门市思明区人民法院，请求判令紫金保险厦门分公司向厦门金宝酒店支付人民币40万元。

法院裁判

厦门市思明区人民法院认为，案件的争议焦点主要有两个：一是投标保证保险在法律性质上是否属于独立保函；二是广西建工公司的投标文件是否存在雷同情形是否为本案的审查范围。

关于第一个焦点问题，依据《独立保函司法解释》第1条规定，"独立保函，是指银行或非银行金融机构作为开立人，以书面形式向受益人出具的，同意在受益人请求付款并提交符合保函要求的单据时，向其支付特定款项或在保函最高金额内付款的承诺"，本案中，被告紫金保险厦门分公司出具的投标保证保险已明确在收到被保险人书面通知，说明事实时，保证在7个工作日内无条件地给付被保险人不超过人民币40万元的款项。该保函已载明开立人紫金保险厦门分公司保证在7个工作日内无条件交付款项，对据以付款的单据明确仅为"说明事实"，亦明确了付款最高金额，故案涉保函符合独立保函的形式要件和见索即付的实质要件，依法应认定为独立保函。

关于第二个焦点问题，独立保函的单据性、独立性，是指独立保函应该遵守单据交易的原则，受益人仅需提交与保函约定相符的文件，即可要求保证人履行付款义务。独立保函制度的设立目的，在于保护受益人及时获得付款并避开卷入基础交易纠纷。《独立保函司法解释》第6条规定："受益人提交的单据与独立保函条款之间、单据与单据之间表面相符，受益人请求开立人依据独立保函承担付款责任的，人民法院应予支持。开立人以基础交易关系或独立保函申请关系对付款关系提出抗辩的，人民法院不予支持，但有本规定第十二条情形的除外。"金宝酒店依据告知函向紫金保险厦门分公司主张权利，告知函与独立保函中要求的单据"说明事实"相符。紫金保险厦门分公司抗辩金宝酒店的告知函未附上相关材料，导致紫金保险厦门分公司无法查证单据与独立保函之间是否存在"不符点"而无法履行保险责任，该抗辩理由与保函要求的付款单据要求不符，不予采纳。故广西建工公司的投标文件是否存在雷同标，并不属于法院审查的范围。

紫金保险厦门分公司同时抗辩认为，评标报告中的投标文件雷同情况没有专家的签字或盖章，无法认定是否存在雷同情况。金宝酒店为此提交了加盖厦门市公共资源交易中心公章的投标文件原件，以证明本案讼争投标文件存在雷同情况，福建省建设工程咨询有限公司作为讼争工程的招标代理机构，亦开具证明，证明该项目在厦门市建设工程电子招投标交易平台上接收的1032个投标人的电子投标文件中，只有广西建工公司和福建建弘园林景观工程有限公司的投标文件，符合投标须知第20.6款规定的“投标文件雷同”的情形。故对该证据的真实性予以认定。法院认为，虽然广西建工公司的投标文件是否存在雷同情况不是本案的审查范围，但是在案证据足以证明金宝酒店向紫金保险厦门分公司发出告知函有事实依据，已尽到了审慎义务。紫金保险厦门分公司未提交证据证明案涉保函存在《独立保函司法解释》第12条所载构成独立保函欺诈的情形，应承担举证不能的不利后果。故依法认定，紫金保险厦门分公司应按照履约保函的约定承担相应的付款责任。

需要指出的是，讼争工程的投标保证金为人民币40万元。投标保证金保函只是作为投标保证金的替代方式，如果广西建工公司不能提供保险公司出具的投标保证保险保函，就必须提供人民币40万元的现金或银行保函。对投标人来说，支付一定的保费获取保函，有利于减轻现金负担，盘活企业资金。对于招标人来说，正是基于对保函背后有保险公司的信誉背书，能够保障能够见索即付，起到与保证金相同的作用，才接受了紫金保险公司出具的投标保证保险保函。为维护投标秩序，保护招标人的合理信赖，约束投标人的行为，投标保证保险保单开立人理应见索即付。至于紫金保险厦门分公司抗辩的其收取保费仅有数千元，风险过高的问题，法院认为，对于出具保函的保险公司来说，开立独立保函属于商业行为，其出具保函可收取相应的保费，并非无偿行为，理应同时承担在发生保险事故时向受益人付款的风险。至于收取保费金额的多少，属于市场行为，理应基于风险和竞争设定。独立保函所规定的单据付款机制不同，独立保函与基础交易的实质关联以及对受益人的制约是有强弱之分的，本案中，单据的条件仅为“说明事实”，对受益人的制约最少。故保险公司在出具保函前应当开展尽职调查,合理评估风险,根据自身利益和风险衡量,设定费率和不同的付款单据机制。

最后,关于金宝酒店要求紫金保险厦门分公司付款人民币 40 万元,紫金保险厦门分公司认为金宝酒店未举证证明其损失为人民币 40 万元的抗辩主张。法院认为,保函约定付款的最高额为不超过人民币 40 万元,金宝酒店据此要求紫金保险厦门分公司支付人民币 40 万元并未超出保函承诺范围,并无不妥,无须证明其损失。

一审法院厦门市思明区人民法院作出(2019)闽 0203 民初 8001 号民事判决书,认为紫金保险厦门分公司应按独立保函的约定,向厦门金宝酒店履行付款义务,最终判决紫金保险厦门分公司应于判决生效之日起 10 日内向厦门金宝酒店支付人民币 40 万元。紫金保险厦门分公司不服一审判决提起上诉。

二审法院厦门市中级人民法院认为,各方当事人对一审法院认定的本案的投标保证保险在法律性质上属于独立保函、应适用独立保函的相关法律规定和司法解释均无异议。就紫金保险厦门分公司上诉主张的"提供的《告知函》仅载明存在应当付款的情形,而未就雷同情形附上相应证据,致使其无法审查不符点是否存在,其不应承担付款义务"的上诉意见。二审法院认为,紫金保险厦门分公司在本案中出具的保函中关于"索赔单据"的约定如下:"在收到被保险人书面通知,说明下列事实中的任何一条时……3. 投标人的投标文件存在投标须知第 20.6 款规定的雷同情形之一……"对照被上诉人金宝酒店于 2019 年 3 月 20 日向上诉人紫金保险厦门分公司发出的《告知函》,其中已说明其索赔事由为"投标人(即广西二建)的投标文件存在投标须知第 20.6 款规定的雷同情形之一",两者表面形式一致,并不存在不符点。上诉人紫金保险厦门分公司所称金宝酒店未就雷同情形提供相应证据,致使其无法审查不符点是否存在,因雷同情形的证据并非讼争独立保函约定的索赔单据,这一主张没有相应的事实依据。依据该独立保函的上述约定,投标人雷同情形是否存在的事实在性质上属于单据(本案中,即约定的"书面通知")项下的基础交易关系事实。依据《独立保函司法解释》第 6 条第 2 款的规定,除该规定第 12 条规定的情形外,独立保函开立人以基础交易关系提出抗辩的,人民法院不予支持。本案中,上诉人紫金保险厦门分公司并未就存在该规定第 12 条的情形提出主张或提供证据加以证明。上诉人紫金保险厦门分公司的这一上诉主张没有相应的事实和法律依据。

最终,福建省厦门市中级人民法院作出了维持原判的二审判决。

评析

本案是独立保函审单时"表面相符"认定标准的具体运用。本案中,法院认定紫金保险厦门分公司出具的投标保证保险系独立保函,该独立保函约定受益人厦门金宝酒店索赔时仅须提交"说明事实"的书面通知,据此,金宝酒店索赔时提交了内容为"广西建工公司的游标文件存在投标须知第 20.6 款规定的雷同情形之一"的告知函,告知函与独立保函中要求的单据"说明事实"相符,故受益人金宝酒店享有付款请求权,紫金保险厦门分公司应当按照履约保函的约定承担付款责任。本案明确了:第一,独立保函的审单标准应当根据独立保函相关约定确定;第二,受益人提交的单据与独立保函条款之间表面相符,即构成交单相符,开立人应当依据独立保函承担付款责任;第三,"表面相符"是一种形式审查标准,除了独立保函约定的单据,受益人无须另行提供其他佐证材料。

拓展研究

随着历史的发展,审单标准也产生了不同的要求:(1)镜像规则(mirror image rule),即要求审单人需像手持镜子一样审查信用证或保函项下单据与条款的描述是否完全一致、不差分毫,即便是很细微的偏差也不能被接受。(2)严格相符规则(strict compliance),又称功能相符规则,是指受益人请求担保行付款时,所提交的单据达到单证相符(从表面上看严格符合信用证或保函内容)并单单相符(单据之间亦应相互一致)即可满足付款条件。(3)实质相符规则(substantial compliance),该规则是法院为纠正镜像原则导致的诸多问题从而在衡平法中发展出新的理念,主张借助基础合同和专业知识对交单相符进行审查,只要在指向上不会产生实质性的不同即认定相符。(4)理性审单员规则(Reasonable document checker standard),该规则认为"一个合格的审单员,根据自身对相关术语的完整知识能够判断哪些是真正无关紧要的不符点;同时,他不对基础合同进行了解，也不考虑客户的意愿和支付能力，仅根据受益人交付的单据就能做出这种判断”。

综上，“镜像规则”由于其机械性而被修正；“严格相符”规则在某种意义上涵盖了理性审单员规则的精神实质，即审单员凭借自身的业务知识和常识对不符点进行识别；“严格相符”规则和“实质相符”规则的共同之处只在于：担保行可以接受一些模糊相符的单据，区别是前者根据自身的业务知识和常识进行判别，而后者要求审单员了解基础合同中的专业术语，“实质相符”的规则增加了业务操作的难度而且难免越过单据审查基础合同，违反了独立保函单据化独立性的根本特性。而“表面相符”原则下，开立人仅对单据与保函之间、单据与单据之间是否相符进行表面的审查，即这些单据表面上看起来是否相符，并不对开立人苛以进一步探究基础关系项下真实情况及单据来历及真伪的注意义务。只要受益人提供的单据符合“表面相符”的要求，独立保函的担保人即应付款。该原则兼顾了国际贸易中效率和安全的双重要求，对于独立保函制度的发展无疑具有积极的推动作用。

二、索赔函中受益人名称与保函所载不符时的争议

诉讼争点

受益人名称是独立保函中的最基本、最重要的信息。司法实践中，也会出现索赔函中受益人名称和独立保函中约定的受益人名称不完全一致的情形。索赔函中受益人名称与保函所载不符时，开立人是否能据此拒付的问题，有以下几种观点：

观点一，独立保函具有单据性的特征，受益人仅需提供与独立保函约定相符的文件，即可要求开立人履行付款义务。索赔函是一种常见的由受益人出具的单据，受益人名称系确定申请主体是否享有付款请求权的唯一标识。故索赔函中受益人名称与保函所载不符时，开立人当然能拒绝付款。

观点二,独立保函开立人应当根据独立保函合同载明的相关内容进行审单,包括单据的种类、内容及审单标准等。索赔函中受益人名称与保函所载不符是否构成拒付理由,应根据独立保函相关约定判断,若索赔函中受益人名称与保函所载虽不完全一致,但并不导致产生歧义,则可以认定构成表面相符,开立人不得拒付。

观点三,索赔函中受益人名称与保函所载不符时,法院应着重审查是否构成独立保函欺诈,若认定受益人提交的索赔函系伪造或内容虚假的,依据《独立保函司法解释》第 12 条第 2 款之规定可以认定构成保函欺诈的,开立人可以据此拒付。

裁判指引

司法实务中主要是对观点二和观点三的综合运用。

索赔函是保函单据中最基本、最重要的单据种类。对索赔函的审查应该适用“严格相符”的审单原则。当索赔函中的受益人与保函所载受益人有争议时,应当对不符的情形进行具体分析。“索赔函中受益人的名称与保函所载不符的情形”属于“单据与独立保函条款之间表面上不完全一致”的情形,根据《独立保函司法解释》第 7 条第 2 款的规定,单据与独立保函条款之间表面上不完全一致,并不必然导致索赔无效。经审查,虽然索赔函中受益人名称和保函所载不完全一致,但能确定两者系同一主体,不会导致产生歧义的,人民法院应当认定构成“表面相符”,确认该索赔函的效力,从而判决开立人向受益人支付保函款项。

同时,单纯的受益人名称不符的情形应区别于保函欺诈中“受益人提交伪造单据或单据内容虚假”的情形,审判实践中应结合案件的具体情况进行综合判断。第一,索赔函中受益人名称和保函载明的受益人完全不一样。经审查,若两者系完全独立的主体,相互之间不存在任何关联性,则按照“严格相符”的审单原则,应认定为不构成“表面相符”,开立人可据此拒付。第二,索赔函中受益人名称和保函所载相似,名称中有部分不一致,则应审查受益人是否在开立人开具独立保函后发生过名称变更,若能查明名称虽有差异但仍为同一主体,则应认定符合表面一致,开立人应当付款。第三,索赔函中所载的受益人名称虽与独立保函载明的不一致，但根据在案证据，可以认定索赔函中的受益人系基础合同的债权人，享有担保权利，则应认定其独立保函受益人的身份，开立人应当向其支付独立保函项下款项。

相关规定

《独立保函司法解释》

第七条　人民法院在认定是否构成表面相符时，应当根据独立保函载明的审单标准进行审查；独立保函未载明的，可以参照适用国际商会确定的相关审单标准。

单据与独立保函条款之间、单据与单据之间表面上不完全一致，但并不导致相互之间产生歧义的，人民法院应当认定构成表面相符。

第十二条　具有下列情形之一的，人民法院应当认定构成独立保函欺诈：

（一）受益人与保函申请人或其他人串通，虚构基础交易的；

（二）受益人提交的第三方单据系伪造或内容虚假的；

（三）法院判决或仲裁裁决认定基础交易债务人没有付款或赔偿责任的；

（四）受益人确认基础交易债务已得到完全履行或者确认独立保函载明的付款到期事件并未发生的；

（五）受益人明知其没有付款请求权仍滥用该权利的其他情形。

URDG 758

第 19 条　审单

a. 担保人仅基于交单本身确定其是否表面上构成相符交单。

b. 保函所要求的单据内容应结合该单据本身，保函和本规则进行审核。单据的内容无须与该单据的其他内容、其他要求的单据或保函中内容等同一致，但不得矛盾。

c. 如果保函要求提交一项单据，但没有约定该单据是否需要签署，由谁出具或签署以及其内容，则：

ⅰ. 担保人将接受所提交的该单据，只要其内容看上去满足保函所要求单据的功能并在其他方面与第 19 条(b)款相符，并且

ⅱ.如果该单据已经签署,则任何签字都是可接受的,也没有必要表明签字人的名字或者职位。

d.如果提交了保函并未要求或者本规则并未提及的单据,则该单据将不予置理,并可退还交单人。

e.担保人无须附受益人根据保函中列明或引用的公式进行的计算进行重新计算。

f.保函对单据有需履行法定手续、签证、认证或其他类似要求,则表面上满足该要求的任何签字、认证或其他类似要求,则表面上满足该要求的任何签字、标记印戳或标签等应被担保人视为已满足。

典型案例

中国长江航运集团对外经济技术合作总公司、中国长江航运集团青山船厂与中国建设银行股份有限公司青岛中山路支行海事担保合同纠纷案

山东省高级人民法院(2014)鲁民四终字第147号

案情介绍

2010年8月29日,中国电子进出口山东公司(以下简称中电山东公司)及案外人江苏胜华船舶制造有限公司(以下简称江苏胜华)作为甲方与中国长江航运集团对外经济技术合作总公司(以下简称长航外经公司)及中国长江航运集团青山船厂(以下简称青山船厂)作为乙方签订协议Ⅱ,约定甲方与船东于2007年11月29日签订两艘37,000吨多用途船合同(船体号JSH405/406),乙方同意代替甲方继续建造该项目,并与船东签订新造船合同,但取决于:(1)就船舶JSH405/406已收进度款2610万美元,乙方同意由甲方在2010年10月15日前以现金方式支付不少于1708万美元到乙方账户;(2)剩余部分,甲方于2010年10月15日之前以乙方认可的方式支付给乙方……(5)甲方同意在2010年10月15日之前向乙方提供一份由银行出具的不可撤销的、见索即付的

保函，覆盖4300万美元与合同价4010万美元之间的差价，此差价的基数为每艘船290万美元，并随进口设备的降价而减少。进口设备降价的分配方案为每艘船降价在75万美元以内，降价部分归甲方所有；降价超过75万美元的部分甲乙双方各享50%……（10）本协议为各方认可的初步框架。

2010年10月24日，长航外经公司及青山船厂与中电山东公司及江苏胜华签订编号为qs-sh-zd－201002的《2×37000吨多用途船合同转让协议Ⅱ－1》（以下简称转让协议），约定：经船东同意，江苏胜华及中电山东公司将其与船东于2007年11月29日签订的两艘多用途船合同（合同号SH－00405/406；船体号：JSH405/406）转让给长航外经公司及青山船厂继续建造。该协议第6条关于船舶建造价款的约定：根据已签订的新船合同的约定，长航外经公司及青山船厂承接的该两艘37,000吨多用途船合同建造价款为4010万美元/艘。中电山东公司与江苏胜华同意，在长航外经公司及青山船厂与船东签订交船议定书的基础上，另行支付给长航外经公司及青山船厂290万美元/艘，该款项在长航外经公司及青山船厂与船东签订交船议定书之日起3日内支付到长航外经公司及青山船厂的指定账户。为确保中电山东公司及江苏胜华履行该义务，中电山东公司应当于2010年10月25日前向长航外经公司及青山船厂提供银行履约保函，担保金额为200万美元/艘或等值人民币（差额90万美元/艘另外协商）。保证期间至长航外经公司及青山船厂收到上述款项为止。在履行协议期间，若产生争议，由双方协商解决；协商不成，则提交上海国际航运仲裁院按照中国法律和该院仲裁规则仲裁。

该协议最初由各方当事人的授权人员签订，协议中各方仅有相关授权人员的签字，未加盖公章。青山船厂在协议中打印的名称为"中国长江航运集团船舶重工总公司青山船厂"，签字人员为沈某某。后各方当事人均在正式的协议文本上签字盖章，青山船厂加盖的公章为"中国长江航运集团青山船厂"。

2010年10月26日，中国建设银行股份有限公司青岛中山路支行（以下简称中山路建行）根据中电山东公司的申请以及经各方当事人的授权人员签字的转让协议，向长航外经公司及青山船厂出具了编号为2010保函9号的履约保函。其主要内容为："致受益人中国长江航运集团对外经济技术合作总公司及中国长江航运集团船舶重工总公司青山船厂：因中电山东公司及江苏胜华与你方签订了编号为 qs-sh-zd－201002 的转让协议，且你方已与船东签订了编号 ECTEC10314/ECTEC10315 新造船合同，根据转让协议第 6 条的约定，中电山东公司应当于你方与船东签订编号为 ECTEC10314 新船合同交船议定书之日起三日内向你方支付 290 万美元，作为中电山东公司应当支付给你方的建造船舶差价部分的补偿款项。我行接受保函申请人的请求，就保函申请人中电山东公司履行该条约定的义务向你方提供不可撤销的、无条件的、见索即付付款责任保证。一、除本保函第八条规定以外，本保函项下我行承担的保证责任最高限额为 200 万美元……三、在本保函有效期内，如保函申请人违反上述付款义务而未向你方付款，我行将在你方提交符合全部条件的书面文件后 10 个工作日内，以上述保证金额为限支付你方索赔金额……八、因本保函发生争议协商不成，向本行所在地的人民法院起诉。争议一经提起诉讼，本保函有效期将自动延长至诉讼判决书生效之日起的 180 日，如诉讼判决或裁决结果要求我方支付本保函项下的担保金额，我行将在收到该判决或裁决之日起 10 个银行工作日内支付应付金额以及自应付日到实际付款日以 5% 年利息计算的相应利息，在这种情况下，本保函的最高担保金额将增加为应付款余额及相应利息之和。”

2013 年 7 月 18 日，长航外经公司及青山船厂与船东就合同编号为 ECTEC10314 船舶建造合同项下所建造的船舶（船体号为 JSH405，IMO 号为 9465435，船名为“BRIGHTSKY”）签订交接船议定书。7 月 19 日，长航外经公司及青山船厂就建造完毕的上述船舶申请出口报关。交船议定书签订后，长航外经公司及青山船厂向江苏胜华及中电山东公司发出付款通知，要求两公司根据转让协议的约定，在 3 日内将 290 万美元付至长航外经公司及青山船厂的账户。但两公司均未履行付款义务。

7 月 25 日，长航外经公司及青山船厂向中山路建行出具 2×37,000 吨多用途船催款通知及编号为 2010 保函 9 号的履约保函原件，要求中山路建行根据履约保函的内容，在保函申请人——中电山东公司违反付款义务，未支付 290 万美元的情况下，中山路建行应当向长航外经公司及青山船厂支付 200 万美元。

8 月 7 日，中山路建行向长航外经公司及青山船厂出具书面材料称："经审查，2×37,000 吨多用途船催款通知中的索款人与编号为 2010 保函 9 号的履约保函中的受益人不符，我行拒绝付款。"

长航外经公司、青山船厂为此提起诉讼，请求法院判决中山路建行支付保函项下的款项。

法院查明，青山船厂成立时为全民所有制企业，隶属于中国长江航运（集团）总公司。2006 年，中国长江航运（集团）总公司以长航总人发（2006）438 号文成立具有独立法人资格的全资子公司——中国长江航运集团船舶重工总公司。在该文件中，青山船厂变更为中国长江航运集团船舶重工总公司的全资子公司。2007 年，青山船厂在工商登记部门变更了隶属关系，但名称未予变更。据中国长江航运集团船舶重工总公司称，公司成立后，为方便统一经营，体现隶属关系，青山船厂在签署各类商业文件时，均以中国长江航运集团船舶重工总公司青山船厂的名义签署，但公章及营业执照并未更改。中国长江航运集团船舶重工总公司青山船厂实际上就是青山船厂。

另查明，中山路建行就转让协议还向长航外经公司及青山船厂出具过编号为 2010 保函 7 号、2010 保函 8 号的履约保函两份。保函记载的受益人均为长航外经公司及中国长江航运集团船舶重工总公司青山船厂。在长航外经公司及青山船厂向中山路建行出具该两保函项下的催款通知后，中山路建行向长航外经公司及青山船厂全额支付了该保函项下共计 1708 万美元的等值人民币。催款通知作为受益人的盖章为"中国长江航运集团青山船厂"。

法院还查明：中电山东公司向上海仲裁委员会申请进行仲裁，要求长航外经公司和青山船厂支付进口设备降价带来的收益。长航外经公司和青山船厂则请求中电山东公司和江苏胜华支付 580 万美元及相应利息。上海仲裁委员会于 2015 年 8 月 7 日作出（2014）沪仲案字第 1765 号裁决书，裁决结果包括驳回中电山东公司的请求，由中电山东公司、江苏胜华支付长航外经公司和青山船厂 580 万美元及利息等内容。

法院裁判

本案争议焦点为中山路建行是否应承担保函约定的付款义务。一审法院青岛海事法院支持了长航外经公司、青山船厂的诉请。后中山路建行不服，上诉至二审法院山东省高级人民法院。

山东省高级人民法院认定，经中电山东公司申请，2010 年 10 月 26 日中山路建行出具了以长航外经公司及青山船厂为受益人的履约保函。根据保函约定，中电山东公司应在长航外经公司及青山船厂与船东签订新船合同交船议定书之日起 3 日内支付 290 万美元，作为建造船舶差价部分的补偿款，为此，中山路建行承担不可撤销的、无条件的、见索即付的付款责任保证，担保的最高限额为 200 万美元。由此可见，中山路建行系为中电山东公司履行因转让在建船舶而向长航外经公司及青山船厂支付 290 万美元的差价款作出的担保，从属于中电山东公司与长航外经公司、青山船厂之间的建造船舶转让协议。本院审理期间，中电山东公司申请仲裁后，中电山东公司与长航外经公司及青山船厂之间的债务关系更加明确，中电山东公司及江苏胜华应支付长航外经公司及青山船厂 580 万美元及利息。根据该履约保函的约定，如果中电山东公司违反付款义务，中山路建行应在长航外经公司及青山船厂提交符合条件的书面文件后 10 个工作日内支付索赔金额。中电山东公司未在规定的时间内向长航外经公司及青山船厂支付差价部分的补偿款，因此，中山路建行应根据履约保函的约定向长航外经公司及青山船厂支付保函约定的款项。

关于名称争议与利息问题。虽然青山船厂在要求付款时名称与履约保函中载明的名称不一致，但本案系对船舶建造转让合同的担保，系从合同，在船舶转让的主合同上盖章的即青山船厂，因此，青山船厂作为索款主体向中山路建行主张权利并无不当。中山路建行认为索款主体与受益人的名称不符而拒绝付款的理由不能成立。履约保函的受益人除青山船厂外，还有长航外经公司，即便青山船厂作为索款主体不符，那么中山路建行还可以向长航外经公司付款，完成履约保函所约定的担保义务。中山路建行未向任何一家公司付款，违反了履约保函的约定，长航外经公司及青山船厂提起诉讼，形成本案。根据中山路建行与长航外经公司、青山船厂签订的履约保函第 8 条的约定，如果因为付款问题产生争议，经过诉讼后认定中山路建行应支付保函项下的款项，则中山路建行应同时支付应付金额自应付日到实际付款日以 5% 年利息计算的相应利息。因此，一审法院判决中山路建行自收到索款文件后10个工作内开始承担利息,并无不当。

故山东省高级人民法院判决驳回上诉、维持原判。

评析

本裁判体现了“严格相符”规则在独立保函审单中的运用,拓展了“表面相符”规则的内涵及具体适用场景。本案中的不符点体现在,索款主体和履约保函中记载的受益人名称并不完全相同。经审查,两者系同一主体,且索款主体系基础合同的债权人。因此,该等不符不构成实质性差异,仍应当认定为相符交单。由此明确了即便单据中的部分内容与独立保函条款之间表面上不完全一致,但并不导致相互之间产生歧义的,人民法院仍应当认定构成表面相符,从而判令独立保函开立人承担付款义务的司法裁判标准。

拓展研究

《独立保函司法解释》第7条确立了我国独立保函的审单标准。这一规定与美国法上的“严格相符”审单规则有异曲同工之妙。

严格相符规则(strict compliance),又称“功能相符”规则,根据1995年美国《统一商法典》的规定,是指受益人请求担保行付款时,所提交的单据达到单证相符(从表面上看严格符合信用证或保函内容)并单单相符(单据之间亦应相互一致)即可满足付款条件;运用该规则判断过程中,银行可以根据常识、国际惯例进行判断,如果不产生歧义或矛盾即可认定为相符。

URDG 758和URDG 458均采用单证表面相符原则。URDG 758借鉴了UCP 600的规定,单据内容无须与该单据其他内容、其他单据或保函内容等同一致,只要不矛盾即可,而URDG 458要求单据之间表面上必须一致,URDG 758更具灵活性。在修改过程中,URDG 758在借鉴UCP 600的基础上删除了URDG 458中“合理谨慎”的模糊规定,明确采用“严格相符原则”。URDG 458第9条规定,担保人必须合理谨慎地审核保函项下所规定并提交的所有单据,包括付款请求,以确定其是否表面符合保函条款。单据表面上不符合保函条款,或者单据之间表面上互不一致时,单据应被拒绝。相比之下,URDG 758第19条a

款用了“表面”一词,其后在 b 款强调“保函所要求的单据内容须结合该单据本身、保函和本规则进行审核。单据的内容无须与该单据的其他内容、其他要求的单据或保函中的内容等同一致,但不得矛盾”。其中,“表面”和“结合”的措辞意味着对单据的审核不必要求每个字眼都严格一致,而应将单据所指内容和被规定的单据视为一个整体来解读,只要得出的结论不会互相矛盾即可。此外,根据第 19 条 c 款的规定,如果保函中未声明某一指定单据需要签署,则未被签署的单据也可以被接受;如果保函中未声明单据由谁签署,则任何签字都可以接受;如果保函未对签字人的名衔做要求,则不必显示任何名衔;如果保函对单据内容没有具体要求,那么只要内容看上去符合此类单据的功能即被认为相符。URDG 758 第 19 条奠定了审核单据的规则,与 URDG 458 第 9 条相比,它更加具体和严谨。比如,对交单的审单流程有了更详尽的界定;消除了合理审慎的审单标准;强化了规则中担保人只处理单据的原则;对所要求的单据中内容的审核须对照包括非单据条件在内的保函条款来进行;未被要求提交的单据将被忽略。这一规定以更宽容的态度对待单据中的模糊内容及轻微不符的内容,以更为灵活的审单规则抑制独立保函拒付的出现,防止了“表面相符”规则的异化影响。

三、独立保函未载明审单标准时如何确定审单标准

诉讼争点

实务中,独立保函本身一般会约定所适用的审单标准。发生索赔时,开立人应当根据约定的标准进行审查。独立保函未载明审单标准时如何确定审单标准进而进行审查?司法实践中存在以下观点:

观点一,审单标准的确定应当遵循当事人意思自治原则,根据独立保函中载明的审单标准进行审查。若未载明审单标准,人民法院应引导双方协商确定,不得直接参照适用国际商会确定的相关规则。

观点二,若独立保函本身未载明审单标准,但独立保函载明适用 URDG 等

独立保函交易示范规则，则人民法院可以援引示范规范中的规则作为独立保函的审单标准。

观点三，若独立保函本身未载明审单标准，人民法院可以参照适用国际商会确定的相关审单标准。

裁判指引

我国立法采纳了第三种观点。《独立保函司法解释》第7条明确，人民法院在认定是否构成表面相符时，应当根据独立保函载明的审单标准进行审查；独立保函未载明的，可以借鉴国际商会确定的相关审单标准。保函的审单标准比较复杂。虽然目前在独立保函领域并未形成经反复适用而得到普遍认可的统一国际惯例，但URDG、ISP98、UCP 600在实务中均有适用，《独立保函司法解释》第7条也仅明确了“国际商会确定的审单标准”，并未具体指明适用哪一个国际商会出版物的审单标准。因此，URDG尚不具有我国立法意义上国际惯例的法律渊源地位。但鉴于URDG在审单标准方面的规范相对比较完善和详尽，接受的国家和地区也相对较多。因此，实践中参考适用URDG中相关规定进行审单的情形较为多见。

相关规定

《独立保函司法解释》

第七条第一款　人民法院在认定是否构成表面相符时，应当根据独立保函载明的审单标准进行审查；独立保函未载明的，可以参照适用国际商会确定的相关审单标准。

URDG 758

第2条　定义

相符索赔指满足“相符交单”要求的索赔；

相符交单保函项下的相符交单，是指所提交单据及其内容首先与该保函条款和条件相符，其次与该保函条款和条件一致的本规则有关内容相符，最后在保函及本规则均无相关规定的情况下,与见索即付保函国际标准实务相符。

第19条　审单

a. 担保人应仅基于交单本身确定其是否表面上构成相符交单。

b. 保函所要求的单据的内容应结合该单据本身、保函和本规则进行审核。单据的内容无须与该单据的其他内容、其他要求的单据或保函中的内容等同一致,但不得矛盾。

典型案例

现代重工有限公司与中国工商银行股份有限公司浙江省分行保证合同纠纷案

浙江省高级人民法院(2016)浙民终157号

案情介绍

2013年11月8日,现代重工有限公司(以下简称现代公司)与中高公司签订《72MW柴油电站之9*8MW柴油发电机组供货合同》。同月20日,中高公司向中国工商银行股份有限公司浙江省分行(以下简称工商银行浙江分行)申请开立付款保函,并约定付款条件见保函正本。

当地时间2013年11月22日18时50分,工商银行浙江分行通过韩国外换银行向现代公司开出一份不可撤销见索即付保函(编号LG338011300239),载明:"经申请人(中高公司)请求,我行,即中国工商银行股份有限公司浙江省分行特此签发本保函,并不可撤销地承诺,在收到贵公司通过贵方银行转发的首次书面索偿要求,声明申请人违反合同项下的付款义务以及违约行为时,在7个营业日内向贵公司支付任何一笔或数笔总额不超过6,648,010美元的款项。贵公司提交付款索偿要求时,需一并提交以下单据:1. 凭指示的标注运费到付通知人为申请人的清洁海运提单副本。2. 经签署的装箱单副本三(3)份。3. 经签署的商业发票副本三(3)份。4. 原产地证书。5. 车间测试报告。本保函金额按照申请人或我行已付的款项或款项加利息金额,自动按比例减少。本付款保函自签发之日起生效，最迟于2014年7月8日到期。因此，本保函下的任何索偿要求必须于到期日或之前送达我行即中国工商银行股份有限公司浙江省分行（地址：中国浙江省杭州市中河中路150号，邮编310009 传真86－576－87336732，收件人：国际部）该书面索偿要求必须通过贵方银行采用快递或经验证的SWIFT信息形式发给我行。不接受其他提交方式。到期后，不论保函是否交还我行以进行作废处理，本保函均应自动失效。本保函需遵守URDG 758。"该报文主文标示日期为2013年11月22日。韩国外换银行收到日期为2013年11月25日。

2013年12月24日，韩国外换银行向工商银行浙江分行发出托收电文，金额为6,648,010美元，期限为见票后180日，出票人为现代公司、付款人为中高公司，并提示工商银行浙江分行承兑交单，同时提交以下托收单据：汇票正本2份、发票正本1份加副本2份、提单副本1份、装箱单正本1份副本2份、产地证正本1份、其他正本1份。该托收业务适用托收统一规则，国际商会第522号出版物。2013年12月25日工商银行浙江分行收到上述单据。

2013年12月26日，工商银行浙江分行通知中高公司办理付款、承兑或拒单手续，并声明其对单据及所代表的货物种类、数量、质量的真实性和完整有效性不承担任何责任。中高公司向工商银行浙江分行表示同意承兑并到期付款。

2014年1月7日，工商银行浙江分行向韩国外换银行发送承兑通知，接收金额为2014年6月23日6,648,010美元。

2014年3月6日，现代公司通过韩国外换银行通知工商银行浙江分行票据托收部门承兑交单未签收及到期日错误。

当地时间2014年4月10日18时33分，现代公司通过韩国外换银行向工商银行浙江分行以SWIFT信息形式发出索偿电文，要求支付LG338011300239保函项下6,648,010美元，且确认根据受益人一方进行的判断，申请人无法履行本合同的任何要求。电文同时记述受益人的相关付款文件已经通过邮递的方式送交给工商银行浙江分行。

2014年4月11日，工商银行浙江分行向韩国外换银行发送报文修改承兑通知称付款人同意将原先的承兑到期日修改为2014年6月7日。

当地时间2014年4月15日18时22分，工商银行浙江分行向韩国外换银行发出电文告知：“请通过经验证的SWIFT电文向我方确认你方2014年4月10日通过MT799格式发出的索赔可以撤回。”

当地时间2014年4月24日19时，韩国外换银行回复工商银行浙江分行称：“你方4月16日发来的MT799自由格式SWIFT报文称：请知悉该索赔仍然有效并未被撤销。我方客户现代公司确认如下信息：中高公司未能开立第三份分期付款保函并且索取你方开立的付款保函项下款项。”

当地时间2014年4月25日19时32分，韩国外换银行向工商银行浙江分行再一次重申前一日电文中的上述内容。

当地时间2014年4月29日17时23分，工商银行浙江分行向韩国外换银行发电文称：“在2014年4月10日的电文中你方称受益人的索赔相关单据已经邮寄给我们，我们至今未收到上述单据。我们将在交单完整后开始审查受益人的索赔并决定是否索赔相符，适用URDG 758第20(A)款。”韩国外换银行收到时间为2014年4月30日。

2014年5月4日，工商银行浙江分行收到现代公司通过韩国外换银行快递的索赔单据，包括有：记名提单副本、3份装箱单副本、3份商业发票副本、原产地证明、车间测试报告。该提单显示收货人为中高公司、通知人为中高公司，包装件数为13件。装箱单显示货物说明为3套柴油发电机组，共计31件。

2014年5月8日，工商银行浙江分行向韩国外换银行发电文并要求其向现代公司转发信息称：“关于贵司通过韩国外换银行就我行于2013年11月22日签发的编号为LG338011300239，金额为6,648,010美元的付款保函的索赔请求。请知悉贵司分别于2014年4月10日、4月24日以及4月25日通过MT799格式电文提出的索赔请求不符合我行上述保函的规定。另外，我行于2014年5月4日收到的相关付款单据由于存在以下不符点无法构成相符索赔：1. 未签发凭指示提单。2. 未提交提单附表。3. 装箱单显示数量为31件与提单不符。因此，根据上述保函条款，贵司根据上述保函提出的索赔我行予以拒付。”

当地时间2014年5月13日18时51分，韩国外换银行发送报文告知工商银行浙江分行保函项下对单据副本的审核标准不同于信用证项下对单据原件的审核标准。单据均已发送给申请人，货物已被申请人接受。报文已经证实了受益人声明申请人没有履行合同规定的义务。开证行无权拒绝付款。

当地时间2014年5月16日17时8分，工商银行浙江分行向韩国外换银行发电文称，其作为担保人仅处理单据而可不管可能与单据相关的货物、服务或履行问题，其仅依据交单情况决定是否表面上构成相符交单。5月4日收到的请求付款相关单据中的内容不仅互相矛盾而且与保函也矛盾。受益人未指明保函申请人违反了其在基础合同项下的付款义务，其坚持指出的不符点，对现代公司的索赔请求仍然予以拒付。韩国外换银行5月19日收到。

2014年5月19日工商银行浙江分行向韩国外换银行发送报文提出索偿单据内容互相矛盾且与保函不一致，以及索偿要求未声明保函申请人违反基础合同项下的付款义务，并拒绝索偿要求。

2014年5月20日，现代公司向工商银行浙江分行寄送一份主题为保函索赔请求的信函，称其获悉工商银行以保函条款与提单副本存在某一非实质性不符点这一技术性问题为由拒绝其请求，提交副本单据是为了证明受益人的索赔请求所依据的银行保函具有真实交易背景，正本提单在交易中也已实际使用。韩国外换银行分别于2014年1月7日、4月11日收到承兑通知，清晰地表示保函申请人已经接受了正本提单并提取了正本单据下的所有货物。这表示交易已经完成，合同双方没有异议。其再次要求工商银行浙江分行立即偿付前述保函所担保的尚未偿付的款项。如果继续拒付，现代公司只能采取法律措施。

2014年5月30日，韩国外换银行向工商银行浙江分行发电文称：考虑到合同是以FOB为基础，货运公司应申请人的要求签发提单，受益人在审查货运公司签发的提单后要求其根据银行保函所要求的条件另行签发修订后的提单，但鉴于申请人已向货运公司确认过提单，货运公司拒绝修订提单。工商银行浙江分行承兑通知清晰地表明申请人已经接受正本单据及项下的所有货物。其他由受益人签发的文件已经修改并于5月30日通过DHL递交。要求工商银行浙江分行立即汇付保函项下款项。

2014年6月3日，工商银行浙江分行收到现代公司寄送的修改单据。装箱单上的数量更改为13件。提单未作修改。

当地时间2014年6月9日19时15分，工商银行浙江分行以现代公司对保函的偿付要求及附后的修改后的提单非凭提示仍有不符为由拒绝索偿要求。韩国外换银行收到时间为2014年6月10日。

2014年7月8日，韩国外换银行向工商银行浙江分行发电文要求工商银行浙江分行在收到该索赔的7个工作日内偿付6,648,010美元。

当地时间2014年7月15日17时54分，工商银行浙江分行回复称其仅依据交单情况决定是否表面上构成相符交单，由于提单非凭指示的不符之处，其仍拒绝现代公司的索偿要求。韩国外换银行收到时间为2014年7月16日。

2014年6月23日，ICCCHINA银行技术与惯例委员会出具专家意见。

一审庭审中，双方确认现代公司主张的2014年4月21日美元兑换人民币汇率是1∶6.1591。

法院裁判

杭州市中级人民法院审理认为：本案系受益人即现代公司与保函开具方工商银行浙江分行之间的独立保函项下索赔拒付纠纷。双方当事人均同意本案适用URDG 758，该约定有效，故本案以该规则为依据调整当事人之间的权利义务关系。同时，因本案争议的事实部分涉及国际托收业务，故涉及国际托收业务部分，以相关当事人约定的《跟单托收统一规则第522号》（URC522）为依据。

本案的争议焦点为：第一，工商银行浙江分行据以拒付的不符点是否成立；第二，工商银行浙江分行四次拒付通知的作出是否构成有效拒付；第三，工商银行浙江分行的承兑通知对本案保函项下拒付表示是否产生影响。

1. 关于工商银行浙江分行提出的据以拒付的不符点是否成立的问题。杭州市中级人民法院认为，该争议系为受益人向担保人提出索赔申请时是否做到了相符索赔、相符交单的问题。URDG 758第2条定义指出："相符索赔"是指满足相符交单要求的索赔；"相符交单"是指所提交的单据及其内容首先与该保函条款和条件相符，其次与该保函条款和条件一致的本规则有关内容相符，最后在保函及本规则均无相关规定的情况下与见索即付保函国际标准实务相符。本案中，工商银行浙江分行出具的保函明确列明了5个单据条件：（1）凭指示的标注运费到付通知人为申请人的清洁海运提单副本；(2)经签署的装箱单副本3份；(3)经签署的商业发票副本3份；(4)原产地证书；(5)车间测试报告。根据URDG 758第19条a款的规则，担保人在审查受益人是否相符交单时"担保人应仅基于交单本身确定其是否构成表面相符交单"。b款规定："保函所要求的单据的内容应结合该单据本身、保函和本规则进行审核。单据的内容无须与该单据的其他内容、其他要求的单据或保函中的内容等同一致，但不得矛盾。"根据现代公司的交单情况看，其提供的系指明收货人为中高公司的记名提单，并非保函条款第1项中的指示提单；同时，第2项单据装箱单反映的货物件数与提单反映的件数亦不一致。故应可判断为单据的内容与保函内容、单据的内容与其他要求的单据存在不符点。由于在此后的协商中，提单的内容一直未能予以修改，故工商银行浙江分行提出的据以拒付的不符点始终存在，工商银行浙江分行据此发出拒付通知，于理有据。对于现代公司称保函条款中要求提供指示提单并无实际意义的主张，杭州市中级人民法院认为，保函条款和条件系经申请人要求，受益人亦予以接受，对各方均有约束力。根据URDG 758，担保人的审单首先应严格遵循保函的条款和条件，在保函条款和条件明确清晰的情况下，担保人仅需考虑单据与保函条款条件是否表面相符即可，而凭指示的提单与记名提单在国际贸易中属两种不同类型的提单，存在的差异是明显和确定的。现代公司关于该约定是否有实际意义的主张实系基于基础合同的履行而作出，但因基础合同的履行情况并不是担保人审单时所需考虑的因素，故在本案中并不能依据基础合同的履行情况得出单据与保函条款条件已构成表面相符的结论。

2. 关于工商银行浙江分行拒付通知的作出是否构成有效拒付的问题。因URDG 758指明除非保函禁止多次索赔，即只允许索赔一次，否则可以多次索赔。当索赔因不符而被拒时，该索赔不复存在，受益人可以在失效日当日或之前再次提交索赔。针对受益人现代公司提出的多次独立的索赔，分述如下：

第一，对于2014年4月10日到达的索赔通知。根据URDG 758第15条a款的规定，"保函项下的索赔应由保函所指明的其他单据所支持，并且在任何情况下均应辅之以一份受益人声明，表明申请人在哪些方面违反了基础关系项下的义务，该声明可以在索赔书中作出，也可以在一份单独签署的随附于该索赔书的单据中作出,可在一份单独签署的指明该索赔书的单据中作出”。同时,第20条a款规定:“如果提交索赔时没有表示此后将补充其他单据,则担保人应从交单翌日起5个营业日内审核该索赔并确定该索赔是否相符。”据此,在任一索赔通知项下,均应有索赔交单的行为,即根据保函向担保人提交单据。2014年4月10日韩国外换银行向工商银行浙江分行发出索赔通知后,单据并未于当时提交。对于现代公司认为工商银行浙江分行已经在索赔之前先行收到单据的主张,杭州市中级人民法院认为,工商银行浙江分行于2013年12月25日收到的邮寄单据系国际托收业务项下单据,与保函业务无关,单据种类亦有不同,该邮寄单据并非保函索赔项下的交单行为,不能以此作为工商银行已经先行收到单据应即进行审单的依据。因工商银行浙江分行收到单据的时间为2014年5月4日,故其可以从收到单据翌日起审核该索赔。2014年5月8日,工商银行浙江分行向韩国外换银行发出拒付通知并提示不符点,系在交单后的第四个营业日即审单期限内,且如前所述其拒付理由成立,构成有效的拒付。

第二,对于2014年5月20日现代公司的信函。本案所涉保函约定“书面索偿要求必须通过银行采用快递或经验证的SWIFT信息形式发给工商银行浙江分行,且不接受其他提交方式”。故该次现代公司以该函件索赔的方式并不符合保函约定,并非保函项下的有效索赔通知,工商银行未予处理并无不当。

第三,对于2014年5月30日的索赔通知。在该索赔通知项下,工商银行浙江分行于2014年6月3日收到现代公司寄送的修改单据,工商银行浙江分行的审单时间应从6月4日起计算。2014年6月9日19时15分,工商银行浙江分行以现代公司对保函的偿付要求及附后的修改后的提单非凭提示仍有不符为由拒绝索偿要求。因该拒偿通知发出时间为交单后的第四个营业日,拒付通知系在审单期限内作出,且单据中提单的相关内容未作修改,与保函条款的不符点仍然存在,工商银行浙江分行该次拒付通知的作出有规可据,亦构成有效的拒付。

第四,对于2014年7月8日的索赔通知。工商银行浙江分行2014年7月8日收到索赔通知,2014年7月15日17时54分的回复为基于提单非凭指示的不符之处,仍拒绝现代公司的索偿要求。现代公司主张其收到拒付通知时间为2014年7月16日,已经超过审单时间。杭州市中级人民法院认为,URDG 758

第 24 条 e 款规定："本条 d 款所要求的通知应毫不延迟地发出，最晚不得迟于交单日翌日起第五个营业日结束之前。"对于拒付通知的发出，"发出"意为发送，故担保人对拒付通知到达交单人的时间并不承担责任。因工商银行该次拒付通知行为发出于 2014 年 7 月 15 日 17 时 54 分，系为索赔翌日起算的第五个营业日，故仅需判断该时发出的拒付通知是否仍在审单期限内即可。从本案看，保函约定了"中国工商银行股份有限公司浙江省分行特此签发本保函，并不可撤销地承诺，在收到贵公司通过贵方银行转发的首次书面索偿要求，声明申请人违反合同项下的付款义务以及违约行为时，在 7 个营业日内向贵公司支付任何一笔或数笔总额不超过 6, 648, 010 美元的款项"的内容，保函约定将付款日确定为索赔通知后 7 个营业日内。根据 URDG 758 第 20 条 b 款"一旦担保人确定索赔是相符的，就应当付款"的规则，通常付款期限与审单期限重合，本案保函对付款日所做的约定可以视为对审单期限的修改，即从规则的 5 个营业日，修改为 7 个营业日。根据 URDG 758 第 1 条 a 款的规定，此种修改也应是被允许的。据此判断，工商银行浙江分行于第五个营业日作出拒付通知尚在审单期限内。同时，退一步讲，即使仍然按照 URDG 758 第 24 条 e 款"最晚不得迟于交单日翌日起第五个营业日结束之前"的规则，以及第 2 条"'营业日'指为履行受本规则约束的行为的营业地点通常开业的一天"这一定义，也可以判断工商银行浙江分行的拒付通知作出时间尚在审单期限内。理由如下：一是 URDG 758 将营业日定义为通常开业的一天，并未采用营业时间的概念。国际商会在 UCP 600 中采用了营业时间的概念，而在 URDG 758 中采用营业日的概念应系有所区别。URDG 758 指南中也指出，"URDG 使用'营业日'这一术语所要表达的是'日'而非'小时'的概念"。故只要拒付通知系在第五个营业日结束前发出，均系在审单期限内。二是独立保函多运用于国际银行业务，全球各地的银行位于不同时区，对于营业时间的规定也不尽相同且可变化调整，将某统一的时间作为结束营业的时间并以此约束银行间 SWIFT 电文发出的效力是不合理的。三是"开业的一天"如需解释为营业时间，也应理解为处理见索即付保函业务相关机构的工作时间。结合本案保函电文的往来通信情况及涉案保函的制作时间等事实，工商银行浙江分行见索即付保函业务相关机构的工作时间实际晚于拒付通知作出时间。故杭州市中级人民法院认为工商银行浙江分行此次发出拒付通知的时间亦未超过审单期限,亦构成有效的拒付。综上,工商银行浙江分行的以上拒偿通知均为有效。

3. 关于工商银行浙江分行的承兑通知对本案保函项下拒付表示是否产生影响的问题。工商银行浙江分行的承兑通知系基于国际托收业务而作出,国际托收业务与保函业务属不同的法律关系,在流程操作、权利义务主体、提交单据要求上均有不同。同时,根据 URC 522 第 4 条 A 款 ii 项“银行将不会为了取得指示而审核单据”的规则,2014 年 1 月 7 日,工商银行浙江分行向韩国外换银行发送承兑通知,并不意味着工商银行浙江分行已经经过审单环节,以及对保函项下单据予以确认。该通知行为应系基于国际托收业务而根据中高公司的指示向韩国外换银行发送通知,是中高公司在履行买卖合同付款义务时的一个履行环节,不对工商银行浙江分行产生保函项下审单的法律后果。见索即付保函的特性是独立性,即独立于申请人和受益人之间的基础关系,也独立于申请人要求担保人开立保函给受益人的指示关系,其仅受自身条款的约束,故在本案保函业务项下,工商银行浙江分行仍有权基于保函约定的条件,独立对交单是否符合保函条件作出判断。

综上所述,工商银行浙江分行有关单据与保函条件存在不符点的多次拒付均合规有效。现代公司的诉讼请求不应得到支持。一审法院依照 URDG 758 第 1 条、第 2 条、第 15 条、第 20 条、第 24 条,《跟单托收统一规则第 522 号》(URC 522)第 4 条,《中华人民共和国民法通则》第 142 条,《中华人民共和国民事诉讼法》第 64 条之规定,驳回现代公司的诉讼请求。

现代公司不服一审判决,向浙江省高级人民法院提起上诉。

浙江省高级人民法院认为:本案系涉外商事纠纷,案涉付款保函性质应当适用法院地法确定。根据保函文本内容,开立人工商银行浙江分行的付款义务独立于基础交易关系及保函申请法律关系,其仅承担相符交单的付款责任;且案涉保函载明适用 URDG 758。因此,该保函可以确定为独立保函。独立保函载明适用 URDG 758,双方当事人在庭审中均一致援引该规则,应当认定该规则的内容构成独立保函条款的组成部分并予以适用。URDG 758 第 2 条规定:“相符索赔是指满足相符交单要求的索赔；相符交单指所提交的单据及其内容首先与该保函条款和条件相符，其次与该保函条款和条件一致的本规则有关内容相符，最后在保函及本规则均无相关规定的情况下与见索即付保函国际标准实务相符。”独立保函作为开立银行与受益人之间具有法律约束力的合同，一旦受益人接受保函的条款或根据保函的条款向开立银行提出索赔，即表明受益人自愿接受保函的全部条款并受其约束。本案中，工商银行浙江分行开立的保函明确列明了 5 个单据条件，受益人现代公司接受保函时并未提出异议，其在索赔时即应提供与该保函条款和条件相符的全部单据，不能再以部分单据不符合银行业国际惯例或该单据无实际意义为由而拒绝提交。关于现代公司提交的单据是否具有不符点，浙江省高级人民法院认为，根据独立保函载明的审单标准即 URDG 758 第 19 条的规定，开立人在独立保函单据审查过程中应当适用表面相符、严格相符的原则，而不采用镜像相符或实质相符原则。因此，工商银行浙江分行应审查现代公司提交的单据与保函条款和条件是否表面上相符。而现代公司提交的记名提单副本与保函所要求的指示提单副本在提单类型上已显著不同，两者在国际贸易和海上运输中的差异显而易见，工商银行浙江分行据此认为现代公司提交的单据存在不符点并无不当。

最终，浙江省高级人民法院认为，本案系受益人现代公司与保函开立人工商银行浙江分行之间关于独立保函项下的索赔纠纷。现代公司发出索赔通知后，其提交的单据不符合保函约定的单据条件。工商银行浙江分行已在保函约定的审单期限内发出了拒付通知，且其依据的不符点理由成立，其有权拒付保函项下的款项，故判决驳回上诉，维持原判。

评析

首先，本案明确了如何确定独立保函审单标准的问题，选择何种标准进行审单应当遵循当事人合意原则，即若当事人在保函中约定了审单条款和条件，则法院应适用该规则进行审查。在保函条款和条件清晰的情况下，开立人仅须考虑单据与保函条款条件是否表面相符即可。本案独立保函载明适用 URDG 758，且双方当事人在庭审中一致援引该规则，应当认定该规则的内容构成独立保函条款的组成部分并予以适用。其次,确立了独立保函与单据"不符点"的判断标准。URDG 758 第 2 条规定,"相符索赔是指满足交单按要求的索赔;相符交单是指所提交的单据及其内容首先与该保函条款和条件相符,其次与该保函条款和条件一致的本规则有关内容相符,最后在保函及本规则均无相关规定的情况下与见索即付保函国际标准实务相符"。根据上述"不符点"的判断标准,若不符点构成实质性差异,开立人可以据此止付。比如,本案中指示提单和记名提单是两种完全不同类型的提单,当属实质性差异。同时,该判决指出基础合同的履行情况不是担保人审单时所需考虑的因素,不能依据基础合同的履行情况得出单据和保函条款条件已构成表面相符的结论。

拓展研究

《独立保函司法解释》第 7 条明确独立保函未载明审单标准的情况下,可以借鉴国际商会确定的相关审单标准。此处,URDG 758 确定的审单标准是国际商会确定的标准之一。URDG 758 制定至今已运行 10 余年,实务中见索即付保函的运行机制和规则都有了新的发展。

2021 年 4 月 14 日,国际商会银行委员会公布了《见索即付保函国际标准实务》(International Standrad Demand Guarantee Practice for URDG 758,ISDGP)。ISDGP 正文分为由 A 到 Q 17 个部分,内容涵盖见索即付保函、反担保有效期内的每个阶段。因此,作为国际商会制定的规范性文件,在适用 URDG 758 的国内场景下,ISDGP 应当同时获得适用。

(一)ISDGP 与 URDG 758 的关系

根据 ISDGP 第 A 部分的相关规定,ISDGP 是 URDG 758 的最佳实践,与 URDG 758 并不冲突,也并非 URDG 758 的修改,应与 URDG 758 结合适用;在保函适用 URDG 758 的情况下,ISDGP 当然适用。ISDGP 是 URDG 758 的配套文件,是对 URDG 758 适用数十年来实践的归纳和总结。

(二)ISDGP 关于“保函审单、付款、不符点处理”的主要规定

1. 审单的基本原则

担保人审单的依据为:(1)保函中的明确规定;(2)担保人自身的记录;(3)URDG 758第7条项下保函中指明的指数。非单据条件应视为未约定,不予考虑。不得在保函中暗示除保函明确约定之外相符索赔需要符合的条件。例如,保函提及了基础合同的日期和编号,约定索赔声明需说明申请人违反合同项下的相关付款义务以及受益人履行了相关义务,此时,担保人不能以受益人索赔时没有援引保函载明的合同日期和合同号为由认为索赔不相符。

2. 对于必需交单文件中的非必要信息或是不需要提交的文件

其基本原则是审单时无须审查此等信息或文件。不过,如果一份必需单据包含与保函条款相冲突的非必需信息,则交单即为不相符交单,即使是与保函中的非单据条件发生冲突。

(三)文字错误或不一致的处理

1. 拼写错误,如果不会实质性改变词语含义,不导致交单不符,除非构成实质性影响(如合同编号写错);

2. 公司名称的缩写不构成不符点(如“Inc.”表示“Incorporated”,“Ltd.”表示“Limited”);

3. 标点符号不一致不构成不符点,除非不一致会改变词语本意,造成歧义。

(四)文件签发人身份的核实

若保函要求某个文件由指定人员签署,文件须表面呈现由此人签署。能证明签署人身份的内容包括:文件的信头纸、文件上此人的签名。如果要求的签发人是法人,文件呈现由指定的个人或主体填写、签署,或代表其签署即满足要求。

(五)文件的签署

开立人仅需要核实文件是否签署,不需要审核签字或单据的形式、充分性、

准确性、真实性、是否伪造或法律效力。URDG 758 不要求受益人的签字由任何银行会签(countersignature)、验证(certified)或证明(attested),除非保函有特殊要求。ISDGP 同样未作要求。

(六)拒付要求

开立人在发现不符点时,既可以拒付,也可以联系指示人询问是否放弃不符点,但 5 个营业日的审单期限不会延长。开立人若认定某项索赔不相符,则不应向指示方或反担保人寻求放弃不符点,除非该开立人当时有意接受可能的弃权并据此采取行动。拒付通知不仅需要一次性列出所有不符点,还必须明确表明拒付。

(七)不符索赔修正

收到拒付通知后,受益人在保函到期前都可以进行相关修正。对于前次索赔中未被认为不相符、新索赔又再次提交且内容不变的文件,开立人不得主张这份文件不符。如果为修正不符点而新增或修改数据与索赔文件其他数据或保函内容相矛盾的,则新索赔属于不符交单。

ISDGP 是对全球适用 URDG 758 实务的全面总结,是 URDG 758 的丰富和发展,对改变和缓和各国见索即付保函领域的差异,提高见索即付保函的可操作性和可预见性,促进独立保函的国际应用都将产生深远影响。

第九章

独立保函欺诈纠纷案件

产生于20世纪50年代国际商事实践的独立保函，虽然早年就在欧美发达国家的建设工程、进出口贸易、融资等诸多领域就被广泛应用，却也因其借鉴独立保函的单据化操作和形式审查制度，在提高贸易和结算业务效率的同时，成为受益人欺诈索赔的温床。[①] 在独立保函案件中，我们发现，由于基础合同的效力、修改、履行情况，以及基础合同债权人放弃对债务人的某些权利或解除某些责任人的责任等均不会过多影响独立保函的效力和履行，担保人仍应依保函的约定承担担保责任。[②] 正是基于以上原因，独立保函的独立性反而可能成为进行保函欺诈的方便之门。

独立保函欺诈案件类型从当事人角度进行区分大体可以分为以下4类：第一类，受益人欺诈。受益人欺诈是独立保函中最常见的欺诈情形。在这种担保形式下，只要受益人向担保人提出申请人违约声明，担保人即应履行偿付独立保函

---

① 参见王毓莹：《民法典背景下人的担保独立性之证成与适用——以独立担保为视角》，载《比较法研究》2021年第6期。

② 参见李国安：《独立担保欺诈例外法律问题研究》，载《现代法学》2005年第2期。

下款项的责任,而违约声明可由受益人自己提供,欺诈手段也并不复杂。受益人欺诈可进一步细分为欺诈与滥用权利,欺诈主要是强调受益人明知申请人没有违约但仍向担保人提出索款要求;滥用权利则指虽然存在申请人违约的事实,但申请人的违约完全是因为受益人的行为引起的,受益人仍向担保人提出索款。但实践中并不对上述两种情况进行辨别,而是主要强调受益人恶意行使索款权利的事实是否存在。如果受益人明知基础合同的债务人已经履行合同义务,或即使申请人违约,也是因为受益人先表示其将不履行合同义务或先实际违约,而受益人却提示与独立保函表面相符、内容不实的单据,向担保人提出索赔要求,意图造成担保人或申请人的损失以谋取不正当利益,实践中即认为构成独立保函欺诈。第二类,受益人与申请人联合欺诈。这种方式是指受益人与申请人恶意串通,虚构基础交易,骗取担保人的资金。独立保函的受益人与申请人之间可能并不存在基础合同交易,或基础合同交易已经顺利履行,而受益人仍然向担保人提供虚假的、与独立保函要求一致的索款单据。在申请人并未提供足额开函保证金的情况下,担保人转而向申请人提出索偿要求时就得不到足额的补偿,这样申请人与受益人就可能达到套取担保人资金的目的。第三类,申请人欺诈。这种欺诈主要表现在伪造、变造、骗取独立保函。主要是行为人通过虚构的担保人的名义或假冒有影响的担保人的名义开出虚假的独立保函,或以欺骗的手段骗取真实的独立保函。第四类,担保人欺诈。这种欺诈是指独立保函担保人知道或应当知道受益人欺诈,但仍在独立保函项下恶意付款,并请求反担保人付款,或担保人未收到受益人付款请求即请求反担保人付款的情形。

本部分着重从法律适用的争议点进行分类,独立保函欺诈纠纷的核心争议主要包括:对涉案基础交易进行必要有限审查原则的尺度和标准、符合"高度可能性"证明标准与构成实质性欺诈之间的关联、"其他情形"的认定和把握对于保函欺诈案件处理的影响等多个问题。

一、独立保函欺诈纠纷案件审理中是否针对基础交易进行全面审查

诉讼争点

《独立保函司法解释》第 18 条规定："人民法院审理独立保函欺诈纠纷案件或处理止付申请,可以就当事人主张的本规定第十二条的具体情形,审查认定基础交易的相关事实。"该条明确了司法机关在处理独立保函欺诈纠纷案件或审理中止支付保函项下的款项申请时可以对基础交易合同进行审查,但该条规定并未明确限定司法审查介入基础交易的程度。司法实践中,一种观点认为,独立保函欺诈系独立保函独立性原则的唯一例外,法院审理该类纠纷案件应对基础交易进行全面审理。另一种观点认为,在法院处理独立保函欺诈纠纷案件或者处理止付申请时应当坚持对基础交易合同的"必要有限审查原则"。

裁判指引

我国司法实践倾向采纳第二种观点,即认为坚持对基础交易合同"必要有限审查"原则是维护独立保函独立性的必然要求。独立保函的独立性要求开立人和受益人的权利义务关系只遵循独立保函的约定,不受申请人与受益人之间基础债权债务关系的影响。因此,原则上只能就独立保函法律关系进行审查,不能越过独立保函法律关系而对基础交易合同的履约情况、违约事实进行审查。但在某些特殊情况下,如法院已有足够证据和事实高度怀疑受益人可能存在欺诈行为,则有必要审查基础合同的履行情况以确定受益人是否拥有向担保人索款的权利,从而最终裁判是否应当认定受益人存在保函欺诈行为。但不能据此认为司法机关完全突破了独立保函独立性原则,案件审理中仍然应当在独立担保独立性的限制下,限制对基础交易合同的干预程度,只能就独立保函上载明的受益人索赔声明部分内容涉及的基础交易关系和事实进行审查,而不能对基础

合同中不涉及独立保函担保而仅涉及基础债权债务关系中的其他权利义务关系和案件事实进行判定。坚持对基础交易合同“必要有限审查”原则也是对审理基础合同纠纷法院的管辖权和当事人一致意思表示即合同约定本身内容的尊重。另外,从请求权基础法律关系的研判来看,法院在处理独立保函欺诈纠纷时,请求权基础法律关系是独立保函法律关系,而非基础交易合同法律关系,因此即使在特殊情况下法院必须对基础交易合同内容以及相关事实进行审查,也应对日后审理基础合同法律争议的事实查明工作保有必要限度。这就要求司法机关在审理独立保函欺诈案件时,对基础合同的审查不能影响日后对基础交易项下纠纷的诉讼或者仲裁。

相关规定

《独立保函司法解释》

第十二条　具有下列情形之一的,人民法院应当认定构成独立保函欺诈:

(一)受益人与保函申请人或其他人串通,虚构基础交易的;

(二)受益人提交的第三方单据系伪造或内容虚假的;

(三)法院判决或仲裁裁决认定基础交易债务人没有付款或赔偿责任的;

(四)受益人确认基础交易债务已得到完全履行或者确认独立保函载明的付款到期事件并未发生的;

(五)受益人明知其没有付款请求权仍滥用该权利的其他情形。

第十八条　人民法院审理独立保函欺诈纠纷案件或处理止付申请,可以就当事人主张的本规定第十二条的具体情形,审查认定基础交易的相关事实。

《全国法院涉外商事海事审判工作座谈会会议纪要》

30.【独立保函止付申请的初步实体审查】人民法院审理独立保函欺诈纠纷案件时,对当事人提出的独立保函止付申请,应当根据《最高人民法院关于审理独立保函纠纷案件若干问题的规定》第十四条的规定进行审查,并根据第十二条的规定就是否存在欺诈的止付事由进行初步实体审查;应当根据第十六条的规定在裁定中列明初步查明的事实和是否准许止付申请的理由。

典型案例

江苏太湖锅炉股份有限公司与卡拉卡托工程有限公司、中国银行股份有限公司无锡分行保函欺诈纠纷案

一审：江苏省无锡市中级人民法院(2011)锡商外初字第0023号

二审：江苏省高级人民法院(2013)苏商外终字第0006号

案情介绍

2010年3月25日，江苏太湖锅炉股份有限公司(以下简称太湖锅炉公司)与印度尼西亚共和国卡拉卡托工程有限公司(以下简称卡拉卡托公司)签署了基础合同，约定由太湖锅炉公司作为承包商，向卡拉卡托公司提供完成新设2×14兆瓦余热回收锅炉电厂所需的工程设计、采购和建设、架设和安装以及试运行、性能测试和启动、服务、设备及材料等。合同总价款为2030万美元及470亿印尼盾。

基础合同第32.3条载明："本合同仅可经双方订立书面协议予以修订……并且合同条款或者工程进度不能通过会议纪要或其他非正式文件变更，只能通过正式的修正案变更。"第32.8条载明："本合同应适用印度尼西亚法律，并且应依据印度尼西亚法律进行解释。"第31条载明合同的争议解决方式为仲裁。

在双方履行基础合同过程中，还约定了开立保函事宜。基础合同第8.16条约定："太湖锅炉公司应向卡拉卡托公司提供一份履约保函和一份预付款保函，分别作为太湖锅炉公司履行其合同义务的保证和太湖锅炉公司对卡拉卡托公司所付预付款的保证；如太湖锅炉公司未能履行义务，卡拉卡托公司有权在任何时候依据保函的规定以见索即付的方式提取保函项下款项。"2010年4月，太湖锅炉公司依约向中国银行股份有限公司无锡分行(以下简称无锡中行)申请开立了受益人为卡拉卡托公司的编号为×××预付款保函和编号为×××的履约保函各一份。

在履行合同过程中，双方有过协议变更。2010年7月21日，太湖锅炉公司与卡拉卡托公司签署了《合同修正案一》，均由双方公司盖章，代表太湖锅炉公

司签署的为总经理陆某，代表卡拉卡托公司签署的为董事长安迪·索科·塞蒂雅布迪（Andi Soko Setiabudi）。2010年12月22日太湖锅炉公司与卡拉卡托公司签署了《合同修正案二》，均由双方公司盖章，代表太湖锅炉公司签署的为总经理陆某，代表卡拉卡托公司签署的为董事长伊马姆·普旺托（Imam Purwanto）。

2010年9月21日，卡拉卡托公司告知太湖锅炉公司，其指定某员工A为涉案工程的项目经理。

2011年5月26日，卡拉卡托公司向太湖锅炉公司发出标题为“违约通知”的信件，指出太湖锅炉公司无法按基础合同及修正案的约定按期完工，并要求太湖锅炉公司采取补救措施，否则卡拉卡托公司将考虑终止合同。在本案审理过程中，太湖锅炉公司认可该信件中载明的违约情况。

2011年6月15日，太湖锅炉公司与卡拉卡托公司相关人员在北京中冶京诚工程技术有限公司召开会议，并制作了《6·15会议纪要》，内容包括：“1. 鉴于太湖锅炉公司未能履行基础合同及各修正案项下的义务，已违反合同，卡拉卡托公司有权收取履约保函。2. 在违约行为发生后，太湖锅炉公司承诺赔偿卡拉卡托公司150万美元，分三期支付，分别为2011年9月1日、2011年10月1日和2011年12月1日，同时将预付款保函延长至2012年1月4日……3. 太湖锅炉公司应按照以下方式继续履行余下的货物装运：a. 为2011年6月25日装运，将涡轮、发电机及配件、冷却塔……电动阀等货物装箱并签发装箱单；b. 为2011年7月15日装运，将柴油发动机、变压器……监视器、已向太湖锅炉公司供应商下单的所有其他设备（若有）等货物装箱并签发装箱单。4. 太湖锅炉公司准许卡拉卡托公司（但非卡拉卡托公司之义务）接管或直接延续太湖锅炉公司的全部供应商和分包方或继续履行分包合同，且太湖锅炉公司将向卡拉卡托公司提供卡拉卡托公司所需的有关太湖锅炉公司供应商的一切信息，并确保分包合同不加价，如卡拉卡托公司与供应商、分包方直接签订合同，太湖锅炉公司将被免除在未来的义务。5. 无论发生任何情况，如太湖锅炉公司不能履行前述1、2、4项中一项或全部内容，或者由于太湖锅炉公司的过错而导致未能履行前述第3项所述内容，卡拉卡托公司将立刻收取预付款保函……6. 如太湖锅炉公司履行上述条款要求，双方将不向对方提出任何合法索赔，且双方所负义务应被视为已履行完毕。7.会议纪要将被相等同地重写为太湖锅炉公司与卡拉卡托公司间对之前合同的修正案。但是如在2011年7月3日之前，双方未能达成修正案，本会议纪要即作为修正案合法生效。”代表太湖锅炉公司在会议纪要上签字的是董事长陆某某和总经理顾某某，代表卡拉卡托公司签字的是项目经理A和法务合规部经理B。

对于履约保函，双方在《6·15会议纪要》中达成协议，允许卡拉卡托公司索偿，故并无争议，2011年7月4日，无锡中行依据卡拉卡托公司的请求，兑付了履约保函。但预付款保函，则是引发本案争议的关键。

该预付款保函载明：“根据太湖锅炉公司的要求，无锡中行不可撤销的承诺，在收到卡拉卡托公司第一份书面请求及书面声明之时，立即向卡拉卡托公司支付任何不超过或总计不超过255.2万美元的款项。”书面声明载明：“卖方违反了合同项下义务。本保函在预付款支付之日生效，最迟在2011年7月4日有效期满。本保函受国际商会URDG 458的约束。”

在《6·15会议纪要》形成之后，2011年7月1日，卡拉卡托公司向无锡中行提出预付款保函索付申请，要求兑付保函项下的所有款项，并附有受益人陈述一份，内容为卡拉卡托公司申明太湖锅炉公司已经违反基础合同项下义务，还附有前述卡拉卡托公司于2011年5月26日向太湖锅炉公司发出的标题为“违约通知”的信件。太湖锅炉公司则认为双方已经达成了《6·15会议纪要》，但卡拉卡托公司提出索赔的基础是2011年5月26日的违约通知，故卡拉卡托公司构成保函欺诈。为此，太湖锅炉公司向一审法院申请止付保函。卡拉卡托公司则提出，《6·15会议纪要》未经合法授权代表签署，对其并无约束力。

法院裁判

一审中，法院认为，本案系见索即付保函欺诈纠纷，应首先确定准据法的适用。(1)预付款保函中已经明确，该保函适用URDG 458，该规则第27条规定：“除非在保函或反担保函中另作规定，制约的法律应是担保人或指示人(依情况而定)的营业处所。”故与本案保函有关的争议还应适用保函开立机构无锡中行的所在国，即中华人民共和国法律。(2)有关预付款保函欺诈的争议，依据我国法律规定应识别性质为侵权纠纷。(3)对于卡拉卡托公司的工作人员签署的《6·15会议纪要》是否对卡拉卡托公司有约束力的争议，涉及公司职员行为能力的确定，《中华人民共和国涉外民事关系法律适用法》第14条规定："法人及其分支机构的民事权利能力、民事行为能力、组织机构、股东权利义务等事项，适用登记地法律。"故本案应适用卡拉卡托公司登记地，即印度尼西亚共和国法律。据此，法院进一步分析以下争议焦点。

1. 太湖锅炉公司有权提起本案诉讼。根据URDG 458，涉案预付款保函独立于基础交易，但依据"欺诈使一切归于无效"的法理，受益人违反诚实信用原则进行欺诈性索款的，可使保函的独立性归于无效，构成独立性的例外，通过在合同自由与合同正义之间取得恰当的平衡，可以在维护见索即付独立保函商业效用的同时起到防止债权人欺诈索赔侵害债务人利益的作用。各国惯例及交易规则均把欺诈例外交由国内法调整。太湖锅炉公司认为虽然其存在违约之处，但已经通过《6·15会议纪要》与卡拉卡托公司达成了新的合意，改变了基础合同的约定，卡拉卡托公司隐瞒该情况，仍依据太湖锅炉公司之前的违约行为向无锡中行索付保函进行欺诈。太湖锅炉公司起诉的基础并非卡拉卡托公司在基础合同项下对太湖锅炉公司实施欺诈，而是在履行保函过程中对担保行无锡中行进行欺诈，并使保函申请人太湖锅炉公司的合法权益受到损害，因此基础合同中的争议解决仲裁条款不能约束保函欺诈纠纷，太湖锅炉公司有权向一审法院提起本案诉讼。

2. 卡拉卡托公司是否存在太湖锅炉公司诉称的欺诈事实。一审法院认为，虽然涉案预付款保函独立于基础交易，但是人民法院在审理保函欺诈纠纷中，可以对基础交易进行必要的有限审查，否则无法对是否欺诈作出判断。该案中，(1)A和B是卡拉卡托公司的职员，不是独立于卡拉卡托公司法人之外的法律主体，只能在权限范围内代表卡拉卡托公司行使相应职权，虽然A和B在《6·15会议纪要》上签字，但是并无证据证明其已经获得事先授权或事后追认。(2)根据《6·15会议纪要》载明的内容，太湖锅炉公司实际已经退出基础合同项下工程的承包，并就退出的后续工作及太湖锅炉公司的违约责任作了处理，改变了原基础合同的约定。但基础合同第 32.3 条约定,合同条款或者工程进度不能通过会议纪要或其他非正式文件变更,只能通过正式的修正案变更。目前,太湖锅炉公司和卡拉卡托公司并未针对《6・15 会议纪要》载明的内容签署正式的合同修正案,会议纪要载明的内容不能产生变更基础合同条款的效力。(3)《6・15 会议纪要》载明条款与基础合同第32.3条相悖,在双方未就此签署合同修正案的情况下,不具有改变基础合同条款的效力。而且通过该条款可以看出,太湖锅炉公司亦清楚《6・15 会议纪要》载明的内容需要经双方有权代表签署,成为正式的合同修正案才可生效。综上所述,《6・15 会议纪要》对卡拉卡托公司没有约束力,不能产生变更基础合同约定的效力,也不能视为双方已经对太湖锅炉公司的违约事项的处理及违约责任的承担达成了合意。此外,从具体案情来看,《6・15 会议纪要》也未得到双方的实际履行。故卡拉卡托公司提交的违约声明有事实基础,并未故意告知虚假情况或者隐瞒真实情况向无锡中行索付预付款保函,不存在太湖锅炉公司诉称的欺诈事实。一审法院判决:驳回太湖锅炉公司的诉讼请求。

二审法院认为:

1. 关于法律适用问题。(1)本案系见索即付保函欺诈纠纷,一审法院根据 URDG 458 第 27 条和《中华人民共和国涉外民事关系法律适用法》第 44 条的规定确定适用保函开立机构无锡中行所在地和侵权行为地即保函欺诈可能造成损害的太湖锅炉公司所在地的法律,即中华人民共和国法律,该法律适用符合法律规定,各方当事人亦无异议,法院予以确认。(2)关于卡拉卡托公司的工作人员签署《6・15 会议纪要》是否对卡拉卡托公司具有约束力的法律适用问题,法院认为,工作人员以公司名义签署法律文件,涉及工作人员是否在授权范围内履行职责,该行为的性质属于代理法律关系,因此应当依照《中华人民共和国涉外民事关系法律适用法》第 16 条规定适用代理行为地法律。本案《6・15 会议纪要》的签署地在中国境内,即代理行为地在中国,故该代理行为效力的认定依法应当适用中华人民共和国法律。一审判决对此适用印度尼西亚共和国法律不当,依法应予纠正。

2. 卡拉卡托公司保函议付行为不构成欺诈。(1)A 和 B 是卡拉卡托公司的职员,只能在权限范围内代表卡拉卡托公司行使相应职权。虽然 A 和 B 代表卡拉卡托公司与太湖锅炉公司进行磋商,并在《6・15 会议纪要》上签字,但两人并未提供卡拉卡托公司的书面授权,太湖锅炉公司也无证据证明该两人已经获得卡拉卡托公司的事先授权或事后追认,因此该两人签署《6・15 会议纪要》的行为属于无权代理行为。(2)根据基础合同 32.3 条约定和已查明事实,《6・15 会议纪要》不符合基础合同约定的合同修改要件。(3)《6・15 会议纪要》违反了基础合同关于不得用纪要修改合同的约定。《6・15 会议纪要》载明条款与基础合同第 32.3 条相悖,在双方未就此签署合同修正案的情况下,不具有改变基础合同条款的效力。(4)《6・15 会议纪要》也未得到实际履行。综上,卡拉卡托公司索赔预付款保函全部金额不构成欺诈。据此判决:驳回上诉,维持原判。

评析

人民法院在审查保函的受益人向义务人提交的议付单据内容是否存在虚假或伪造等情形时,虽然不应全面审理基础交易关系,但是可以就基础合同与保函相关的内容以及履行情况进行必要、有限的审查,以利于判断是否构成欺诈。有限审查的范围,应当仅限于受益人是否明知基础交易债务人并不存在违约事实或其他付款到期事实,还滥用索赔权恶意索赔。受益人提示符合保函规定的单据是推定基础交易的债务人违约事实的有效证明。如止付申请人能够充分、清楚地举证证明已经全面履行了基础交易的债务,而受益人可以明确无误地认定为欺诈性索赔保函的,人民法院才能止付保函。对于基础交易的履行存在争议、受益人本人也存在违约事实等情形,并不能认定构成欺诈。对于双方存在争议较大而且需要由对基础合同有管辖权的司法或仲裁机构裁决予以确定的事实,则不应在欺诈纠纷中越权予以认定,而应充分尊重独立保函规则所作出的"先赔付,后争议"商业安排。

本案中,法院在认定受益人卡拉卡托公司的欺诈行为是否成立时,其所参考的标准是《最高人民法院关于贯彻执行〈中华人民共和国民法通则〉若干问题的意见（试行）》（以下简称《民通意见》）第 68 条[①]。具体而言，该第 68 条对何为“欺诈行为”做出了进一步解释，即：“一方当事人故意告知对方虚假情况，或者故意隐瞒真实情况，诱使对方当事人作出错误意思表示的，可以认定为欺诈行为。”

然而，上述条文并非对保函欺诈的认定标准所作出的有针对性的规定，在一些情况下，适用该标准判断保函欺诈是否成立将给当事人带来证明上的难题。故在判断保函欺诈是否成立时还应当注意借鉴国际惯例、条约中关于保函欺诈认定标准的有关规定，将其进一步明确化。

对此，《联合国独立保证和备用信用证公约》中的相关规定殊值借鉴。该公约第 19 条第 1 款对担保行付款义务的例外情形作出了明确规定，即：“如下列情形明确清楚的，担保行依诚信原则有权对受益人不予以付款：(1)任何单据非真实或系伪造者；(2)依付款请求及支持单据，付款无正当理由；(3)根据保函的类型与目的，付款请求没有可信依据的。”从比较法上看，《法国民法典》第 2321 条规定：“受益人明显滥用或者明显欺诈的，或者受益人与指令人串通的，独立担保人不承担担保义务。”

由此，本案判决对严格把握保函欺诈的适用标准具有重要的指导意义。换言之，只有当受益人的欺诈是证据确凿的或者显而易见时，方可认定欺诈成立。在双方对基础交易的履行情况等存在争议的情形下，只要受益人提示了相符的单据并满足了索付保函的条件，担保行就应当先行赔付，对于那些没有被包含在保函索付条件之中的争议焦点问题，则应由申请人通过其他法律途径解决争议使自己遭受的损失得到弥补，从而保证独立担保制度的优势得以正常发挥。

此外，该判决也明确表明了，当遇到双方存在争议较大而且需要由对基础合同具有管辖权的司法或仲裁机构裁决予以确定的事实时，审理法院不应当在欺诈纠纷中越权对该类案件的相关争议点予以认定，而应当尊重独立保函规则所作出的“先赔付，后争议”的商业安排。对存在争议的事实部分再由申请人通过

---

① 现可参考《最高人民法院关于适用〈中华人民共和国民法典〉总则编若干问题的解释》第 21 条规定：“故意告知虚假情况，或者负有告知义务的人故意隐瞒真实情况，致使当事人基于错误认识作出意思表示的，人民法院可以认定为民法典第一百四十八条、第一百四十九条规定的欺诈。”

其他法律途径解决争议使自己遭受的损失得到弥补，从而保证独立保函制度的优势得以正常发挥。同时，本案对处于贸易往来中的各交易方起到了警示作用，使之认识到不严格按照合同履行将产生巨大的法律风险，促使其形成“合同必须严守”的自律观念。

拓展研究

学界讨论通常认为，司法机关对独立保函欺诈案件中的基础交易合同可以进行必要有限审查，必要有限审查原则的具体内容如下。

首先，止付申请人以基础合同无效、合同主体变更、隐瞒基础合同关系等主张保函欺诈的，不属于《独立保函司法解释》欺诈例外类型化认定的 5 种情形之一，除非能证明上述事实与欺诈之间的关联性，否则可以从形式上排除。换言之，法院在独立保函欺诈纠纷中处理的是类型化欺诈情形的认定，在认定过程中有时需要对基础交易进行有限的审查，但这种审查是第二性的，应当以类型化的欺诈情形作为原则和指引。

其次，止付申请人主张虚构基础交易的，法院的审查一般着眼于真实交易是否实际存在，不存在介入基础交易违约情形的审查必要。此外，止付申请人基于“人民法院判决或仲裁裁决认定基础交易债务人没有付款或者赔偿责任”主张保函欺诈例外的，法院仅需审查判决或裁决的真实性以及其认定的基础交易相关事实与止付申请人主张的关联性即可，也无须介入基础交易的审查。此处的判决或裁决虽不要求是终局性的，但在双方基础法律关系提交仲裁或诉讼结果尚未明确的情形下，根据“先付款，后争议”的独立保函规则，法院应当尊重当事人的风险分担安排，无须中止审理独立保函欺诈案，无须待基础交易相关诉讼或仲裁结束后，才依据基础交易相关判决或裁决认定受益人的索款请求是否存在欺诈。

再次，止付申请人主张单据欺诈的，法院仅需对单据进行形式及内容真实性的审查，无须介入基础交易的审查。在审理单据欺诈类型的独立保函纠纷案件时，还应注意区分单据欺诈和文义分歧的情形，止付申请人主张受益人单据欺诈，经查明实际属于双方对案涉独立保函文本的理解产生分歧的情况下，法院不宜直接对独立保函文义的理解作出认定，而应当谦抑地行使审判权，仅对受益人是否存在明知没有付款请求权仍滥用该权利作出判断，不符合欺诈认定标准的应认定不存在独立保函欺诈，独立保函文义的理解则不属于独立保函欺诈纠纷的审理范围。

最后，止付申请人以"受益人确认基础交易债务已得到完全履行或确认独立保函载明的付款到期事件并未发生"为由主张独立保函欺诈的，法院有必要对基础交易进行审查，以确认申请人是否存在违约行为、付款到期事件是否发生等。但是这种审查必须是有限度的，一般仅限于以受益人信函、出具的确认书、受益人与债务人之间达成的协议等为凭证，对索赔声明中的陈述是否属实、正当进行认定，而不能深入对基础交易权利义务进行审查。①

二、单据欺诈是否构成独立保函实质性欺诈

诉讼争点

《独立保函司法解释》第 12 条第 2 项规定了构成独立保函欺诈的一种情形，即单据欺诈："具有下列情形之一的，人民法院应当认定构成独立保函欺诈：……（二）受益人提交的第三方单据系伪造或内容虚假的。"该情形是指受益人主观上存在故意，提交伪造或内容记载虚假的第三方单据，根据上述规定内容，若案件审理中发现确有证据证明单据系伪造或存在欺诈情形，担保人有权拒付。但实践中，单据欺诈认定标准仍存有争议，由于单据欺诈成为独立保函独立性或见索即付付款条件的例外，则单据欺诈的司法审查标准应更为慎重。若考虑效率价值和公平价值的兼容，将欺诈审查标准确定得较为严苛容易造成处于优势地位的受益人滥用索款权利，损害担保人和申请人的合法权益。但若欺诈审查标准确定得过低，可能裹挟司法机关不得不出现较多止付的裁判，从而影响独立保

---

① 参见董琦：《独立保函欺诈例外研究——兼论最高人民法院〈独立保函司法解释〉的适用》，载《东南学术》2019 年第 3 期。

函之独立性，折损其商业价值。因此，在单据欺诈的认定标准中，一种观点认为，认定实质性欺诈需要考虑欺诈行为损害基础合同的程度，要求银行审查单据背后基础交易履行内容，这就破坏了独立保函的独立性，因此不建议采纳实质性欺诈标准。另一种观点则认为，针对单据欺诈应当限定于实质性欺诈，要求伪造的单据对基础合同交易有实质性损害。

裁判指引

我国司法实践普遍倾向采纳第二种观点，即应当对其单据欺诈进行实质性区分，微小的不实陈述或者是非关键性的付款单据不应当包含在此欺诈条款中。如果受益人提交的单据仅存在细微错误或瑕疵则不应拒绝其索款的权利，如果因为这些非实质性的情形就不保护受益人权利，会影响独立保函付款制度的公平性，进而可能对独立保函法律关系的相对独立性产生一定程度的伤害。因此在进行司法审查时，单据欺诈内容应限定为明显不实范围。① 限定单据明显不实的范围，可参考实质性欺诈标准，即认定单据欺诈应具备欺诈行为严重影响基础合同交易的正常履行、导致交易当事人合法权益受到重大损害等情形。倘若单据记载内容只是因为笔误等其他微小差别，应当不适用欺诈例外。还需注意的一点是，独立保函起源就是保障受益人能够高效快捷地获得赔偿，倾向于保护受益人的索赔权，如果因此而被受益人滥用需谨慎对待。因此，以受益人明知为要件是独立保函单据欺诈情形认定的必要条件之一，单据欺诈认定需要考察受益人的主观恶意或故意才能保护独立保函法律制度的适用进而促进对内或对外贸易市场的发展。一旦申请人列举确凿证据证明受益人实施了捏造、隐瞒等客观事实，就可根据举证责任分配原则和过错推定原则认定受益人的主观过错。

---

① 参见殷敏、张晖：《“一带一路”实践下独立保函若干法律问题阐释——兼评〈关于审理独立保函纠纷案件若干问题的规定〉》，载《上海大学学报（社会科学版）》2019 年第 3 期。

相关规定

《独立保函司法解释》

第十二条　具有下列情形之一的，人民法院应当认定构成独立保函欺诈：

（一）受益人与保函申请人或其他人串通，虚构基础交易的；

（二）受益人提交的第三方单据系伪造或内容虚假的；

（三）法院判决或仲裁裁决认定基础交易债务人没有付款或赔偿责任的；

（四）受益人确认基础交易债务已得到完全履行或者确认独立保函载明的付款到期事件并未发生的；

（五）受益人明知其没有付款请求权仍滥用该权利的其他情形。

典型案例

中国海外工程有限责任公司、中国进出口银行、波兰国家高速公路管理局保函纠纷案

北京市第一中级人民法院（2011）一中民初字第13687－1号民事裁定书

案情介绍

2009年9月28日，波兰业主（以下简称业主）以“Skarbem Państwa-Generalnym Dyrektorem Dróg Krajowych i Autostrad”的名义与中国海外工程有限责任公司等4家公司组成的联合体（以下简称联合体）签订了合同（以下称基础合同），约定由联合体承包A2高速公路A标段及C标段的设计施工合同。

2009年9月22日，即在基础合同正式签署之前，联合体中的中铁隧道集团有限公司（以下简称中铁隧道）向中国银行河南省分行（以下简称河南中行）申请开立履约保函，该保函格式为业主提供。中铁隧道在2009年9月22日出具给银行的承诺书中写明：“……对方提供的‘银行履约保函’格式，我公司表示认可，同意按该格式出具保函……”该承诺书后附的保函格式的受益人名称为“General Directorate of State Roads and Motorways”。2009年9月24日，中铁隧道通过《保函/信用证修改申请书》申请河南中行“按后附格式重新出具保函”，

该后附的保函格式受益人名称为“State Treasury-General Directorate of State Roads and Motorways”,河南中行据此格式出具了正式的保函。

2009年9月23日,河南中行正式开立了LGC53009001014/015号履约保函(以下简称本案保函),保函受益人的名称为“State Treasury-General Directorate of State Roads and Motorways”。该保函为业主所接受,为最终有效的保函文本。

2011年6月16日,本案保函项下受益人第一次发来索赔函,在该索赔函的英文版本中,受益人在信头处使用了“GENERAL DIRECTOR FOR THE NATIONAL ROADS AND MOTORWAYS”的名称;波兰文版中,索赔函信头的受益人名称为“GENERALNY DYREKTOR DRÓG KRAJOWYCH I AUTOSTRAD”。

2011年8月3日,受益人第二次发来索赔函,并修改了第一次索赔函中存在不符点,以“State Treasury-General Directorate of State Roads and Motorways”的名义要求河南中行付款。

2012年3月13日,受益人第三次发来索赔函,仍然使用了“State Treasury-General Directorate of State Roads and Motorways”的名称。

后由于各种原因,双方合作关系破裂,中方项目人员撤离,波兰业主遂向银行索兑全部保函项下的款项。

2011年9月2日,中国海外工程有限责任公司以中国进出口银行、“General Director of State Roads and Motorways”作为被告,向北京市第一中级人民法院提出申请要求止付保函,其理由除其他工程项目中波兰业主违约等理由外,还基于以下理由:

1. 根据业主对A2高速公路的招标公告,业主机构的公共主页为“www. gddkia. gov. pl”,登录该主页,该主页上显示该机构的波兰语名称为“Generalna Dyrekcja Dróg Krajowych i Autostrad”,在英文版的联系方式中可见该机构的英文名称为“General Directorate for National Roads and Motorways ”,即国家道路系统相关事项的中央行政管理机关为国家公路与高速公路管理局(英文名称为:General Director for National Roads and Motorways;波兰文名称为:Generalny Dyrektor Dróg Krajowych i Autostrad,以下简称总局)。“Directorate”(理事会)与“Director”(总局)的关系:“总局(the General Director)通过国家高速公路管

理局理事会(英文名称为:General Directorate for National Roads and Motorways,以下简称总局理事会)的支持履行其职责。”可见,“总局”与“总局理事会”的波兰文名称与英文名称都是不同的,代表两个不同的主体,法律地位及法律权限均不相同。

2. 从本案与保函有关的法律事实来看,第一,基础合同第4.2条“履约保证”规定:“承包商应当在签署本协议之前向业主出具履约保函。”因此,本案保函依据基础合同应当出具给业主,即“总局”,而事实上保函开立的受益人主体却并非如此。第二,保函受益人的名称为“State Treasury-General Directorate of State Roads and Motorways”,可能指向的是“总局理事会”,经上述分析,“总局”与“总局理事会”为不同的主体,因此,该保函的受益人并非基础合同的业主。

3. 从法律适用来看,第一,保函受益人的名称为“State Treasury-General Directorate of State Roads and Motorways”,而上述业主支持机构“总局理事会”的名称为“General Directorate of State Roads and Motorways”,两者的区别在于是否在名称前面增加“State Treasury”(财政部)。根据上述官方网站的介绍,波兰业主及其机构的名称仅为“General Directorate of State Roads and Motorways”,即便是波兰文的名称“Generalna Dyrekcja Dróg Krajowych i Autostrad”也没有“财政部”的前缀。而本案保函的受益人名称的构成则可简称为“财政部—总局理事会”。但波兰法上“总局理事会”不能作为“财政部”的代表,因此“财政部—总局理事会”是一个错误的名称。第二,上述网站信息也表明“总局理事会”的正确名称中是没有“财政部”前缀的,之所以有此严格的区分,是由于在波兰法上,财政部作为国家机构,其在行使各类行政管理权力时需要有特定的机构代表其完成,而波兰法律对该等代表机构的代表权限及形式均有严格的规定。就道路及高速公路的建设及运营而言,有权代表财政部的仅为“总局”,因此“财政部”可加在“总局”的名称之前。“总局理事会”作为行政机构的“总局”的附属、支持机构,依法则无权代表财政部,因此在其名称前加“财政部”是不正确的,是违反波兰法律的。

法院裁判

2011年9月5日,北京市第一中级人民法院作出(2011)一中民初字第13686-1

号民事裁定书，裁定中国进出口银行中止支付编号为 BKD2009LG00168 保函项下的款项 35,183,810.64 波兰兹罗提。

2014 年 12 月 19 日，由于种种原因，中国海外工程有限责任公司提交撤诉申请，撤回本案诉讼。

评析

独立保函在使受益人获得付款变得高效便捷的同时，基于其独立性和单据性存在很大风险。独立保函和基础交易相互独立，其合同关系产生于开立人和受益人之间。只要受益人提交表面相符的单据及文件，开立人就必须履行付款义务。开立人无权过问基础交易合同的履行情况，其只能对约定的单据进行审查。开立人处于信息劣势的地位，面对受益人的欺诈或权利滥用，其只能接受此种风险分配安排。但如果制度不对此予以矫正，将会打击金融机构今后开立独立保函的积极性。因此，如果欺诈认定标准过严，会使得优势受益人滥用索款权利却难以被法院制止。

本案裁判表明，一方面，独立保函的见索即付特征，使开立人是否付款，高度依赖保函的表面陈述和随附单据，并信赖该表面陈述与真实情况确定相符。另一方面，见索即兑的保函受益人、索赔声明中的受益人、基础合同中的债权方应保持为同一主体，才能满足最基本的见索一致规则。本案中，基础合同中约定的债权人并非保函上载明的受益人，则债权人不能成为保函上的受益人，继而丧失索赔权利。而保函受益人又并非基础合同项下的债权人，同时该受益人无论依据中国法律还是波兰当地法律都无法成为可以承担民事法律责任的独立主体，故该受益人也无权依据基础合同项下的理由进行索赔。因此，无论是从维护公平诚信的市场秩序出发，还是从维护独立性这一独立保函制度之基石的角度切入，微小的不实陈述虽不会导致构成认定保函欺诈，但涉及保函支付给谁，受益人、索赔人和债权人记载不一致，主体不同一的情形下，则可以考虑构成实质性欺诈。

拓展研究

英国大法官丹宁勋爵曾言，见索即付保函开立人的付款责任与基础交易双方当事人无关，与基础交易债务人是否履行合同无关，与基础交易债务人是否有过错亦无关。除非存在独立保函欺诈，否则只要受益人依据独立保函向开立人请求付款，开立人就必须凭相符交单承担付款责任。[①] 基于此，各方当事人在谈判时应当根据自身利益和风险衡量来设计独立保函的付款单据。总体来说，依据《独立保函司法解释》第1条第2项列举的单据，可以将受益人请求开立人付款时提交的单据分为3类，第一类是受益人自己出具的单据，如付款请求书、违约声明、汇票和发票；第二类是第三方出具的单据，如第三方出具的文件；第三类是司法机构的判决或者仲裁机构的裁决。与基础交易关联性最弱，对受益人制约最少，最容易为受益人实施欺诈行为的是单据条件仅要求提供请求书的独立保函；与基础交易关联性最强，对受益人制约最大，最难为受益人实施欺诈行为的是单据条件要求受益人提供法院判决或者仲裁裁决的独立保函；与基础交易关联性居中，对受益人具有一定程度的制约的是单据条件要求受益人提供第三方出具的书面文件的独立保函。[②]

《独立保函司法解释》的出台不仅在宏观上解决了独立担保的有效性问题，同时在微观上对独立保函的界定、开立、法律适用、单证相符原则、独立性原则、欺诈止付以及司法程序等人民法院审理独立保函案件中经常遇到的各类问题作出了比较全面的规定。特别是针对审理独立保函案件遇到的最大难点："欺诈例外"案件中对欺诈的认定，《独立保函司法解释》在借鉴国际公约的基础上，创新性地细化了欺诈止付的证明标准，对欺诈例外理论的发展具有重大意义。

（一）对英国"受益人欺诈"标准的吸收和补充

《独立保函司法解释》第12条参照《联合国独立保函和备用信用证公约》的做法，采用明确列举的形式，规定了独立保函欺诈认定的5种情形，其中4种情形均强调了受益人作为主体于保函欺诈认定中的重要作用，同时第1款、第2款、第5款均以受益人的主观欺诈性为判断要素，这可以被视为对英国的"受益

① See Edward Owen Engineering Ltd. v. Barclays Bank International Ltd. (1978).

② 参见张勇健、沈红雨：《关于〈审理独立保函纠纷案件若干问题的规定〉的理解和适用》，载《人民司法》2017年第1期。

人欺诈"标准的有效吸收。英国的"受益人欺诈"标准自确立以来，适用遭遇的巨大障碍正是源于受益人欺诈意图这一主观性因素在案件审理中被证实的巨大难度。长期以来，在英国的信用证和独立保函实务中，即使受益人向银行提交虚假单据，只要单据的虚假不能证明是受益人所为，银行明知单据的虚假性也必须履行支付义务，由此支付行和申请人在实务中常常陷入困境。从这一角度上看，《独立保函司法解释》第 12 条第 2 款"将受益人提交的第三方单据系伪造或内容虚假的"确定为保函欺诈的认定情形，较好地填补了英国"受益人欺诈"标准的主要缺陷，使欺诈例外的适用更具可操作性与合理性。

（二）对美国"实质性欺诈"标准的审视与修正

美国法律界对欺诈例外规则中"欺诈"的认定标准经历了数十年的争论，从早期的"重大欺诈说""故意欺诈说"到后来的"衡平欺诈说"，美国对保函欺诈的认定一直处于发展状态。[①] 直到 1995 年在 UCC 的修订版第 5 – 109 条中，"实质性欺诈"才被明确作为衡量欺诈例外规则中"欺诈"是否成立的重要标准。"实质性欺诈"的标准侧重于考量欺诈行为对所涉及的基础合同的损害程度。UCC 的官方解释文件，分别对商业信用证和备用信用证中的"实质性欺诈"问题作出了明确的解释：就备用信用证而言，实质性欺诈的成立，必须建立在受益人付款权利主张已无实质性依据的基础之上。[②] 美国对实质性欺诈的解释更多地着眼于欺诈行为的实质性后果，即对基础合同履行的影响程度。这就变相要求担保人在签署独立保证合同时，承担检查基础合同实际履行的责任，这与独立保函独立于基础合同的基本特征背道而驰，从根本上动摇了独立保函和信用证的独立性原则。

我国《独立保函司法解释》第 12 条的列举并未如 2005 年的《关于审理信用证纠纷案件若干问题的规定》一般借鉴了"实质性欺诈"标准的认定要素。但是

① 参见陆璐：《欺诈例外条款在英美法系信用证实践中的运用比较》，载《江海学刊》2008 年第 1 期。

② 另一类为商业信用证，对此解释规定：实质性欺诈的成立，要求伪造的单据或欺诈行为本身对基础合同交易有实质性损害。转引自陆璐：《保函欺诈例外：一例国际商事规则的中国式创新诠释》，载《河南师范大学学报（哲学社会科学版）》2018 年第 1 期。

“实质性欺诈”标准多年以来在实践领域与理论领域均饱受争议。一方面，理论界对“实质性欺诈”标准仅侧重于考量欺诈行为对其所涉及的基础合同损害程度这样一种价值判断方法的批评声不绝于耳。[①] 英国法上曾明确指出，实质性欺诈的判定要求银行根据基础交易和单据背后的实际违约情况作出判定，本身就是对信用证和独立保函独立性的彻底摧毁。[②] 另一方面，在美国司法实践涉及保函欺诈的案件中，对“实质性欺诈”标准的适用也名不符实，并未在案件审理中彻底实践“实质性欺诈”的审查标准。我国《独立保函司法解释》虽没有直接引入“实质性欺诈”标准，但同时考虑到基础交易对保函欺诈认定的重要作用。如在我国《独立保函司法解释》第 12 条列举的第三种情形中，将对基础交易损害的实质性判断交由法院来考量，很好地区分了不同当事人的权责差异，也为《独立保函司法解释》第 14 条和第 20 条欺诈止付双重证明标准的适用创设了空间。

三、受益人滥用付款请求权的兜底条款适用是否应当进行限制

诉讼争点

《独立保函司法解释》第 12 条第 5 项对受益人明显滥用付款请求权的其他情形规定了概括性的兜底条款。概括而言，受益人滥用付款请求权的情形，既包括基础合同无效而索款，也包括其他在没有付款请求基础事实的情况下不当使用付款请求权等。考虑到独立保函欺诈在实践中的复杂多样性，该条款给各级法院在个案中认定独立保函欺诈留下了充足的裁量空间，实践中，一种观点认为，第 12 条第 5 项为兜底条款，为司法机关在处理交易纠纷中产生的各类实践

① 参见陆璐：《普通法信用证例外规则研究》，南京出版社 2012 年版，第 39 页。

② 这也是英国否认美国实质性欺诈的本法理依据。See United City Merchants v. Royal Bank of Canada(The American Accord). [1983] A. C. 168(HL),185.

问题奠定了灵活操作的基础;另一种观点则认为,为确保独立保函的生命活力,虽然兜底条款留下了一定的自由裁量权,但必须对其加以限制才可得以实现。

裁判指引

我国司法实践普遍倾向采纳第二种观点,认为对受益人明显滥用付款请求权兜底条款的裁判适用应当加以限制。这是因为:首先,独立保函担保涉及领域众多,欺诈形式复杂多样,故而《独立保函司法解释》第 12 条第 5 项也不例外地设置了兜底条款,即受益人明知没有权利仍滥用的其他情形,给各级法院运用自由裁量权处理独立保函欺诈案件留下了讨论空间。据不完全统计,裁判文书网显示,全国各级法院共对 19 个案件依据《独立保函司法解释》第 12 条第 5 项裁判认定构成保函欺诈,使因滥用付款请求权而构成的保函欺诈认定标准存在扩大解释的可能性。这可能阻碍独立保函的发展,同时破坏独立保函之独立性原则,以致贬损其商业价值。其次,综观世界各国立法或司法裁量均无一例外地在通常情况下对独立保函欺诈构成条款的适用秉持谨慎态度,一方面通过立法明确列举可能构成独立保函欺诈的实践情形,另一方面通过兜底条款的适用在司法自由裁量权的适用尺度内平衡各方的合法利益。据此,我国司法机关亦应谨慎对待,审慎裁判,在判定独立保函欺诈时,必须根据《独立保函司法解释》第 12 条的规定,穷尽前 4 款情形,并结合诚实信用和公平交易原则,针对个案情形做出认定。而不应因兜底条款的滥用导致《独立保函司法解释》第 12 条第 5 项的规定成为裁判独立保函欺诈案件的“空袋子”,或者造成司法机关过多介入独立保函基础交易的实质性争议。上述两种情形均不符合独立保函的独立性之法律属性和商业价值。

相关规定

《独立保函司法解释》

第十二条　具有下列情形之一的,人民法院应当认定构成独立保函欺诈:

(一)受益人与保函申请人或其他人串通,虚构基础交易的;

（二）受益人提交的第三方单据系伪造或内容虚假的；

（三）法院判决或仲裁裁决认定基础交易债务人没有付款或赔偿责任的；

（四）受益人确认基础交易债务已得到完全履行或者确认独立保函载明的付款到期事件并未发生的；

（五）受益人明知其没有付款请求权仍滥用该权利的其他情形。

典型案例

中国水利水电第四工程局有限公司与中工国际工程股份有限公司独立保函欺诈纠纷案

最高人民法院(2019)最高法民终349号

案情介绍

2013年10月2日，中工国际工程股份有限公司(以下简称中工国际公司)与玻利维亚方面签订蒙特罗—布洛布洛铁路I标段编号为MOPSV/VMTLPI.NO001/2013的总承包合同，合同金额722,170,582.88玻利维亚诺。2014年4月4日，中国水利水电第四工程局有限公司(以下简称中水四局公司)和中工国际公司签订《分包合同》。

2014年4月16日，经中水四局公司申请中国建设银行股份有限公司建行西宁铁路支行(以下简称建行西宁铁路支行)向中工国际公司开具了建青铁路保(预2014)05号《预付款保函》、建青铁路保(履2014)16号《履约保函》。

2015年11月3日，玻利维亚方业主解除了与中工国际公司的总承包合同。11月5日，中工国际公司向建行西宁铁路支发出《书面索赔通知书》，索赔案涉保函，称“截至今年10月，中水四局司施工进度已严重滞后且大面积停工并辞退工人，在既定工期仅剩1个月的状下，已完全无法履行合同所规定的工作义务”。

11月10日，建行西宁铁路支行向中水四局公司发出《催款通知书》，11月12日，中水四局公司向一审法院青海省高级人民法院提出诉前财产保全申请，并提供等额担保。一审法院于11月13日作出(2015)青民保字第29号民事裁定;建行西宁铁路支行停止支付案涉预付款保函项下款人民币 66,315,000 元和履约保函项下款项人民币 23,210,247 元款项;对中水四局公司人民币 8955.247 元财产予以查封、扣押或冻结。同日,一审法院向建行西宁铁路支行发出协助执行通知书,查封、扣押或冻结了中水四局公司的等额财产。11 月 18 日,中水四局公司向一审法院提起诉讼。11 月 19 日中工国际公司向中水四局公司发出解除分包合同通知。一审法院认为,中工国际公司索赔案涉保函项下的款项不构成独立保函欺诈,并作出(2015)青民二初字第 88 号民事判决,判决驳回中水四局公司的诉讼请求。中水四局公司不服一审判决,上诉至最高人民法院。最高人民法院判决驳回上诉,维持原判。

法院裁判

中工国际索赔案涉保函项下的款项不构成欺诈。根据《最高人民法院关于贯彻执行〈中华人民共和国民法通则〉若干问题的意见(试行)》第 68 条①的规定,欺诈主要表现为虚构事实与隐瞒真相。《独立保函司法解释》第 12 条规定:“具有下列情形之一的,人民法院应当认定构成独立保函欺诈:……(五)受益人明知其没有付款请求权仍滥用该权利的其他情形。”案涉两份保函均规定,索赔通知需要受益人作出违约声明加以支持,并未规定第三方单据。中水四局主张中工国际的行为构成保函欺诈并请求判令止付保函项下的款项,应当证明中工国际存在明知没有付款请求权仍滥用该权利的行为,且达到《独立保函司法解释》第 20 条规定的证明标准。

(一)中工国际作为受益人,有初步证据佐证其索赔请求

本案双方当事人均主张对方在基础合同履行中存在违约行为,均依据基础交易主张权利。因此,须判断受益人是否具有基础合同项下的初步证据证明其索赔请求具有事实依据。根据《分包合同》的约定,案涉工程的既定工期自 2013 年 12 月 13 日起到 2015 年 12 月 13 日止,共 24 个月。中水四局负责的土建施工

① 现参见《最高人民法院关于适用〈中华人民共和国民法典〉总则编若干问题的解释》第 21 条。

和设备安装工程为730日历日，与《总承包合同》的工期相同。2015年11月5日，中工国际向铁路支行发出《书面索赔通知》，距离既定工期届满已经不足2个月时间。根据2015年10月2日中工国际致中水四局《关于转发业主第二次解约意向函的函》，业主终止与中工国际的合作，并开展调查，得出结论为：施工组织不力，资源投入不足，未能完成七八月赶工计划且多次无视业主、监理的赶工指令。业主《第二次解约意向函》主要针对土建施工和设备安装工程问题，而根据《分包合同》的约定，土建施工和设备安装工程均由中水四局以中工国际名义实施，属于中水四局的工作范围。中水四局虽然认为其未能完成七八月赶工计划系因中工国际怠于采取应有的措施导致，其辞退工人也是因中工国际拒绝审核、支付第9～11期工程结算书，导致现场施工人员、机械设备窝工，现场施工无法开展导致，但不能否认截至2015年10月，其已无法完成《分包合同》约定的义务以及存在停工和辞退工人等事实。中工国际具有基础合同项下的初步证据证明其索赔请求具有事实依据。中水四局关于中工国际不具有基础合同项下的初步证据证明其索赔请求具有事实依据的主张不能成立，法院不予支持。

（二）中工国际索兑案涉保函不以《分包合同》约定的工程进度延误罚金为限

在从属性保证法律关系中，保证人有权提出债务人基于对被担保债务的抗辩。但是独立保函开立人的义务在于依条件付款，而非代为履行债务，因此，只要符合保函约定的付款条件，开立人即应当支付保函项下的索赔金额。《分包合同》附件“合同条件”第25.4条虽然约定，由于中水四局原因未按确认的工程进度完成相关工作，每延误一天向中工国际支付违约金按合同额的万分之三罚款，但上述约定属于中工国际与中水四局就基础交易所作的约定，并不能约束受益人在保函项下的索赔权利。中水四局关于中工国际全额索兑案涉保函缺乏合同依据、其索兑案涉保函应以施工进度延误罚金为限、对保函全部金额不享有全额付款请求权的上诉主张不能成立，法院不予支持。

(三)中工国际具有索兑《预付款保函》的请求权

《分包合同》第 20.1 条约定,中水四局应当在合同生效后 7 日内开出中工国际认可的银行开具的合同金额 20% 的预付款保函。《分包合同》第 20.2.2 条约定,中工国际在收到预付款保函并审核无误后在 7 个工作日内支付同等金额的预付款。预付款起扣根据《总承包合同》同步进行,直至扣完为止。合同履行期间,根据双方第 1 ~8 期工程结算书,中水四局申请结算金额中的应支付金额也是根据申请结算产值扣除预付款后计算得出的。从双方的约定和实际履行来看,案涉预付款是中工国际为中水四局启动案涉工程提供的一笔融资,随工程进度由中水四局按比例偿还,而非仅是工程款的预先支付。《预付款保函》的索赔条件为中工国际的申明中水四局未能按照合同规定履行合同义务的书面索赔通知且无须提交任何证明文件。因此,无论预付款是否已经全部用于案涉工程,均不影响中工国际行使索赔权。中水四局关于其已将收到的预付款全部用于案涉工程,《预付款保函》所担保的“预付款如约用于项目建设”已全部实现,中工国际已无权索兑《预付款保函》等上诉主张,法院不予支持。

如果预付款保函中有减额条款,在保函申请人部分履行合同的情况下,保函支付款额可能有所减少。本案预付款保函没有约定减额条款,其金额不能因保函申请人的履约情况发生调整。案涉《预付款保函》关于“有效期至中工国际扣完预付款之前”的约定不足以认定为减额条款,且没有规定减额单据。因此,《分包合同》第 20.2.2 条虽然约定“预付款起扣根据主合同同步进行,直至扣完为止”,但该条款并未写入预付款保函的索赔条件中。中工国际作为受益人,无须证明其索赔金额即是基础关系项下的应付金额,其全额索兑预付款保函的行为不宜被认定为滥用付款请求权。中水四局关于中工国际认可预付款已部分扣还、明知无权全额索赔案涉保函项下款项却仍然全额索赔构成欺诈的上诉主张不能成立,法院不予支持。

(四)受益人是否具有基础合同项下的违约行为并不必然影响其行使保函索赔权

法院2017年12月14日就再审申请人东方置业房地产有限公司与被申请人安徽省外经建设(集团)有限公司、原审第三人哥斯达黎加银行、中国建设银行股份有限公司安徽省分行保函欺诈纠纷一案作出的(2017)最高法民再134号民事判决确立的原则是,受益人在基础合同项下的违约情形,并不必然影响其按照独立保函的规定提交单据并进行索款的权利。独立保函开立后,应视为保函申请人放弃了在基础关系项下对保函受益人违约的抗辩。因此,本案基础合同项下是否有违约事实及其因果关系,并不影响中工国际行使保函权利。中水四局关于中工国际自身在基础合同履行中存在的违约情形、与其索兑案涉保函所依据的事实存在逻辑上的因果关系、中工国际以该事由进行索赔构成独立保函项下的欺诈索赔的主张不能成立,法院不予支持。

评析

本案裁判者对欺诈例外情形进行了严格限定,本案中《分包合同》第20.22条虽然约定“预付款起扣根据主合同同步进行,直至扣完为止”,但该条款并未写入预付款保函的索赔条件中。本案中中工国际公司作为受益人,无须证明其索赔金额即是基础关系项下的应付金额,其全额索兑预付款保函的行为不宜被认定为滥用付款请求权,故中工国际公司作为受益人,具有基础合同项下的初步证据证明其索赔请求具有事实依据,享有索兑《预付款保函》的请求权,其不存在滥用付款请求权的情形,不构成独立保函欺诈。

拓展研究

《独立保函司法解释》第12条第3项、第4项分别规定,法院判决、仲裁裁决、受益人自身确认的基础交易债务已得到完全履行或者确认独立保函载明的付款到期事件并未发生的情形下受益人请求付款属于滥用付款请求权。第5项则对有可能出现的受益人滥用付款请求权的其他情形进行了兜底规定。该3项规定在司法实践中可能引发的问题有：第一，法院判决、仲裁裁决的限定不明确，外国或其他法域的法院或仲裁机构作出的仲裁裁决和判决是否可以作为依据？仲裁裁决或判决是否必须是已生效或终局性的？第二，受益人确认基础交易已得到完全履行或独立保函载明的到期事件并未发生，但由于商事活动往往存在变数，即使受益人先以某种方式对此予以确认，但随之由于情势变更或发现确认之时所未发现的债务人的违约事实，在保函的付款请求期限届满之前，受益人是否还有权请求开立人承担相应付款责任？第三，兜底条款赋予了法院一定的自由裁量权，是否会破坏独立保函的独立性？

就独立担保的各种修正情形而言，欺诈作为付款例外普遍得到了各国法院的承认，在某些国家有时也被称为权利滥用，如法国、比利时等。但也有反对声音，如学者普兰利认为，“滥用权利本身就是矛盾的字眼，权利不存在滥用，当滥用的时候已经不存在，它已经不是法律所承认的、在一定范围内行使的权利”。

在我国，欺诈例外也是法院最经常援引的付款例外事由。就措辞而言，除欺诈和权利滥用之外，恶意（bad faith）或任意（arbitrariness）也被偶尔使用。就独立担保的欺诈例外而言，各国法规定主要体现为三种类型：单据欺诈、单据无效、实质性欺诈。根据《独立保函司法解释》第 12 条的规定，该解释文本中的“独立保函欺诈”共包括 5 种情形：其一，虚构基础交易。通过将无真实交易基础纳入独立保函欺诈的例外情形，其规范效果将导致在独立保函关系中关涉基础交易关系，在一定程度上损害了独立保函的独立性。虽然独立保函的独立性得以承认，但其必须与真实的基础交易相关联，否则独立保函项下的付款行为即缺乏正当性基础。有观点认为，循体系解释立场，基础交易违法与否尚且不应当对独立担保的效力构成影响，更勿论基础交易是否真实存在了。故而，虚构基础交易这一修正情形，实则已经超出了欺诈的边界。其二，第三方单据伪造或虚假。由于独立担保高度依赖单据机制，单据欺诈或单据无效是较为典型的独立担保欺诈情形，没有异议。其三，裁判文书认定基础交易债务或责任不存在。此种情形与虚构基础交易情形所体现的价值判断相似，亦是在独立性规则基础上设定的一项例外。基于对独立性的尊重，此处的判决或仲裁裁决应当为终局性的司法文书，否则不能构成独立性之例外。其四，受益人确认基础交易完全履行或者付款到期事件未发生。在此两种情形下，是通过受益人承认的法律事实，据以否认嗣后的付款请求权之正当性。基于诚实信用原则，当事人特别是商人不应当违背承认之法律事实。然则，由于商事交易瞬息万变，在独立保函的付款请求期满之前，基于商事情势变更之原则而变换商事决策，转而寻求独立保函项下之付款，亦属可能。其五，其他滥用付款请求权的情形。作为独立保函欺诈的兜底条款，扩大了独立担保欺诈的概念，或将造成司法机关对独立保函交易的过多干涉。由于在独立担保欺诈类型之中，除典型的单据欺诈、单据无效之外，《独立保函司法解释》第12条第1项、第3项、第4项均在一定程度上涉入了基础交易范畴，第5项更是通过兜底条款方式造成了一定的不确定性。《独立保函司法解释》因此将除无真实交易背景之外的其他情形统一称为“明显滥用付款请求权”，从而形成了无真实基础交易、单据欺诈和明显滥用付款请求权三种例外情形。

还需要注意的是，在转开保函的情况下，反担保函必须符合双重权利滥用标准才能构成欺诈例外情形。反担保函的止付申请人不仅需要证明独立保函项下的受益人存在欺诈事实，还需要证明独立保函的担保人付款并非善意，即独立保函担保人明知受益人欺诈仍向受益人付款，并转而依据反担保函请求付款。[①]

---

① 参见杨弘磊、许英林：《独立保函欺诈的认定规则》，载《人民司法》2019年第29期。

第十章

独立保函的修改、转让与终止

独立保函从开立到失效往往长达几个月甚至几年，而在有效期内由于客观情况不可预知的变化，诸如金融危机、政策法规变动、国际关系调整、市场剧烈波动等，导致当事人对基础合同可能需要各种变更，如施工期限、工程要求、增减总价等合理化变更，这些变更相应也要求独立保函进行同步修改，如索赔条件变化、延长有效期、增减金额等。

在通常情况下，由于独立保函独立于基础交易，是一个单独的法律文件，并不是任何一方想修改就能修改的。虽然申请人经常根据交易需要提出修改独立保函的请求，但独立保函的修改只能在依独立保函文件本身规定修改以及开立人与受益人协商一致修改的情况下可行。这是因为独立保函大多是无条件的、不可撤销的，如果单方如申请人或者开立人自行修改，则受益人的权利容易受损。因此，独立保函修改必须得到担保人与受益人的一致同意。相关的 URDG 758 明确规定，在未经受益人同意对独立保函进行修改的情况下，开立人自行或者根据申请人/指示方针对该独立保函作出的修改对受益人不具有约束力。本部分将介绍独立保函修改中的一些细节与法律争议，如修改的流程、具体方式，双方协商的过程。另外，如果一方不同意或者仅同意部分修改时回应的规则。

除对其他条件修改之外，独立保函的展期也是一种重要的修改。在许多独立保函中，由于各种条件的变化，原定的基础合同无法按期完成，但保函的有效期即将届满，此时各方可以协商对独立保函进行展期，即延长有效期至某日期。展期在许多情况下非常有用，在基础合同变化时达成一种双方都可以接受的妥协。在许多情况下，原先的独立保函期限即将届满，受益人为了自己的利益，往往会不顾基础合同实际履行情况先提出索赔以保障自己的权利，这时候受益人可以提出一种"展期或付款"的索赔请求，申请人和开立人通常的一种回应就是将独立保函展期，这样可以避免先行赔付，而是延期后使基础合同能够继续履行，形成多赢局面。

独立保函的转让，则是另一个较为重要的法律问题。通常情况下，允许转让给独立保函的申请人、开立人增加了较大的风险，因为它实际上将独立保函变成了可转让票据(negotiable instrument)，任何人持有独立保函，都可以要求开立人付款，相当于开立人需要与资信不明的第三方进行交易，被要求付款的风险大大增加。因此，《独立保函司法解释》与国际规则均限制独立保函的转让以控制这种风险，除非独立保函中双方明确约定允许转让。有的时候，即便允许转让，各方也往往会加入一些限制性条件，如只能转让给特定受让方，这样可以在一定程度上控制风险。独立保函转让是个较为宽泛的概念，还应仔细区分为索偿权的转让与保函项下款项的让渡。混淆这两个关系会带来法律争议，本部分将通过案例予以介绍。

独立保函的终止，是指因一定法律事实的发生，而使独立保函的效力在客观上已不再存在。独立保函终止后，将导致受益人或者反担保人立即丧失请求索款或延长独立保函期限的权利，而且不再享有独立保函项下的任何权利。在传统的从属性保证中，担保人的义务一般由于保证合同解除、保证期限届满、保证人履行保证债务、主债权消灭等原因而终止，独立保函的终止原因有类似之处，如基于支付、独立保函项下的总金额递减为零、期限届满、解除等，但由于不纳入从属性保证中的保证期间这个概念，独立保函的期限届满有其独特之处，本部分也将予以介绍。

一、独立保函的修改需要哪些主体同意

诉讼争点

独立保函是用于各类交易，如工程、船舶建造、贸易等。在交易过程中，交易双方当事人通常会根据实际情况的变化对基础合同进行修改，从而引起对保函付款条件理解的歧义。当事人同意修改基础合同，是否引起保函的相应变化？银行是否必须同步修改保函的条款？

对此，主要有以下两种观点：

观点一认为，保函服务于基础合同，银行出具保函是为了当事人更好地进行交易，如果交易当事人变更了基础合同，则银行应相应地对保函进行修改。

观点二认为，保函独立于基础合同，存在三方法律关系，并非在申请人与受益人这两个交易主体之间的法律关系。保函开出后，即便申请人、受益人同意变更，如果银行不同意，保函条款亦应保持不变。

裁判指引

司法实务中笔者认为应采纳观点二。

保函法律关系当中涉及三方当事人，即申请人、担保人（银行）、受益人。由于保函独立于基础法律关系，交易双方当事人对基础合同的修改并不会影响保函的效力。银行作为独立的一方，完全可以忽略基础合同的修改。即便当事人请求银行相应地更改保函，银行也有拒绝修改的权力。

当然，尽管银行有这种拒绝的权利，但实务中为了业务的需要，银行往往会根据当事人的请求相应地修改保函条款。

对于保函的修改，URDG 758 明确了相关规则，给予各方实务指引。其中，申请人往往会根据基础合同的变更，指示开立保函的银行进行相应修改，在收到这种指示后，银行有权予以拒绝。如果拒绝，应及时告知指示方。

由于原先的保函并未失效，而且往往是不可撤销的，受益人已经产生了信赖，对银行具有约束力，如果银行根据申请人的指示准备修改保函，则必须征得受益人同意，否则修改对受益人不具有约束力。如果受益人表明接受修改，则修改后的保函对受益人产生约束力。无论受益人是接受还是拒绝保函的修改，都应立即通知银行，否则会产生新旧保函条款的适用问题。

除此之外，URDG 758 还要求受益人在决定是否接受修改时，应全部接受而不允许部分接受。如果仅接受部分，视为受益人与银行对保函的修改没有达成一致意见，应视为受益人拒绝接受保函的修改，双方权利义务以原保函为准。因此，银行保函的修改，既有赖于银行的配合，也与双方当事人能否谈妥新的保函条件密切相关。

相关规定

《独立保函司法解释》

第六条　受益人提交的单据与独立保函条款之间、单据与单据之间表面相符，受益人请求开立人依据独立保函承担付款责任的，人民法院应予支持。

开立人以基础交易关系或独立保函申请关系对付款义务提出抗辩的，人民法院不予支持，但有本规定第十二条情形的除外。

URDG 758

第 11 条　修改

a. 当收到保函修改的指示后，担保人不论因何原因，不准备或无法作出该修改时，应毫不延迟地通知向其发出指示的一方。

b. 保函修改未经受益人同意，对受益人不具有约束力。但是，除非受益人拒绝该修改，担保人自修改书出具之时起即不可撤销地受其约束。

c. 除根据保函条款作出的修改外，在受益人表示接受该修改或者作出仅符合修改后保函的交单之前，受益人可以在任何时候拒绝保函修改。

d. 通知方应将受益人接受或拒绝保函修改书的通知毫不延迟地通知给向其发送修改书的一方。

e. 对同一修改书的内容不允许部分接受，部分接受将视为拒绝该修改的通知。

f. 修改书中约定“除非在指定时间内拒绝否则该修改将生效”的条款应不予置理。

第 23 条　展期或付款

a. 当一项相符索赔中包含作为替代选择的展期请求时，担保人有权在收到索赔翌日起不超过 30 个日历日的期间内中止付款。

b. 当中止付款之后，担保人在反担保函项下提出一项相符索赔，其中包含作为替代选择的展期请求时，反担保人有权中止付款，该中止付款期间不超过保函项下的中止付款期间减 4 个日历日。

c. 担保人应毫不延迟地将保函项下的中止付款期间通知指示方，或者反担保函情况下的反担保人。反担保人即应将保函项下的该中止付款和反担保函项下的任何中止付款通知指示方。按本条规定行事即尽到了第 16 条规定的通知义务。

d. 在本条 a 款或 b 款规定的期限内，如果索赔中请求的展期期间或者索赔方同意的其他展期期间已获满足，则该索赔视为已被撤回。如果该展期期间未获满足，则应对该相符索赔予以付款，而无须再次索赔。

e. 即使得到展期指示，担保人或反担保人仍可拒绝展期，并应当付款。

f. 担保人或反担保人应将其在 d 款项下进行展期或付款的决定，毫不延迟地通知给予其指示的一方。

g. 担保人和反担保人对根据本条中止付款均不承担任何责任。

典型案例

发得科技工业股份有限公司、湖南省机械设备进出口公司保函纠纷案

一审：湖南省长沙市中级人民法院(2012)长中民五初字第 0521 号

二审：湖南省高级人民法院(2018)湘民终 707 号

案情介绍

原告湖南省机械设备进出口公司(以下简称机械进出口公司)因与发得科

技工业股份有限公司（以下简称发得公司）交易中的保函纠纷，将发得公司以及明亚国际有限公司（以下简称明亚公司）、交通银行股份有限公司湖南省分行（以下简称交通银行）、第三人侨富达贸易（上海）有限公司（以下简称侨富达公司）一并起诉至法院。

发得公司系我国台湾地区"台北机场迁建建设计划——富冈基地（CL431标机场检修设备第一期工程）"（以下简称台北机场工程）的设备采购方。2010年9月10日，被告发得公司与被告明亚公司签订契约书（NO：CL431－2010－004），向明亚公司采购工程所需的车轮车床设备。

2010年9月25日，被告明亚公司按照CL431－2010－004契约书的主要内容，与原告机械进出口公司及第三人侨富达公司签订了订购台北机场工程所需车轮车床的LGH303201000022合同。该合同约定：（1）货物名称及规格为：UGL－15PWL型号的车轮车床（以下简称涉案机械设备），合同总价为FOB上海1,500,000美元；（2）制造商与产地：中国，武汉重型机床厂；（3）包装：包装必须适合海运；（4）保险：由买方投保；（5）唛头：0925EXP/TW；（6）装货港：中国上海；（7）目的港：中国台湾；（8）装运期：2011年7月31日以前（采分批装运）。关于预付款支付，合同约定：（1）买方在收到卖方代理提交的如下单据并确认无误后向卖方代理通过银行以电汇方式支付658,800美元作为预付款：由卖方出具金额为658,800美元的手签商业发票正本4份、副本4份，并注明合同号、货物名称、唛头、合同总金额及本次付款金额、银行利息以及买方的名称。（2）由卖方代理银行出具的658,800美元的预付款保函正本1份、副本2份，本保函受益人为买方或由买方指定的发得公司，有效期至本合同所有货物交付完毕后30个日历日。

同日，原告（甲方）与第三人侨富达公司（乙方）签订了20100925/TW代理出口协议，开始着手进行上述交易。

为满足交易约定的条件，经原告机械进出口公司申请，被告交通银行于2010年9月30日以明亚公司为受益人开具编号为LGH303201000022的保函一份，内容如下："鉴于贵方与湖南省机械设备进出口公司（以下称申请人）签订第0925出口/台湾合同（以下简称该合同），根据申请人的要求，我方，交通银行，湖南省分行，在此开立以贵方为受益人的最高额度为658,800美元的独立保函，(以下简称保函金额)作为该合同相应金额的预付款。我们根据贵方要求在收到贵方的书面要求和申请方对支付预付款义务具有违约事实和结果的材料后的7个银行工作日内予以支付不超过上述保函金额的贵方详述的累计金额。担保的金额数量将根据该合同的进度予以自动减少和分步减少，该进度将以收到申请人提供给我方的单据为依据。除非我方的特别书面同意，任何对该合同的修订、补充或更改将解除我们对保函的义务。除非我方特别书面不同意，本保函得转让，第三方为发得科技工业股份有限公司。相关本信用证的拟定、生效、解释、执行、终止、争议解决办法按照中华人民共和国法律管理与解释。由此信用证引起的任何争议或索赔由中华人民共和国法院处理。此保函从我方收到申请人已收预付款的声明起起效，并在2011年8月31日或卖方按照上述合同递交了所有合同设备后的30日内仍有效。二者以先为准。如有任何求偿，请在此日或之前到达我方柜台办理。到期后，无论是否被退回给我方，此信用证会自动失效并被撤销。除非有明确的说明，此信用证受URDG 758约束。”

2010年10月14日，被告交通银行发出修改电文：(1)请将“关于本信用证的拟定、生效、解释、执行、终止或争议解决办法按照中华人民共和国的法律管理与解释”改为“相关本信用证的拟定、生效、解释、执行、终止或争议解决办法按照国际贸易术语2000管理与解释”。(2)请将“此保函从我方收到申请人已收预付款的声明起起效，并在2011年8月31日或卖方按照上述合同递交了所有合同设备后的30日内仍有效。二者以先为准”改为“此保函从我方收到申请人已收预付款的声明时起效，并在2011年9月30日或卖方按照上述合同递交了所有合同设备后的60日内仍然有效。二者以先为准”。(3)请将“到期后，无论是否被退回给我方，此信用证会自动失效并被撤销。除非有明确的说明，此信用证受URDG 758约束”改为“到期后，无论是否被退回给我方，此信用证会自动失效并被撤销。除非有明确的说明，此信用证受UCP 600约束，汇丰银行台湾银行被任命为转让银行”。

2010年10月24日，发得公司将预付款658,800美元汇至明亚公司指定账户。

2010 年 11 月 8 日，交通银行发函如下："请注意，我方已收到申请人声明其已收到预付款，依据保函条件，上述保函已于 2010 年 11 月 5 日起生效。"

但在履行基础合同的过程中，各方出现了争议。2011 年 6 月 25 日，侪富达公司与明亚公司书面通知原告机械进出口公司变更 0925EXP/TW 合同交货期，通知载明："兹现因我方于 2010 年 6 月 23 日与武汉善福重型机床有限公司签订的关于'台湾铁路管理局'富冈基地 024 车轮车床设计会议备忘录（见附件），及台湾采购方因 GPA 条款限制的原因，需待最终用户同意后，才能进行设备交验及交付。因此对原合同之交货期进行更改如下：一、原外贸合同第 8 条：'装运期：2011/7/31 以前'取消。二、变更后为'交货期需由远东机械公司与台湾台铁公司在 7 月 31 日前确认相关规格及审查核可后，再据以制造、安装及调试等作业。重新制定新的交货时程表'。"

2011 年 9 月 6 日，第三人侪富达公司向原告发出"0925EXP/TW 合同及 20100925/TW 合同终止通知"，内容为："兹现因台湾设备采购方发得公司（保函第二受益人）及项目总承包商（远东公司）自 2010 年 3 月份开始因 GPA 条款争议与业主'台湾铁路管理局'进行仲裁，2011 年 8 月 19 日远东公司与业主之仲裁结果败诉，因为中国为非 GPA 会员国，要求我方必须更改制造原产地，无法以中国作为设备生产国，特此函知会贵司我们之间的合约目前已出现继续履行不能的障碍，本公司已于 2010 年 9 月 15 日正式提交新方案给远东机械公司，因此本合同自即日起终止执行，尚请贵司体谅。同时我方正在寻求解决与台湾设备采购方发得公司（保函第二受益人）及项目总承包商（远东机械公司）之间，就合约未能继续履行之纠纷，进行协商，以确保贵、我双方及武汉制造商应有之权益。"

由于基础合同出现了纷争，2011 年 9 月 21 日，发得公司向交通银行首次提出索赔。

2011 年 9 月 28 日，交通银行再次发出修改电函称："1. 请将'我们根据贵方要求在收到贵方的书面要求和申请方对支付预付款义务具有违约事实和结果的材料后的 7 个银行工作日内予以支付不超过上述保函金额的贵方详述的累计金额'改为'我们根据贵方要求在收到贵方的书面要求和根据合同后因申请方支付预付款违约导致无法交货后予以支付，提供不超过上述保函金额的贵方详述的索赔金额以及代表侨富达贸易（上海）有限公司根据合同开付以受益人为湖南省机械设备进出口公司的信用证的复印件’。2. 请将‘本保函将从……生效至 2011 年 9 月 30 日’，更改为‘本保函将从……生效至 2012 年 3 月 30 日’。其他条款无修改。”

2011 年 9 月 29 日，交通银行发函至发得公司，称：“我们通知已收到上述信用证的修订，请提供给我们你方接受或拒绝此修订的通知。如果你方接受此修订，请将此修订或其他修订与信用证原件一起递交……这是一份保函而不是信用证。请忽略此通知中所有与 UCP 相关的条款。请将‘跟单信用证’的‘信用证’读作‘保函’。”

2011 年 10 月 14 日，交通银行受托通过银行向发得公司发送电文如下：“关于我方于 2011 年 9 月 28 日签发的保函修订电文 MT767，参考编号为 LGH303201000022。直至今日，我方仍未收到任何关于上述修订的回复。我们已被客户告知你方已接受了关于保函的修订并同意撤销之前的求偿。请给我们确认的认证信息。”

汇丰银行于 2011 年 10 月 18 日发电文至交通银行称：“关于贵银行 2011 年 10 月 14 日签发之 MT799 电文，受益人拒绝接受贵银行对保函的修订，根据跟单信用证统一惯例的 ART37C，请汇 35 美元至美国纽约汇丰银行账号 00 × × ×27 补偿本行银行电报费用。受益人通知要求你方马上付款。请通知上述讯息于申请人。我们等待您能即刻汇款。”

2011 年 10 月 21 日，发得公司通过汇丰银行向被告交通银行发函如下：“受益人已通知我方，你方于 2011 年 9 月 28 日的信用证修订已被其驳回。根据此信用证条例，请按我方求偿文件上的付款指示，立即付款并请注明我方参考编号 H014030181。”

2011 年 10 月 27 日，交通银行电函发得公司：“参考你方 MT799DD20111021，通知我方受益人驳回了接受信用证 1 号修订，A/M 和信用证应在 2011 年 8 月 31 日到期，你方索赔 DD20110921 已无效。请确认此事宜。”

2011 年 10 月 28 日，发得公司通过汇丰银行向交通银行进行第三次索赔。

内容为："关于你方2011年10月27日签发之MT799电文，请注意，你方银行已于2010年10月14日签发MT799信用证修订电文，将新到期日展期为2011年9月30日。根据URDG 758ART11C和跟单信用证统一惯例第10C条，受益人声明遵循2011年9月21日的修订（此处应为'受益人2011年9月21日的声明即遵循该修订'）。因此，你方2010年10月14日MT799修订已被受益人接受。文件在信用证有效期内递交，因此我方2011年9月21日的求偿仍然有效。受益人已通知我方，你方2011年9月28日的MT767修订，由HSBCTWTPOBU银行通知，已被受益人驳回。因此2011年9月21日递交的文件遵循信用证的条款。根据此信用证条例，请按照求偿文件上的说明立即履行。"

2011年10月31日至2012年10月15日，发得公司指示汇丰银行向被告交通银行多次发出索赔函。称其2011年9月21日递交的文件符合此信用证条款，根据UCP 600第16D条和第16F条的规定，要求交通银行按照附信的说明立即履行付款义务。

2011年11月3日，交通银行向发得公司复函："由于申请人已告知我方合同于2011年9月16日终止。我们没有书面同意，除非由我方书面同意，合同任何的修改、修订及更改都会解除我方对此信用证的义务，我方将不会支付你方任何索赔。"

2011年11月19日，交通银行复函称："参考你方MT6799DD20111018，请注意我方已修订A/M信用证VIAHSBCTWTPDD20110928，期待您的回信。"

2011年11月8日，交通银行复函："请注意我方不能为修订及信用证履行付款。如之前信息中指出的，我方被通知信用证所根据的合同0925出口/台湾，于2011年9月16日终止，我方银行不同意根据信用证任何对合同0925出口/台湾的修改、修订或更改。由于信用证已清楚地声明除非由我方书面同意，合同任何的修改、修订及更改都会解除我方对此信用证的义务。根据此项条款，我方对此信用证的义务已于2011年9月16日解除。因此你方在此信用证中对我方的索赔视为无效。"

因各方争执不下，机械进出口公司作为原告将发得公司、明亚公司、交通银行作为被告，侨富达公司作为第三人，提起保函欺诈止付诉讼。

法院裁判

一审法院认为,依据《独立保函司法解释》第 2 条之规定,本案系独立保函纠纷。本案当事人对保函中涉及法律适用条款的修改问题存在争议,但是庭审中,各方当事人对法院适用保函开立人住所地法律即中华人民共和国法律为准据法处理本案争议均无异议,故本案适用中华人民共和国法律为准据法。针对各方的争议焦点,分析如下。

1. 保函的修改及内容

2010 年 10 月 14 日,交通银行发出了保函修改电函,就保函的法律适用、有效期限等内容作出了修改的意思表示。原告及交通银行主张,因发得公司没有明示接受该次修改,故该次修改未生效。被告发得公司主张其已通过符合修改后保函约定的索赔行为标明其接受交通银行对涉案保函所作修改,因此交通银行应受此次修改内容的约束。对此,一审法院认为,依据保函修改前明确适用的 URDG 758 第 11 条 b 款的规定,保函修改未经受益人同意,对受益人不具有约束力。但是,除非受益人拒绝该修改,担保人自修改书出具之时起即不可撤销地受其约束。c 款规定,除根据保函条款作出的修改外,在受益人表示接受该修改或者作出仅符合修改后保函的交单之前,受益人可以在任何时候拒绝保函修改。e 款规定,对同一修改书的内容不允许部分接受,部分接受将视为拒绝该修改的通知。本案中,交通银行发出修改电函之后,发得公司虽然没有通过书面方式明确表示接受修改,但是却在修改后的到期日之前、原保函到期日之后向交通银行发出索赔申请,该索赔申请系 URDG 第 11 条 b 款规定的“作出仅符合修改后保函”交单行为,可视为发得公司表示接受该修改的行为。因此,可认定发得公司实际接受该次修改,交通银行应受该次修改内容的约束。交通银行虽在此后又发出修改电函,但是被发得公司书面拒绝,因此,本案保函内容以 2010 年 10 月 14 日的修改为准。同时,依据 URDG 758 第 11 条 e 款之规定,发得公司对该次修改的内容必须全部接受。综上,经过该次修改,涉案保函的内容修改为:“关于此保证函的订立、效力、解释、履行、终止或纠纷解决应受 2000 年国际贸易术语解释通则(INCOTERMS2000)管辖并用其解释。保函将在申请人声明其已经收到预付款的书面证明后生效，有效期至卖方把合同中所有设备都依据以上合同条款交货的日期开始60个自然日或者是2011年9月30日这两者中较早的日期。有任何的要求都要在那个日期前向我行业务部提出。在超期后，此保证函自动失效，并且不管是否返还我方，都会被取消。除非在此特别声明，此保证函都要遵守UCP 600规则，HSBC被指定为转让银行。”

2. 本案保函是否为独立保函

《独立保函司法解释》第1条第1款规定，独立保函，是指银行或非银行金融机构作为开立人，以书面形式向受益人出具的，同意在受益人请求付款并提交符合保函要求的单据时，向其支付特定款项或在保函最高金额内付款的承诺。依照该规定，保函具有下列情形之一，法院得认定其性质为独立保函：(1)保函载明见索即付；(2)保函载明适用URDG等独立保函交易示范规则；(3)根据保函文本内容，开立人的付款义务独立于基础交易关系及保函申请法律关系，其仅承担相符交单的付款责任。但保函未载明据以付款的单据和最高金额的除外。涉案保函的规则已经修改为UCP 600规则，之前约定的保函规则URDG 758已经失效，不能再作为涉案保函性质认定的依据。因此，涉案保函的性质应根据保函内容予以确定。本案中，保函载明了银行兑付保函的条件为“根据贵方要求在收到贵方的书面要求和申请方对支付预付款义务具有违约事实和结果的材料”，该付款条件实质上系一份受益人声明，即只要受益人作出符合保函要求的索赔声明即可。因此，涉案保函符合独立保函“见索即付”的要求，依据《独立保函司法解释》第1条之规定，得认定为独立保函。

3. 发得公司的索赔申请有无超过保函的有效期

对发得公司的首次索赔，交通银行以发得公司的索赔已经超过了保函的有效期限为由拒赔。对此，一审法院认为，依据修改后的保函内容，涉案保函的有效期限已经修改为“卖方把合同中所有设备都依据以上合同条款交货的日期开始60个自然日或者是2011年9月30日这两者中较早的日期”为止，因为本案并非发生实际交货，故涉案保函的有效期限至2011年9月30日止。发得公司在2011年9月21日提出索赔申请，并未超出保函的有效期限。

4. 对于发得公司的索赔是否符合保函要求

对于发得公司的索赔是否符合保函要求,应当根据保函约定的 UCP 600 规则进行认定。本案中,发得公司所作的与保函描述完全一致的索赔声明仍然符合 UCP 600 规定的“表面相符”“不矛盾”的形式要件的要求,可以认定发得公司所作的索赔声明是符合保函约定的,被告发得公司在保函有效期内提出了符合保函要求的索赔声明,交通银行不得以“超期索赔”为由拒绝支付。此外,因交通银行未能在 5 个银行工作日之内通知受益人发得公司其拒付的每一个不符点,故其拒付的方式不符合 UCP 600 第 16 条 c 款、d 款的规定,依照 UCP 600 第 16 条 f 款的规定,交通银行已经丧失了“宣称交单不符”的权利。

5. 关于发得公司的索赔是否存在欺诈

一审法院结合基础合同的履行情况,认定发得公司无法举证基础合同项下的违约事实,故索赔构成了欺诈(因此处基础合同争议较为复杂,且与本部分主题保函修改的关联性较弱,此处不再展开)。

基于上述理由,一审法院判决支持了原告机械进出口公司的诉请,发得公司不服提出上诉。

二审法院认为,本案因基础合同被解除,双方义务均终止履行,机械进出口公司已无须履行预付款项下的发货义务,据此,其所收取的预付款应当退还。故发得公司基于机械进出口公司未履行预付款项下发货义务的客观情形提出索赔,符合涉案保函约定,主观上不构成欺诈。独立保函独立于申请人和受益人之间的基础交易,出具独立保函的银行只负责审查受益人提交的单据是否符合保函条款的规定(表面相符原则)并有权自行决定是否付款,担保行的付款义务不受申请人与受益人之间基础交易项下抗辩权的影响。因此,本案中,无论机械进出口公司未能最终履行预付款项下发货义务的这一客观结果事实,是由于谁在基础合同中违约的原因所导致,即无论在相关基础合同违约之诉中,相关生效判决是否认定是涉案保函的受益人发得公司实际导致涉案基础合同项下的违约,该违约事实的存在,亦不必然成为构成涉案保函“欺诈”的充分必要条件。基于上述理由,二审法院撤销原审判决,改判驳回湖南省机械设备进出口公司的全部诉讼请求。

评析

独立保函具有交易担保、资信确认、融资支持等重要功能，已经成为中国企业“走出去”和“一带一路”建设过程中必不可少的常见金融担保工具。独立性是独立保函的核心价值，银行的付款义务、条件、金额、保函有效期限均独立于基础交易关系及保函申请法律关系，因此当事人之间的基础关系变更，除非得到银行同意并进行更改，否则不会影响保函条款。

本案中值得关注的是保函的多处与多次修改，各方通过电文方式进行修改与确认。一是关于是保函还是信用证，各方的认识不一致，因此，通过修改明确函件的性质，如交通银行发函要求发得公司将信用证读作保函，也是一种修改；二是适用规则的修改，保函原来适用 URDG 758，后来变为适用 2000 年版国际贸易术语，并又提出“信用证”受 UCP 600 约束；三是保函单据条件与索赔审单时间的修改，对此会对索赔产生影响；四是保函失效日期的修改，这种修改即为展期。这些多次修改的电文表明了独立保函法律关系的当事人对法律关系认识的混乱以及不一致。除此之外，受益人在提出索赔之后，交通银行还反复发出电文提出修改，而且是涉及审查单据条件的变更，这种情形也比较罕见，因此受益人也明确表示了拒绝。

对于修改请求，如果受益人同意，通常情况下需要用电文回复予以确认，但本案之中也有特殊之处值得引起关注。交通银行发出修改电函之后，发得公司虽然没有通过书面方式明确表示接受修改，但是却在修改后的到期日之前、原保函到期日之后向交通银行发出索赔申请，该索赔申请系 URDG 第 11 条 b 款规定的“作出仅符合修改后保函”交单行为，可视为发得公司表示接受该修改的行为。因此，法院认定发得公司实际接受该次修改。这一点应该在实务中引起关注。

拓展研究

保函的修改与其独立性、不可撤销性密切相关。独立性表明保函独立于基础法律关系，而是否可撤销则涉及受益人的权利。实务中，存在可撤销保函与不可撤销保函的区分。可撤销保函,是指可由开立行随时修改或撤销,而不需事先通知受益人的保函。虽然开立行的承诺不确定,但是有关银行在收到修改或撤销通知前,根据表面相符的单据所作的任何索偿,开证行必须偿付。不可撤销保函,是指保函一经开立,未经受益人同意,不能进行任何修改或予以撤销的保函。实践中,由于可撤销保函对受益人缺乏保障作用,因此受益人一般都不愿意接受这种保函。

在基础合同的履行过程当中,由于各方需要根据交易的变化做出相应的安排,因此独立保函的修改也是一种常态。值得一提的是,修改可能对受益人的利益产生重大影响。保函的修改可能涉及很多方面,如单据条件的变化、审单时间、审单规则的变化,另外还有适用规则的变化、保函相关日期的变化等,都可能引起受益人权利的增加或者减少。因此,受益人在面对对方修改请求的时候,需要仔细审查和思考,再做出相应回复。

由于保函的修改涉及受益人的利益,必须设定有利于受益人的规则。《联合国独立担保和备用信用证公约》规定,担保的修改若要生效,必须是修改要求为受益人所接受,除非担保中另有相反的规定。ISP98 也明确规定了备用信用证的不可撤销性,即“除非备用证中另有规定或经相对人同意,开证人不得修改或撤销其在该备用证下之义务”。URDG 758 亦作出了相应的规定。

相比之下,URDG 758 比原先的 URDG 458 更加明确。URDG 458 对涉及修改的一些重要事项未有提及,URDG 758 的新增条款借鉴 UCP 600 的规则,对保函的修改进行了细化。比如,根据 URDG 758,修改出具后担保人受其约束的时间与受益人受其约束的时间被严格区分。简言之,受益人在满足以下条件时即受修改的约束:(1)受益人事先同意修改,且该同意已在保函条款中约定;(2)修改出具后受益人同意接受,或其后来的行为使其丧失拒绝修改的权利。对于第二个条件,实务中需要引起注意,究竟何种行为会使受益人丧失拒绝修改的权利,可能各方认识会产生较大的分歧。因此,在做出某些行为时,需要谨慎考虑。此外,URDG 758 还规定不允许保函修改默示生效,因为“除非在指定时间内拒绝,否则该修改将生效”的约定,在多数的司法体系之下都是无效的。

除交易过程的修改之外,在保函的索赔过程中,有可能引发保函的修改。这是交易双方力量博弈的体现。一般来说，受益人提出的索赔，可以是相符索赔或者不相符索赔。在不相符索赔的情况下，开证行即担保人可以拒绝付款，而面对相符索赔，则有可能采取不一样的策略，如协商修改保函进行展期。虽然URDG用单独的条款规定了展期，但展期无疑也是一种广义上的保函修改。

根据URDG 758第23条“展期或付款”的规定，当受益人提出的相符索赔请求中包含作为替代选择方案的展期请求时，担保人有权在收到索赔之日次日起不超过30个日历日的期间内中止付款。比如，受益人主张申请人将或已经不能履行其在基础交易合同中的义务且独立保函即将到期，则受益人可向担保人提出“展期或付款”的索赔请求。这种索赔请求为担保人提供了不同选择，即延长独立保函期限或根据相符索赔向受益人付款。适用此种情况的先决条件是受益人必须提出相符索赔，以便能够触发担保人在独立保函项下的付款义务。

在此种情况下，根据URDG 758第23条“展期或付款”a款和c款的规定，如果是相符索赔，担保人有权在收到索赔之日次日起不超过30个日历日的期间内中止付款。在存在反担保函的情形下，根据URDG 758第23条“展期或付款”b款的规定，在担保人中止付款之后，担保人在反担保函项下提出一项相符索赔，其中包含作为替代选择的展期请求时，反担保人有权中止付款，该中止付款期间不超过独立保函项下的中止付款期间减4个日历日。

由于展期会加重担保人的责任，担保人亦应及时通知申请人。担保人应将该中止事项按照URDG 758第23条“展期或付款”f款毫不延迟地通知申请人或指示方；在存在反担保函的情况下，担保人有义务毫不迟延地通知反担保人，反担保人有义务将独立保函项下的该中止付款和反担保函项下的任何中止付款毫不迟疑地通知申请人或指示方。

根据URDG 758第23条“展期或付款”e款的规定，即使得到申请人或指示方的展期指示，担保人或反担保人仍可拒绝展期，并应当按相符索赔向受益人付款。换句话说，担保人或反担保人有权自行决定是否批准展期要求。这一点也是保函独立性的体现。如果担保人未向受益人提供约定的独立保函展期服务，则担保人（或反担保人）应当向受益人付款。这一过程给受益人提供了同申请人、担保人协商的机会和灵活性，既可以延长独立保函的有效期，也可以获得付款。

在通常情况下，与受益人协商对独立保函进行修改如展期符合担保人的利益。如果实在无法达成协议，则应确保受益人能够得到付款以终止独立保函。独立保函展期或付款请求可能会导致独立保函被多次展期，完全由受益人和担保人自行决定。当然，这会增加相应的交易成本。

二、基础合同权利义务的转让对保函的影响

诉讼争点

在交易过程中，有可能会出现基础合同权利义务的转让，这种情况下，保函的申请人或者受益人是否相应随之变更？原先的受益人能否提出索赔？

对此主要有以下两种观点：

观点一认为，主合同权利义务转让，担保合同相应地跟随主合同转让，因此受让人取得了新的地位，可以认定为保函新的受益人，并进而提出索赔的请求。原先的受益人，不能再提出新的索赔请求。

观点二认为，独立保函有其独立性，独立于基础合同，即便主合同发生了转让，如果银行不同意或者不知情，只能由原受益人提出索赔。受让人并不会自动成为保函新的受益人。但原受益人如果索赔，则需要考虑其在基础合同中的履约行为。如果合同转让后原受益人不考虑基础合同的履行情况随意索赔，则可能构成保函欺诈。

裁判指引

司法实务中笔者认为应采纳观点二。

对于一般的担保合同，依照民法典的规定，合同权利转移的，与该合同有关的从权利一并转移，而担保合同作为从合同，因其从属性，在无其他约定下，应当随主合同一并转移。因此，从合同不能独立于主合同而存在，债权人、债务人与

担保人三方关系密切，难以分离，债权人对担保合同的影响程度也很大。而对于独立保函，独立性决定了其不受基础合同的影响，担保人和受益人是独立保函的当事人，除非在欺诈的情况下，申请人及任何第三方都难以影响独立保函的履行。

在一般情况下，基础合同的缔约经历了一个协商过程，而且对交易流程量身定做，如工程的建造，较少发生基础合同转让的情形。但是在特殊情况下，不排除会发生这种情形。在这种情况下，由于保函的独立性，不会发生受益人自动变更的情形。《独立保函司法解释》第 10 条规定："独立保函未同时载明可转让和据以确定新受益人的单据，开立人主张受益人付款请求权的转让对其不发生效力的，人民法院应予支持。独立保函对受益人付款请求权的转让有特别约定的，从其约定。"由此可见，独立保函在明确载有可转让和据以确定新受益人的单据时，转让才对担保人产生法律效力。

在基础合同转让对担保人银行不发生效力的情况下，原受益人即便转让了基础合同的权利义务，不再负有履行基础合同的义务，其受益人的身份也不变，担保人出具的保函仍有约束力。因此，原受益人可以依据保函提出索赔。但是，由于基础合同已经转让，原受益人不再参与合同，其再提出索赔就需要进一步判断合同的履行情况。如果索赔与合同转让之前的履行有关，则可以得到支持。如果这种索赔与合同履行没有任何关系，则索赔可能被认定为欺诈。

相关规定

《独立保函司法解释》

第十条　独立保函未同时载明可转让和据以确定新受益人的单据，开立人主张受益人付款请求权的转让对其不发生效力的，人民法院应予支持。独立保函对受益人付款请求权的转让有特别约定的，从其约定。

典型案例

中机新能源开发有限公司与华西能源工业股份有限公司保证合同纠纷案

最高人民法院(2017)最高法民申 4879 号

案情介绍

中机新能源开发有限公司作为总承包商承建了业主 JEG 的危地马拉电站项目。2008 年 11 月,华西能源工业股份有限公司与中机新能源开发有限公司签订《锅炉供货和服务合同》,约定由华西能源工业股份有限公司向中机新能源开发有限公司提供危地马拉 JAGUAR2 × 150MW 电站项目所需的 480t/h 循环流化床锅炉设备、技术资料和技术服务等(以下简称该项目)。2010 年 2 月,业主 JEG、承包商中机新能源开发有限公司、分包商华西能源工业股份有限公司签订《分包商承诺协议》,其中约定按照 EPC 合同如承包商违约造成业主终止 EPC 合同,包括但不限于在分包合同下承包商重大违约造成分包商终止合同,则业主有权介入分包合同代替承包商和转让分包合同;一旦发出介入通知,分包商应全力执行,应对业主或其指定人负责以替代对承包商负责。2010 年 6 月,华西能源工业股份有限公司向中国建设银行股份有限公司自贡分行出具《保函(备用信用证)申请书》,请求中国建设银行股份有限公司自贡分行为该项目服务合同提供履约保函。同月,双方签订《出具保函协议》,约定由中国建设银行股份有限公司自贡分行为华西能源工业股份有限公司出具以中机新能源开发有限公司为受益人、币种为人民币、保证金额为 2565 万元整的保函。后中国建设银行股份有限公司自贡分行向中机新能源开发有限公司出具《履约保函》,保函称:鉴于华西能源工业股份有限公司(以下简称被担保人)于 2008 年 11 月 25 日与中机新能源开发有限公司签订了尾号为 P003 的危地马拉 JAGUAR2 × 150MW 电站项目 480t/h 循环流化床锅炉供货和服务合同,根据合同,被担保人应出具履约保函;应被担保人华西能源工业股份有限公司的申请,开立以中机新能源开发有限公司为受益人、金额为人民币 2565 万元的履约保函。保函承诺："我行作为担保人在此无条件地、不可撤销地承诺：一旦接到贵公司要求索赔的第一次书面通知时，不需被担保人的同意，即在五个银行工作日内按本保函的规定支付不超过上述保函金额的款项至贵公司指定的账户，无需贵公司出具证明或陈述理由。本保函是担保人无条件、不可撤销的直接义务。在向我行提出要求前，我行将不要求贵公司首先向被保证人索要上述款项。我行同意，合同的任何修改、变更或补充，都不能免除我行按本保函所应承担的义务，有关上述修改、变更或补充也无须通知我行。本保函自开立日生效，有效期截止到2013年12月30日，贵公司的索赔通知应在上述日期或之前到达我行上述地址。本保函适用中华人民共和国法律并按中华人民共和国法律解释。"

2013年11月，业主JEG向华西能源工业股份有限公司发出业主行使介入权通知，称承包商中机新能源开发有限公司存在违约行为导致业主可以根据EPC合同行使解除权、业主介入成为承包商并且承担分包合同转让的权利现在已经生效，业主特此选择行使解除权，介入成为承包商并且承担分包合同转让，分包合同继续有效，华西能源工业股份有限公司应当向业主承担责任以代替向承包商的责任。

2013年12月，中国建设银行股份有限公司自贡分行收到中机新能源开发有限公司发出的索赔通知，称因华西能源工业股份有限公司未能完全履行尾号为P003的合同约定，要求中国建设银行股份有限公司自贡分行收此索赔通知后在5个银行工作日向中机新能源开发有限公司指定的账户通过电汇方式支付人民币2565万元。华西能源工业股份有限公司称其按照《锅炉供货和服务合同》的约定，根据业主JEG向其发出的业主行使介入权通知，已向业主JEG交付全部货物并提供了技术资料和技术服务，合同项下业主JEG应支付给华西能源工业股份有限公司的货款已全部付清。前述相关方因此诉诸法院。

法院裁判

一审法院认为，该案争议的履约保函系中国建设银行股份有限公司自贡分行应华西能源工业股份有限公司请求为担保《锅炉供货和服务合同》的按约履行而出具，系《锅炉供货和服务合同》的从合同。业主JEG、中机新能源开发有限公司、华西能源工业股份有限公司三方签订的《分包商承诺协议》约定，承包商违约造成业主终止 EPC 合同，则业主有权介入分包合同代替承包商，一旦发出介入通知，分包商应全力执行，对业主或其指定人负责以代替对承包商负责。2013 年 11 月，华西能源工业股份有限公司接到业主 JEG 发出的《业主行使介入权通知》，至此《锅炉供货和服务合同》的一方权利主体变更为业主 JEG，华西能源工业股份有限公司应向业主 JEG 履行合同义务。依照原《合同法》《担保法》的规定，合同权利转移的，与该合同有关的从权利一并转移，因此履约保函项下的保证债权亦转移至业主 JEG。保证债权依法律规定转移后，中机新能源开发有限公司向建行发出索赔通知时已不是主合同的权利主体，也不应是从合同《履约保函》的权利人，无权要求中国建设银行股份有限公司自贡分行履行保证责任。华西能源工业股份有限公司已经按照合同要求交付锅炉设备并提供技术资料、技术服务，业主 JEG 亦接受货物及服务并支付货款，《锅炉供货和服务合同》已履行完毕，担保目的已实现，履约保函的合同权利与合同义务终止。

二审法院认为，前述履约保函为独立保函，由于开立人对独立保函项下的单据仅作表面审查，而单据较多源于受益人自身，因此独立保函制度存在欺诈风险。诚实信用与反欺诈是商业活动应普遍遵守的原则，独立保函虽具有独立性，但也不能对抗该原则的适用，因此欺诈是独立保函独立性的唯一例外。根据《独立保函司法解释》第 12 条及第 18 条的规定，人民法院有权也有必要对中机新能源开发有限公司与华西能源工业股份有限公司之间基础交易合同的履行情况进行有限度的审查，以判断中机新能源开发有限公司有无行使索赔权的正当理由及其索赔申明是否进行了虚假陈述，在此限度内审查基础交易合同的履行情况并不与保函独立性相冲突。虽然案涉《锅炉供货和服务合同》系中机新能源开发有限公司与华西能源工业股份有限公司之间的基础合同关系，但中机新能源开发有限公司、华西能源工业股份有限公司与业主共同签订的《分包商承诺协议》系针对《锅炉供货和服务合同》的履行而签订，并对业主的介入权作出了特别约定，故华西能源工业股份有限公司、中机新能源开发有限公司在履行《锅炉供货和服务合同》时，均受《分包商承诺协议》的约束。在《锅炉供货和服务合同》履行过程中，业主 JEG 于 2013 年 11 月向华西能源工业股份有限公司发出介入通知。《分包商承诺协议》中并未约定华西能源工业股份有限公司接受业主介入的条件；换言之，华西能源工业股份有限公司基于《分包商承诺协议》的约定，对业主的介入是否具有正当性不具有审查义务，也没有权利审查业主的介入权是否正当，一旦接到介入通知，只能接受业主的介入权，而向业主履行《锅炉供货和服务合同》项下的义务。华西能源工业股份有限公司在业主 JEG 介入后，直接向业主履行《锅炉供货和服务合同》项下的义务，并无不当。受益人是基础交易的债权人，其应当对自己是否享有索赔权进行客观、理性的判断，依据诚实信用原则行使索赔权。如果根据一般理性人的通常认知标准，能够做出受益人的索赔没有事实基础和可信依据的判断，则可认定受益人系明知没有付款请求权仍滥用该权利，此时受益人的行为构成独立保函欺诈。本案中，中机新能源开发有限公司作为三方签订的《分包商承诺协议》的当事人之一，按照理性第三人的通常判断和认识能力，应当明知华西能源工业股份有限公司依据该协议约定，负有无条件接受业主方的介入，并直接向业主履行《锅炉供货和服务合同》项下的合同义务。换言之，在业主行使《分包商承诺协议》约定介入权的情况下，中机新能源开发有限公司应当明知华西能源工业股份有限公司向业主履行《锅炉供货和服务合同》项下的合同义务符合三方约定，自己基于华西能源工业股份有限公司直接向业主履行《锅炉供货和服务合同》项下的合同义务的事实，主张华西能源工业股份有限公司存在违约行为，与三方《分包商承诺协议》的约定相矛盾，缺乏事实依据，有违诚信原则。故中机新能源开发有限公司据此提出的独立保函索赔请求，属于滥用权利，构成独立保函欺诈。

再审法院最高人民法院认为，《独立保函司法解释》第 18 条规定："人民法院审理独立保函欺诈纠纷案件或处理止付申请，可以就当事人主张的本规定第十二条的具体情形，审查认定基础交易的相关事实。"该规定中的"本规定第十二条的具体情形"并非仅指第 12 条前 4 项所规定的情形，该条第 5 项所规定的情形亦当然是第 12 条的具体情形，二审法院据此审查认定基础交易的相关事实，并无不当。《独立保函司法解释》第 12 条规定："具有下列情形之一的，人民法院应当认定构成独立保函欺诈：(一)受益人与保函申请人或其他人串通，虚构基础交易的；(二)受益人提交的第三方单据系伪造或内容虚假的；(三)法院判决或仲裁裁决认定基础交易债务人没有付款或赔偿责任的;(四)受益人确认基础交易债务已得到完全履行或者确认独立保函载明的付款到期事件并未发生的;(五)受益人明知其没有付款请求权仍滥用该权利的其他情形。”为审慎认定构成独立保函欺诈,第 12 条第 3 项、第 4 项所规定的情形必须由关于基础交易的法院判决或仲裁裁决认定或者受益人确认,但并不意味着第 12 条第 5 项所规定的情形也必须以法院判决、仲裁裁决、受益人确认为依据。二审法院通过审查基础交易的相关事实,认定中机新能源开发有限公司明知其没有付款请求权仍行使该权利,符合第 12 条第 5 项规定的情形,构成独立保函欺诈,该认定并无不当。

评析

本案法院之间存在不同认识,也说明了保函法律关系的复杂性。一审法院认为前述履约保函不属于独立保函,二审与再审法院则认为前述履约保函属于独立保函,中机新能源开发有限公司的行为属于独立保函欺诈;再审法院支持了二审法院的判决。仔细辨析上述观点分歧可以看到,其实质上仍涉及担保的独立性这一核心问题。以上述案例为例,一审法院认为该案争议的《履约保函》是一种保证合同,系《锅炉供货和服务合同》的从合同。根据当时《合同法》及《担保法》的相关规定,从合同跟随主合同的转移而一并转移,故受益人享有的权利也由此转让给危地马拉 JEG 公司。中机新能源开发有限公司不再是受益人,故无权索赔。二审法院对适用法律进行了调整,认可了独立保函的独立性,即在银行没有明确同意的情况下,中机新能源开发有限公司仍是受益人,有权提出索赔。相反,如果危地马拉 JEG 公司主张替代行使中机新能源开发有限公司在《履约保函》项下的权利,则无法得到支持。至于中机新能源开发有限公司索赔得不到支持,是因为法院认定存在欺诈,这种欺诈的产生,与其可能产生的违约行为密切相关,因为业主认定中机新能源开发有限公司违约并行使了解除权与介入权,中机新能源开发有限公司无法继续再履行基础合同,在这种情况下再索偿保函有所不当。本案也提醒,虽然独立保函独立于基础合同,但是诚实信用与反欺诈是商业活动应普遍遵守的原则,独立性原则无法对抗诚实信用与反欺诈原则的适用。因此，基础合同转让之后，权利义务对象发生变化。原受益人在合同中的地位已经发生较大变化，如果忽视基础合同的履行情况随意索赔，极有可能被认定为欺诈。

拓展研究

独立保函开出以后，基础合同有可能修改和变更，在特殊的情况下，基础合同权利义务转让的情形亦可能发生（虽然这种情形比较罕见，尤其是在国际业务中突然更换基础合同交易对手较为困难）。在这种情况下，如何看待与处理主合同与相关担保关系，是一个值得引申思考的问题。

对于基础合同的变化对于保证人的影响，各国规定有所不同。对于传统保证与独立保函，又有所不同。我国原《担保法》第22条规定，保证期间，债权人依法将主债权转让给第三人的，保证人在原保证担保的范围内继续承担保证责任。保证合同另有约定的，按照约定。《最高人民法院关于适用〈中华人民共和国担保法〉若干问题的解释》第28条规定：保证期间，债权人依法将主债权转让给第三人的，保证债权同时转让，保证人在原保证担保的范围内对受让人承担保证责任。但是保证人与债权人事先约定仅对特定的债权人承担保证责任或者禁止债权转让的，保证人不再承担保证责任。2020年颁布的《民法典》第696条改变了前述规则。其规定：债权人转让全部或者部分债权，未通知保证人的，该转让对保证人不发生效力。保证人与债权人约定禁止债权转让，债权人未经保证人书面同意转让债权的，保证人对受让人不再承担保证责任。

从上述条文可以看出，我国对主债权转让与保证的法律关系基本上体现了主从权利安排以及尊重当事人约定。保证债权是主债权的从权利，原《合同法》第81条规定，债权转移的，从权利随之转移。《民法典》第547条规定：债权人转让债权的，受让人取得与债权有关的从权利，但是该从权利专属于债权人自身的除外。受让人取得从权利不因该从权利未办理转移登记手续或者未转移占有而受到影响。另外，保证属于信用担保，基于人与人之间的信用关系。保证人要求并得到债权人的同意仅对特定债权人承担保证责任，或禁止债权转让的，属于保证人要求对与债权人之间的关系予以固定，为此，应当尊重保证人的意思。至于转让时,如债权人转让债权未通知保证人,保证人向原债权人清偿债务的,便可能引发不必要的纠纷。因此,《民法典》在此基础之上设置相应的通知义务,更利于保障交易的公平与安全,实现各方利益的平衡。

在英国法,转让(assignment)仅指合同权利的转让,并不包括合同义务的转让。如果是权利义务一并转让,则用另外一个概念"合同更新"(novation)予以界定。因此并不存在主合同转让,而保证合同自动跟随转让这一说法。保证合同本身可以单独转让,前提是当事人没有约定限制转让。如果发生了保证合同的转让,受让人必须也是相关债务的受让人。在赫琴斯诉德尔维尔投资公司案[Hutchens v. Deauville Investments Pty Ltd. (1986) 68 A. L. R. 367]中,法院认为,"债权人不能在转让主债务的担保或其他担保的利益的同时,声称保留被担保债务的利益,从而将一个债务转化为两个:一个是担保人对受让人的债务,另一个是主债务人对出让人的债务"。相对来说,根据英国法的规定,即便是英国法项下的主合同权利转让(不包括义务的转让),也视为一种主合同的变更与修改,极有可能导致保证人免责,因此实务中的做法一般是先取得保证人的同意,再转让基础合同的权利。

在霍姆诉布伦斯基尔案(Holme v. Brunskill [1877] 3 QBD 495)这样一个较早期的案例中,英国法院针对保证人免责确立了以下规则,基础合同或主合同的任何修改,将解除保证人的担保责任,除非担保人同意了基础合同或主合同的修改,或者合同修改显然非实质性或不能对担保人产生不利影响。为了解决这个问题,交易各方尤其是金融机构在发放贷款时往往要求保证人在其提供保证时加入事先同意合同修改的条款,根据该条款,担保人事先同意基础合同的任何修改或变更,而每次修改时不需要担保人同意。在通常情况下,这样做对债权人比较有利,但这些条款也不能对债权人提供绝对的保护。比如,在一个较为知名的崔尔多斯银行诉多布斯案(Triodos Bank NV v. Dobbs [2005] EWCA Civ 630)中,英国上诉法院认定,如果合同的修改或者变更是修改原来的基础合同以允许在以后的日期重新安排其项下的义务,或者修改后的协议只是重新安排了原基础合同下的现有义务,则保证合同仍然是对保证人有约束力的。但是在下列情况下,则失去了约束力:(1)为不同于原贷款的目的提供融资;(2)贷款的金额比原贷款大得多;(3)与原贷款有本质不同,修改的内容不在原贷款协议预期的变化范围内。由此可见,在英国法上,基础合同的修改,将使保证人免除责任的概率增大。至于合同的更新,属于权利义务的重大变化,在英国法上视为一个新的合同,如果没有保证人的同意,则保证人不会承担担保责任。

以上均是针对基础合同修改后对传统保证的影响。独立保函则另有不同。对于独立保证性质的保函,开证行的义务是否受基础交易合同修改、变更甚至转让的影响,存在争议。一种观点认为,保函既然是独立性的保证,保证人对受益人的付款承诺是独立的,因此开证行就不能援引基础交易合同的修改或者转让对抗受益人的付款请求;另一种观点认为,如果基础交易合同的修改、转让导致开证行的利益和法律地位发生了实质性的变化,从而使其面临更大的风险,就应该允许开证行减轻或免除其保证责任。目前,URDG 和《联合国独立保证和备用信用证统一公约》明确基础合同的修改不影响独立保函的付款义务,以此来突出独立保函的独立性。但对于基础合同的转让,由于不同法系对合同转让概念的不一致,上述国际规则中并没有对这一问题作出规定。在这种情况下,独立保函当事人约定的准据法就非常重要。不同的准据法,可能得出不同的结论。实务中,为避免产生争议,可以在保函中明确规定主合同的修改和变更不能使开证行免除其保函项下的任何义务,这样对受益人显得非常重要。至于基础合同发生转让情形,这种情况较为少见,如果为了减少争议,也可以在保函条款中事先约定。

但需要注意的一点是,如果基础合同转让,权利义务发生了巨大的变化,则这个时候原先的受益人可能已经不是合同履行一方了,如果其仍提出索偿,则极有可能被认定为欺诈。当然,法院认定欺诈,就必须介入基础合同的审查。这可能影响当事人使用独立保函的效率。在通常情况下,担保人只对受益人提交的书面文件是否表面相符进行审查,也只对独立保函上载明的某个受益人负责,而不是对受益人这个身份负责。这体现了合同的相对性,也体现了独立保函的独立性,正是因为这样的审查程度,才能提高交易的效率。因此,交易双方应尽量避免在基础合同中约定合同权利义务可以转让的条款。如果是申请人认为无法履行合同需要进行基础合同转让,则受益人完全可以根据具体情况视为申请人对基础合同的违约而不同意其转让，并进而针对独立保函提出索赔。

三、受益人是否可以转让保函

诉讼争点

独立保函在使用过程中，受益人由于交易变更等种种原因，是否可以转让保函？转让之后，受让人是否自动成为受益人，从而有权向开立保函银行索偿？

对此，主要有以下两种观点：

观点一认为，保函与合同转让一样，并不受限制，只要通知开立保函的银行，就可以转让，受让人成为新的受益人，可以依据保函向开立保函的银行进行索偿。

观点二认为，由于保函索偿条款的单据化，保函转让风险较大，容易引发欺诈。如果转让保函，应征得开立保函银行的同意，并写清楚受让人为新的受益人，否则受益人无权提出索赔。

裁判指引

司法实务中笔者认为应采纳观点二。

独立保函独立于基础合同，即不因基础合同的无效而无效，独立担保合同的履行也不以基础合同的履行为前提，而仅仅要求债权人提示独立保函规定的单据，即由担保人支付相应的款项，这大大便利了融资的进行。但是这种情况也引起了索偿条件的简单化与单据化。如果不当转让保函，流转给非基础交易当事人，容易引发欺诈。因此，保函实务中对保函转让的态度十分谨慎。但不可否认的是，国际交易中仍存在保函转让的需求，如租赁财产的转让、借款证（loan note）的转让、船舶买卖等。因此，需要为保函转让明确相应的规则。

首先，保函是否可以转让应在保函条款中予以明确。因为保函转让对于申请人是非常危险的，它实际上将该保函变成了可转让票据，所以被要求付款的风险将大大增加。这种担心不无道理。为了控制风险，只有保函条款中允许转让的，才能视为可以转让。《独立保函司法解释》和 URDG 中均明确了这一点。

其次，保函转让应区分不同的情形。保函转让是个较为宽泛的概念，如果仔细区分，可以分为索偿权的转让与保函项下款项的让渡。(1)保函索偿权转让的，原先的受益人退出原担保关系，受让人成为保函的新受益人，并享有直接向担保银行提示付款的权利。索偿权的转让需要得到担保人的同意，因为该种转让实际上是对保函原有规定的修改。如果未经担保银行同意，担保银行并不会自动负有对受让人的承诺。转让之后，新受益人有权向担保银行索偿，但亦需符合保函对原受益人所做的要求，提供保函约定的单据。(2)保函项下款项的让渡。保函项下的款项也可以通过适当程序进行让渡。在这种情况下，受让人并未取得保函当事人的地位成为新的受益人，无法直接向担保银行索偿，即索偿的权利仍然由保函受益人行使，受让人没有权利也没有义务提交任何单据。这种款项让渡也需要担保人的同意（或确认），考虑到商业信誉，如果这种让渡不会对担保银行带来不便，担保银行通常会同意。

相关规定

《独立保函司法解释》

第十条　独立保函未同时载明可转让和据以确定新受益人的单据，开立人主张受益人付款请求权的转让对其不发生效力的，人民法院应予支持。独立保函对受益人付款请求权的转让有特别约定的，从其约定。

URDG 758

第 4 条　除非保函或者其修改中有明确规定，保函项下受益人要求付款的权利不得转让。

但是本条款规定并不影响受益人将保函项下其有权获得之款项转让给他人的权利

第 33 条　保函转让与款项让渡

a. 保函只有特别声明“可转让”方可转让，在此情况下，保函可以就转让时可用的全部金额多次转让。反担保函不可转让。

b. 即使保函特别声明是可转让的，保函开立之后担保人没有义务必须执行转让保函的要求，除非是按担保人明确同意的范围和方式进行的转让。

c. 可转让的保函是指可以根据现受益人（“转让人”）的请求而使担保人向新受益人（“受让人”）承担义务的保函。

d. 下列规定适用于保函的转让：

i. 被转让的保函应包括截至转让之日，转让人与担保人已经达成一致的所有保函修改书；以及

ii. 除了上述 a 款、b 款和 d 款（i）项规定的条件之外，可转让保函只有在转让人向担保人提供了经签署的声明，声明受让人已经获得转让人在基础关系项下权利和义务的情况下，才能被转让。

e. 除非转让时另有约定，转让过程中发生的所有费用，都应由转让人支付。

f. 在被转让的保函项下，索赔书以及任何支持声明都应由受让人签署。除非保函另有约定，在其他任何单据上可以用受让人的名字和签字取代转让人的名字和签字。

g. 无论保函是否声明其可转让，根据可适用法律的规定：

i. 受益人可以将其在保函项下可能有权或可能将要有权获得的任何款项让渡给他人；

ii. 但是，除非担保人同意，否则担保人没有义务向被让渡人支付该款项。

典型案例

上海振华重工（集团）股份有限公司、中国银行股份有限公司上海市分行、希巴尔克系统公司与印度海外银行香港分行其他民事申请再审案

最高人民法院（2014）民申字第 1376 号

案情介绍

2007 年 5 月 25 日，上海振华重工（集团）股份有限公司（以下简称振华重

工)作为卖方与作为买方的希巴尔克系统公司(以下简称希巴尔克公司)签订工程合同一份,约定:卖方向买方出售堆取料机、装船机各一台,其中付款条件为:第一笔款项230万加元,相当于合同价款的20%,应不迟于希巴尔克公司收到以下文件起15日内支付:(1)经卖方正式签署的上述金额的收据。(2)卖方按照合同附件六格式签发的上述金额的预付款保函。(3)卖方按照本合同附件六格式签发的金额为合同价款10%、115万加元的履约保函;第二笔款项345万加元、第三笔款项230万加元、第四笔款项230万加元,均约定了相应的付款条件。为本次交易,印度海外银行香港分行(以下简称印度海外银行)与希巴尔克公司签订《货物通用担保协议》一份,约定由印度海外银行为希巴尔克公司提供融资。

2007年9月18日,经振华重工申请,中国银行股份有限公司上海分行(以下简称中行上海分行)开立以希巴尔克公司为受益人、金额为230万加元、编号为LGC3000702287的预付款保函一份。中行上海分行以SWIFT格式电文向印度海外银行通知了该保函的内容。中行上海分行在电文中声明:在其收到希巴尔克公司签署的书面索赔函,声明振华重工违反了其在基础合同下的义务以及违反的具体方面后,即向希巴尔克公司支付款项,但金额不得超过230万加元;在本保函下索赔或支付款项的条件是振华重工必须收到上述预付款存于本账户待付;如果希巴尔克公司的索赔全部通过中行上海分行的一家联系行以带编码的SWIFT电文发送给中行上海分行,且该联系行确认希巴尔克公司索赔的原件已通过挂号信或快递发送给中行上海分行,并且该行核对了希巴尔克公司在索赔文件上的签名,那么希巴尔克公司的索赔也可以被接受;本保函在金额扣减为零时或最迟在2009年3月31日到期,索赔必须在到期日之前提出,到期后,本保函将自动失效,即使保函原件没有返还中行上海分行或中行上海分行没有从希巴尔克公司收到取消的确认。同时该保函约定的准据法为URDG 458。经各方协商,后来保函有效期续展至2010年5月7日。

2007年11月5日,印度海外银行作为受让人与作为出让人的希巴尔克公司签订《转让协议》一份,载明:出让人将其在预付款保函项下对银行和/或保证人的所有权权利、救济、优先权、权力和利益(无论对其作何称谓)完全转让给受让人。该协议还专门明确约定，出让人特此无条件且不可撤销地将转让权益完全转让给受让人；出让人特此无条件且不可撤销地授权并允许受让人以出让人名义（如果有此必要）就转让权益选择任何地点对银行和/或保证人提起诉讼或仲裁；允许受让人代表出让人向银行和/或保证人发出关于本转让协议的必要的通知。

同年 11 月 8 日，印度海外银行致函中行上海分行，将上述《转让协议》复本寄发给中行上海分行，并请中行上海分行确认已对保函转让进行登记备案，将印度海外银行作为受益人，并且确认中行上海分行会将申请人的全部索赔金额直接和/或通过印度海外银行汇至印度海外银行。（上述翻译系印度海外银行翻译版本，鉴于振华重工与印度海外银行对译文中的"受益人"译法有重大分歧，特列出英文原文如下：...duly registered and recorded the assignment on your above Guarantee in our bank's favour and you shall remit all money/s demanded by the applicant directly and/ or through us to our bank only.）2007 年 11 月 21 日，中行上海分行回函印度海外银行确认其已对上述保函的转让进行登记备案，并以印度海外银行为受益人，其会将希巴尔克公司的全部索赔金额通过印度海外银行汇付。（上述翻译系印度海外银行翻译版本，鉴于振华重工与印度海外银行对译文中的"受益人"译法有重大分歧，特列出英文原文如下：...confirm that we have duly registered and recorded the assignment on our above guarantees in your bank's favor and we shall remit all money's demanded by Seabulk Systems Inc. through your good bank.）

交易过程中，希巴尔克公司向振华重工支付了预付款 230 万加元。但在双方工程建设过程中，由于还需要其他公司 QSL 配合安装，QSL 与希巴尔克公司发生纠纷无法解决，最终希巴尔克公司致函振华重工表示因希巴尔克公司与 QSL 之间的争议，导致其会延迟或不能付款，故要求振华重工暂停在码头的所有工作，直到其与 QSL 之间的纠纷解决为止。振华重工表示同意希巴尔克公司的建议并撤离团队，但希望在许多事项上得到希巴尔克公司的书面承诺。为此，希巴尔克公司向振华重工发函答复。

希巴尔克公司向印度海外银行发函表示振华重工未能依约履行设计、生产、提供、交付和/或出售设备的合同义务，尤其是设备相关测试未能完成/成功，请求印度海外银行就违约事实采取行动，针对保函进行索赔。印度海外银行向中行上海分行发函，以印度海外银行为受益人索赔本案系争保函项下230万加元。同时，印度海外银行向中行上海分行针对保函提出索赔，并转交了希巴尔克公司出具的索赔函。上述函件，提到振华重工作为卖方未能依约履行设计、生产、提供、交付和/或出售设备的合同义务，尤其是设备相关测试未能完成/成功。

中行上海分行向上海市第二中级人民法院申请止付保函，理由是印度海外银行并非保函受益人，保函索赔存在欺诈。

法院裁判

一审法院认为，本案保函适用URDG 458，其第4条规定，除非保函或者其修改中有明确约定，保函项下受益人要求付款的权利不得转让，但是本条规定并不影响受益人将保函项下其有权获得之款项转让给他人的权利。根据上述条款，一审法院认为涉及保函的转让具体类型区分为两种：一是保函所有权利的转让，转让后存在新的受益人，新的受益人既有权直接行使保函付款请求权，也有权最终获得保函项下的款项；二是保函项下款项的转让，在这种类型下，受让人并非保函的受益人，受让人无权直接行使保函付款请求权，仅有权间接获得保函项下的款项。

对此，印度海外银行已将其与希巴尔克公司之间的转让协议发送给中行上海分行。上述转让协议的用语非常明确无误地表明了是保函所有权利的转让，而不仅仅是保函项下款项的转让。中行上海分行亦以书面方式回复印度海外银行，确认收到转让协议及对保函的转让已进行登记备案。而且，确认的文字使用了“in your bank’s favour”（以你行为受益人）表明印度海外银行就是新的受益人。振华重工提出“in your bank’s favour”应翻译为“对银行有利”，因此转让只是提到了是对印度海外银行有利的转让，而非使印度海外银行成为保函的受益人。对此，词典中确实对“in one’s favour”两种翻译都有。但是，在本案法律文件中的翻译以何为准，不仅要看该词组在特定行业中的使用常态，而且要结合法律文件的上下文、本案背景情况综合认定。首先,在经贸类、商务类的词典中,尤其是涉及信用证、汇款领域时,大多数翻译为“受益人”,而不是“有利于”。其次,印度海外银行在要求中行上海分行回复时,中行上海分行已经知晓了印度海外银行与希巴尔克公司之间转让协议文本,该文本非常明确地表明了这一转让是保函所有权利的转让,对此中行上海分行应该能非常清楚地了解到这种转让的类型。如果中行上海分行不同意这种转让,肯定会及时提出反对意见,而不是使用相当含糊、产生争议的语言回复,以隐藏自己的态度,否则会造成交易相对方的误解。由此可见,印度海外银行与希巴尔克公司之间就索赔权的转让已得到中行上海分行的同意,故印度海外银行已经成为新的受益人,有权以自己的名义要求中行上海分行支付系争保函项下的款项。

但一审法院认为,结合基础交易、买卖双方邮件往来的情况,本案系因希巴尔克公司与第三方 QSL 的纠纷导致工程无法继续,责任不在振华重工,而在于希巴尔克公司。希巴尔克公司无权索偿,印度海外银行的权利来自希巴尔克公司的转让,印度海外银行应能知晓希巴尔克公司所称的振华重工违约行为难以构成,索偿系对保函的“明显的滥用”或者“不正当支用”。因此,判决支持振华重工要求终止支付保函的请求。

上海市高级人民法院二审认为,一审法院关于印度海外银行已经成为保函新的受益人的认定有所不当。涉案保函受益人自始至终都是希巴尔克公司,从未修改。索赔权与受益人的身份紧密相连,索赔必须由受益人希巴尔克公司提出。印度海外银行只是保函项下款项的受让方,其无权以自己的名义索赔。由于印度海外银行并非保函的受益人,故其无权提出索赔,法院无须对基础合同进一步审查以确定是否存在保函欺诈。

最高人民法院再审认为,根据 URDG 458,保函项下索赔权的转让具有极为严格的条件,即应当由保函相关当事人在保函或者其修改中明确约定。本案中,希巴尔克公司与印度海外银行于 2007 年 11 月 5 日订立了转让协议,将涉案保函项下的所有权权利、救济、优先权、权力和利益完全转让给印度海外银行,但该转让协议同时也约定了“允许受让人以出让人名义(如果有此必要)就转让权益选择任何地点对银行和/或保证人提起诉讼或者仲裁”,这表明协议双方均同意在特定情形下受让人以出让人的名义进行索赔。据此，仅就转让协议的明确约定而言，不能认定希巴尔克公司将保函项下的索赔权完全转让给了印度海外银行，进而使印度海外银行成为新的受益人。另外，在印度海外银行与中行上海分行之间的来往电文中，双方均使用了“in one's favor”这一措辞，并未使用 URDG 458 项下受益人的专门词汇“beneficiary”。鉴于双方对“in one's favor”含义的理解截然不同，故在内容上不能认定双方就希巴尔克公司将索赔权转让给印度海外银行且后者替代前者成为新的受益人达成了一致。相反，印度海外银行于 2007 年 11 月 9 日致函中行上海分行时明确使用了“由申请人直接和/或通过印度海外银行要求”（demanded by the applicant directly and/or through us）的措辞，而中行上海分行于同年 11 月 14 日的回函中也使用了“由希巴尔克公司要求”（demanded by Seabulk systems inc.）的措辞。考虑到中行上海分行在发给印度海外银行有关延迟保函有效期的函件中明确要求其“通知受益人”，而印度海外银行并未对此提出任何异议，故应认定涉案保函的相关当事人并未就索赔权转让事宜达成一致的意思表示。二审判决认定印度海外银行并非案涉保函的受益人，其不享有行使保函付款请求权的主体资格，有事实和法律依据。鉴于印度海外银行的索赔是否构成保函欺诈性索赔或权利滥用，其前提取决于印度海外银行是否有权以自己的名义行使付款请求权，故二审判决认为该争议问题在本案中已无须认定并无不当。

评析

本案是一起典型的独立保函转让纠纷。转让时必须区分不同类型的转让，并且使用明确的语言。如果语言发生歧义，则容易产生误解。转让过程应征得开立保函银行的同意，这样新的受益人才有权直接向银行进行索赔。

拓展研究

对保函转让会加大欺诈或滥用风险的担心，对非基础合同当事人的保函受让人赔付后被担保人向受益人在基础合同项下追索的障碍，以及担保人对受让人可能无法行使对原保函受益人的抗辩等原因，使保函实务中担保人或被担保人一直对保函的转让持谨慎的态度。这一态度不仅反映在《独立保函司法解释》中,也反映在 URDG 458 第 4 条对保函索赔权转让的限制上。

按照 URDG 458 第 4 条的规定,除非保函或其修改明确规定,受益人索赔的权利是不可以让渡的。但此条规定不影响受益人让渡其在保函项下可能获得或有权获得的款项。

在该条款中,URDG 458 用了不同的术语表达两种不同的情况。

保函的转让为“assignment”,而款项让渡则是“assignment of proceeds”,后者的重要特点在于受让人仅享有让渡人(受益人)在保函项下可能享有的权利。款项受让人不必是保函的当事人,如果签订协议受让款项之后,原受益人不能提交相符的索赔,则受让人不能以自身名义提出索赔,即受让人并非受益人。除此之外,款项受让人的地位并不优于受益人,因此,担保人对受益人可能提出的抗辩对受让人对让渡款项的权利同样适用。

在 URDG 458 中,两种情形都使用了“assignment”。相比之下,其他国际规则或惯例使用了不同的术语以便于区分。比如,《国际备用证惯例》(ISP98)和联合国《独立担保和备用信用证公约》使用了“transfer”和“assignment”来规范两种不同的情况。“transfer”和“assignment”的区别对保函实务来说,主要体现在款项的让渡(assignment of proceeds),索赔权(right to demand payment)仍保留在原受益人的手里,受让人(assignee)仅被赋予在原受益人索赔后收取款项的权利;而“transfer”的受让人(transferee)则获得了索赔的权利。

由于上述术语更便于区分不同的转让,URDG 758 予以借鉴,对转让(transfer of guarantee)和款项让渡(assignment of proceeds)分别作了规定,与原先的 URDG 458 有了较大的变化。出于对转让风险的考虑,保函转让被赋予了严格的条件,包括保函特别标明可转让(transferable),担保人明确同意转让的范围和方式,借此担保人可以了解受让人是谁以及保函转让背后的合理性。URDG 758 第 33 条还进一步规定出让人(the transferor)向担保人提供已签署的声明,声明受让人已经取得基础交易关系下出让人的权利和义务。通过该条声明将保函的转让和基础交易关系的转让联结起来。由此我们可以看出,规则制定者的态度是反对脱离基础交易转让的保函转让的。URDG 758 的这一限制在很大程度上避免了保函和基础合同的分离，减少了欺诈或滥用的风险，防止出现担保人对受让人无法行使对原保函受益人的抗辩的可能性。反映了见索即付保函本身并不是一个可买卖的资产，只有作为基础关系项下权利和义务转让的一部分而让渡时才具有价值。这条规定一定程度上能使担保人控制转让的风险。

除此之外，URDG 758 还有一些值得一提的新规定。URDG 758 明确规定反担保函不得转让，对此 URDG 458 未有规定。在款项让渡（assignment of proceeds）条款中规定受益人可以让渡保函款项，但担保人支付赔款给受让人则以担保人同意（agreed to do so）为前提，让渡通知或单纯的签收（mere acknowledgement）未必能约束担保人，这一点 URDG 458 并没有涉及。

当然，值得注意的是，在保函转让的情况下，虽然新受益人成为担保合同的当事人，但新受益人并非自动成为基础合同的当事人，其与申请人之间可能并无任何实质的商业交往，这使新受益人在提交关于申请人违反基础合同的义务的证据时往往存在困难。因此，实际上，原受益人很可能仍然是基础合同的当事人，如果新受益人需要证明申请人在基础合同的履行中违约，应该需要得到原受益人的协助才有可能。由此可见，独立保函的索偿权利转让后，尽管原受益人已经脱离了担保合同关系，但是新受益人权利的行使，仍无法离开原受益人的帮助和配合。如果原受益人不予积极配合，新受益人的权利将只是一纸空文。

四、独立保函的终止问题

诉讼争点

独立保函是否已经终止、什么时候终止，涉及保函开立人承担责任的期限以及受益人的利益，需要根据保函用语加以判断。对此，有不同的观点。

观点一认为，保函必须规定有效期，过了有效期，保函就必须终止。如果缺乏一个明确的日期，则保函长期有效。

观点二认为，保函不一定要有有效期，可以根据实际情况由法院认定保函是否已经终止。比如，受益人如果把保函原件还给开证行，则保函视为终止。

裁判指引

司法实务中笔者认为应采纳观点二。

对于保函开证行来说，开立保函意味着它承担了一项或然责任，这种责任的承担，要求开证行存有资金以应付这一责任的到来。对受益人来说，他能够享受保函带给他的利益。但是承担这种责任或者享受这种利益，应该有一定的条件和期限，否则带来的风险无法控制，可能影响开证行的经营，也会影响申请人的财务状况，因为实务中开证行为保障自己的利益，往往会要求申请人提供相应的担保。

一般而言，多数保函都会含有有效期条款。有效期条款的明确对保函各方当事人都非常重要。过了有效期，保函自然终止。但是，有效期并非独立保函终止的唯一条件。《独立保函司法解释》第 11 条规定了终止的 4 种情形。

第一，独立保函载明的到期日或到期事件届至，受益人未提交符合独立保函要求的单据。一般情况下，保函会明确约定“有效期至某年某月某日”，超过这个日期提交单据，则没有意义，因为保函已经因失效而终止。

第二，独立保函项下的应付款项已经全部支付。如果保函发生了索赔情形，其项下的所有金额全部支付，因保函明确规定了相关限额，故不会再进行支付，这种情况下保函终止。

第三，独立保函的金额已减额至零。比如，预付款保函通常设定了终止的情形。预付款保函又称还款保函，是指保证行应申请人（收到预付款的一方）的要求向受益人（支付预付款的一方）开出的、保证如果申请人不按合同规定履行义务，也未将受益人预付给申请人的任何金额以其他方式偿还时，由保证行向受益人赔付一定金额的款项。预付款保函的担保金额视预付款的金额而定，一般为合同金额的 10% 左右，保函从申请人收到预付款之日起生效，但往往设定一个终止情形。比如，某预付款保函规定担保范围为 A 公司已支付给 B 公司的造船预付款范围，并载明“本保函将一直有效直至船舶交付给贵公司并被接受，或者直至申请人或开证行已向贵公司全额退款，或者直至 2014 年 5 月 28 日，上述情形中取其发生在前者作为终止日期”。其中，“直至申请人或我行已向贵公司全额退款”即为对独立保函的金额已减额至零的情形的约定，在此情况下，保函项下的权利义务已经履行完毕，独立保函自然终止。

第四，担保人收到受益人出具的免除独立保函项下付款义务的文件。比如，有的保函中写明：贵方（受益人）提前退回保函原件的，视为贵方同意提前终止或解除保函，保函亦同时失效。这种情况就视为受益人免除了保函项下的付款义务。当然，除退回的方式之外，受益人也可单独出具明确的书面文件，表示其愿意免除独立保函项下的付款义务。

值得一提的是，独立保函本身是担保银行单方的担保承诺，受益人在收到保函之后也不需要书面确认，保函自发出之日起即生效。反之亦然，如果受益人发出了免除的声明，担保银行并不需要反馈，直接就可以认定保函终止。如果之后受益人在有效期内又进行索赔，主张免除只是单方的意思表示，并没有与银行达成合意，法院应不予认可，因为免除属于单方法律行为，而非契约，无须双方当事人达成合意。

因此，实务中法院需要根据保函用语、履约情况具体判断保函是否终止。特别是在期限方面，有的保函综合约定了多种期限，需要法官进行判断以明确保函是否已经终止。比如，在保函中明确在担保人收到受益人提交的相关书面文件后支付款项，款项支付后保函终止，同时约定保函最迟不晚于某个日期失效。还有的保函约定基础合同项下的义务和责任得到充分履行且被受益人彻底解除义务后失效，同时约定保函最迟不晚于某个日期失效。

更为复杂的情形是保函中没有明确约定保函期限。比如，在履约保函中，约定履约保证金在合同条款规定的质量保证期满后不迟于30日内退还，但如果此时存在合同争端并且未能解决，那么履约保证金的有效期应延长到上述争端最终解决且理赔完毕后。而根据相关保函用语，其到期取决于履约保证金的退还情况。这种没有约定保函期限的情形对担保人和申请人来说明显风险最大。因为合同争端的解决没有一个固定的或者可以预测的期限，当事人可以主张基础合同中的抗辩事由，从而导致开证行的责任难以通过保函终止来免除。

相关规定

《独立保函司法解释》

第十一条 独立保函具有下列情形之一,当事人主张独立保函权利义务终止的,人民法院应予支持:

(一)独立保函载明的到期日或到期事件届至,受益人未提交符合独立保函要求的单据;

(二)独立保函项下的应付款项已经全部支付;

(三)独立保函的金额已减额至零;

(四)开立人收到受益人出具的免除独立保函项下付款义务的文件;

(五)法律规定或者当事人约定终止的其他情形。

独立保函具有前款权利义务终止的情形,受益人以其持有独立保函文本为由主张享有付款请求权的,人民法院不予支持。

URDG 758

第 25 条 “减额与终止”

……

b. 无论保函文件是否退还担保人,在下列情况下保函均应终止:

i. 保函失效,

ii. 保函项下已没有可付金额,或者

iii. 受益人签署的解除保函责任的文件提交给担保人。

c. 如果保函或反担保函既没有规定失效日,也没有规定失效事件,则保函应自开立之日起 3 年之后终止,反担保函应自保函终止后 30 个日历日之后终止。

d. 如果保函的失效日不是索赔提交地点的营业日,则失效日将顺延到该地点的下一个营业日。

e. 如果担保人知悉保函由于上述 b 款规定的任一原因而终止,则除非因失效日届至,担保人应将该情况毫不延迟地通知指示方或者适用情况下的反担保人,在后一种情况下,反担保人也应将该情况毫不延迟地通知指示方。

《独立担保公约》

第 12 条　届满(expiry)

保函的有效期限在下列情形届满：

(a)在届满之日。该届满之日可以是特定的历日或保函规定的固定期限的最后一天；如果失效之日在签发保函的保证人营业地并非营业日，或在另一人之营业地并非营业日或者在保函规定的提出付款请求的另一地并非营业日者，则在往后顺延的第一个营业日失效。

(b)如果依据保函，其届满取决于保证人营业范围以外的行为或事件之发生者，在保证人提出保函列明的证明此类行为或事件业已发生的文件时，或者，若未列明此类文件者，受益人提出证明此类行为或事件业已发生的证明书时；

(c)如果保函并未列明届满之日；或者，如果届满得以确立的行为或事件虽经提出所要求的文件仍未确定，且另外未确定失效之日，自签发保函之日起经过 6 年，该保函即行届满；

……

典型案例

特变电工衡阳变压器有限公司与浙江石油化工有限公司及第三人中国银行股份有限公司衡阳分行信用证欺诈纠纷案

湖南省衡阳市雁峰区人民法院(2018)湘 0406 民初 1152 号

案情介绍

特变电工衡阳变压器有限公司(以下简称特变电工)为保函申请人，浙江石油化工有限公司(以下简称浙石化公司)为受益人，中国银行股份有限公司衡阳分行(以下简称中国银行衡阳分行)为担保人，案涉保函为预付款保函，载明“卖方(申请人)需向贵方(受益人)提交一笔担保金额为 CNY 2,000,000.00 即合同金额 20% 的预付款保函”。在双方合同履行过程中，浙石化公司针对该预付款保函提出索赔。而申请人特变电工则提出，其已向浙石化公司全额退还合同预付款200万元，案涉预付款保函项下的应付款项已全部支付，故保函已经终止。因此，浙石化公司索赔属于欺诈，故向法院申请止付令。浙石化公司以特变电工存在违约行为，而案涉保函是保证特变电工正确履行供货合同项下的规定义务为由，主张其仍有权索赔保函项下款项以冲抵违约金和损害赔偿金。

法院裁判

湖南省衡阳市雁峰区人民法院认为，浙石化公司混淆了预付款保函和履约保函的概念，错误地将案涉保函理解为履约保函。根据案涉保函载明的内容，其应当为预付款保函，由于特变电工已将合同预付款全额返还，案涉预付款保函的权利义务已经终止，保函项下已无可付金额，案涉保函的保证责任解除，浙石化公司无权继续向中国银行衡阳分行索赔。关于违约争议，浙石化公司可依据合同约定另行主张权利，不在该案中解决。

评析

本案明确区分了不同的保函种类，而且界定了保函终止的条件。预付款保函和履约保函，两者针对的是合同履行过程中的不同环节，权利义务有较大区别。在预付款已经退还的情况下，预付款保函即已终止，无法继续索赔。如果双方还存在违约争议，争议的当事人可依据合同约定另行主张权利，不应通过保函索偿解决。

中国银行股份有限公司乐山分行与东方电气集团东风电机有限公司破产债权确认纠纷案

四川省乐山市中级人民法院（2017）川11民初106号

案情介绍

中国银行股份有限公司乐山分行（以下简称中国银行乐山分行）应东方电气集团东风电机有限公司（以下简称四川东风公司）申请，先后为其开具23份履约保函，受益人均为基础合同中的买方。23份保函均明确表明，中国银行乐山分行在收到受益人提供符合保函要求的单据后向其支付累计总额不超过保函担保的金额，其承担责任独立于基础交易关系及保函申请法律关系，且仅在受益人提供相应的单据时具有付款责任。

其中，有一份受益人为国电物资集团有限公司川渝物资配送中心（以下简称川渝物配中心）的保函，因基础合同已经履约完毕，且不存在任何经济和法律纠纷，但保函原件遗失，故川渝物配中心向中国银行乐山分行出函确认解除其在该笔保函项下的担保责任。

后东风机电公司被本案审理法院裁定破产重整，中国银行乐山分行针对前述23份履约保函申报债权。四川东风公司管理人经审查发现，上述保函均在该案立案之日前已经到期。管理人认为，由于前述23份保函已到期，东风机电公司的债权人（中国银行乐山分行）并未承担保证责任，或保证责任已经解除，不应作为将来付款请求权申报债权。在管理人拒绝申报之后，中国银行乐山分行向四川省乐山市中级人民法院起诉。

法院裁判

四川省乐山市中级人民法院认为，申请人四川东风公司申请破产，担保人中国银行乐山分行欲以其开立的独立保函申报债权。担保人主张依据案涉保函载明的内容及金融机构办理保函业务的基本规则，在收到保函受益人的书面索赔声明及保函正本原件后，无论保函是否约定到期日，中国银行乐山分行均应无条件支付保函载明的应向受益人支付的金额。案涉23份保函的内容显示，并没有“无论保函是否约定到期日，中国银行乐山分行均应无条件支付保函载明的应向受益人支付的金额”这样的约定。银行的这种主张可能出于风险合规的考虑，而案涉保函均在该案立案之日前到期，银行完全可以以保函到期、权利义务终止为由拒绝赔付受益人，并无承担担保责任之虞。保函均已到期、保函项下权利义务终止，中国银行乐山分行的担保责任已解除，即使受益人持有已到期且权利义务已终止的保函请求付款也得不到法院的支持。因此，判决案涉履约保函已到期终止，驳回中国银行乐山分行的诉讼请求。

评析

本案明确了独立保函权利义务终止的重要意义。独立保函是否终止,对债权人、债务人权利义务的界定有重大影响。本案中,在保函到期的情况下,权利义务终止,受益人无法再索赔,因此银行作为担保人不会承担相关责任,也不具备追偿开证申请人的前提条件,不会对开证申请人产生债权,因此无法以此为由申报债权。

拓展研究

(一)独立保函与从属性担保在终止方面的不同

独立保函的终止,与中国法项下的非独立性即从属性担保有所不同。有效期届满,独立保函自动失效,担保人不再承担担保责任。而中国法项下的从属性保证,无论是连带责任保证还是一般责任保证,均规定保证担保的期限一般不短于主合同义务履行的期限。比如,《民法典》第692条第1款、第2款规定:保证期间是确定保证人承担保证责任的期间,不发生中止、中断和延长。债权人与保证人可以约定保证期间,但是约定的保证期间早于主债务履行期限或者与主债务履行期限同时届满的,视为没有约定;没有约定或者约定不明确的,保证期间为主债务履行期限届满之日起6个月。

这种情况导致了国际工程承包中的法律难题。在通常情况下,工程总包商对外给业主开的保函是见索即付独立性的,而境内分包商给总包商开的保函往往是按照《民法典》解释为从属性担保。那么就产生了索赔期限的脱节,即业主方一旦索赔,独立保函的开证行就对外赔付了。而分包商开给总包商的保函是从属性的,总包商对外赔付后向分包商索赔还需要先进行诉讼,而分包商可以找出很多理由进行抗辩。这样的后果很可能是,主承包商对外赔付了,却无法从实际施工的境内分包商处获得赔偿。

(二) URDG 对终止规定的变化

独立保函的终止,是影响各方权利义务的重要事项。《独立保函司法解释》对保函终止作出规定之时,借鉴了 URDG 的相关规定。URDG 758 第 25 条规定的终止条件,已经在上文列出。需要注意的是,与 URDG 458 第 23 条相比,一个重要的变化是退回保函本身不是保函责任终止的条件。这对保函在到期前撤销有很大的影响:受益人签署并提交解除保函责任的文件是到期前撤销仍有余额的保函的必要条件,而不能简单以退回保函视为保函撤销。独立保函的撤销即为权利义务的终止。

此外,为了减少敞口保函带来的风险,URDG 758 规定,如果保函或反担保函既没有规定失效日,也没有规定失效事件,则保函应自开立之日起 3 年之后终止,反担保函应自保函终止后 30 个日历日之后终止。该条借鉴了联合国《独立担保与备用信用证公约》第 12 条的规定,但数易其稿后,该条的措辞与《独立担保与备用信用证公约》第 12 条有一处较大的不同。《独立担保与备用信用证公约》第 12 条规定了如果保函并未列明届满之日;或者,如果届满得以确立的行为或事件虽经提出所要求的文件仍未确定,且另外未确定失效之日,自签发保函之日起经过 6 年,该保函即行届满。那么,按 URDG 758 第 25 条 c 款的规定,对只规定到期时间的保函,如果到期时间要求的单据没有提交,则保函持续有效直至 URDG 758 第 25 条 b 款规定的终止条件成立(保函失效;保函项下已没有可付金额;受益人签署的解除保函责任的文件提交给担保人)。担保人对此类保函的授信敞口的管理,需通过加强保函后期管理来解决。

第十一章

其他事项争议

独立保函的使用中,还存在一些前文未能涵盖的争议。虽然这些争议并非常见,在司法实践中出现不多,或者并未成为主要争议焦点,但仍值得一提。比如,关于独立保函支付币种的争议,不仅涉及外汇管制的问题,也涉及利率风险的问题。在通常情况下,独立保函会载明担保人承担付款责任的币种,由此决定了汇率风险由哪方当事人承担,而且决定了在担保人延迟支付时损失的计算标准。但在特殊情况下,如有的国家由于外汇管制原因或者其他原因导致无法直接使用双方约定的货币支付,就会产生一些争议,需要明确相关的规则才能解决。

另外,独立保函一开始在我国仅允许在国际业务中使用,后来允许扩展到国内业务中。这对于国内的交易主体以及金融机构来说,都有一个不断熟悉的过程。尤其是有一些被允许开立独立保函的非银行金融机构,如保险公司、担保公司等,因为进入独立保函领域相对较晚,与经常开立独立保函的银行相比缺乏经验,独立保函的条款经常包含特别规定。除此之外,对于独立保函的形式,《独立保函司法解释》沿袭了担保法关于保证合同的类似规定,要求独立保函也应当采取书面形式。所谓的书面形式，不仅包括纸质形式，还应当包括电子数据交换。在保函的国际实务中，开立人一般采取电子数据交换即通过 SWIFT 开立保函，以保障独立保函的安全性与便捷性。但这些国内的非银行金融机构，通常情况下并非 SWIFT 组织的成员。因此它们开立的独立保函，并不通过 SWIFT 电文传递，而是通过盖章、纸质方式传递，这就带来许多风险因素。比如，在这个过程中犯罪分子就有了可乘之机，会伪造、变造独立保函，或者通过其他手段欺诈金融机构或者交易相对方。要解决这些新问题，不仅需要考虑独立保函的国际规则、司法解释，还要考虑国内各种相关法律，如公司法对内部授权的规定，民法典对表见代理的规定，等等。这些风险也是独立保函在使用过程中必须考虑的因素之一。

一、独立保函的币种

诉讼争点

独立保函必须载明担保人承担付款责任的币种。独立保函上载明的币种不仅决定了汇率风险由哪方当事人承担，而且决定了在担保人延迟支付独立保函下款项或申请人逾期偿付担保人垫付款时损失的计算标准。第一种观点认为，独立保函支付币种的争议应以独立保函合同约定的币种为准；第二种观点认为，不应僵化地采用合同约定的币种，可以适当考虑受益方，倾向性地适用方便于受益方的币种；[①]第三种观点认为，为了便于诉讼法院计算，应采用诉讼地货币的原则。

裁判指引

司法实务中笔者认为应采纳第一种观点。

---

① 《独立保函与备用信用证法律实务》一书认为，保函规定保证金的币种可以不同于基础交易合同中所规定的币种。如果保函是根据受益人所在国的货币明确规定了保证金额的最高数额，那么应该允许受益人提出付款请求时可以要求与最高保证金额价值相等的另一国货币。

在裁判中，当事人就债务的支付形成合意，也意味着对此产生的债务利息的支付产生合理预期，除非受诉付款地法律有强制性规定，否则应尊重当事人对债务支付币种的选择。即支付规定的货币不符合付款地的法律，担保人应使用付款地法律规定的货币付款。正如《民法典》第514条的规定，以支付金钱为内容的债，除法律另有规定或者当事人另有约定外，债权人可以请求债务人以实际履行地的法定货币履行。

相关规定

URDG 758

第21条　支付的货币

a. 担保人应使用保函所规定的货币支付相应的索偿要求。

b. 如果在保函项下做出付款的当日：

担保人因为其不能控制的障碍而不能使用保函规定的货币支付，或支付规定的货币不符合付款地的法律，担保人应使用付款地的货币付款，即使保函要求只能使用保函规定的货币支付。指示方或反担保人（如有反担保函）应接受这种货币付款的约束。担保人或反担保人可以选择被偿付的货币是实际付款的货币或者保函或反担保函（如有）所规定的货币。

本条b款项下付款地货币的付款或者偿付应当履行付款或偿付时通行的可适用的汇率。但是，如果担保人在应付款的时候没有支付，受益人可以要求付款依照应付款时或者实际付款时通行的可适用的汇率。

典型案例

中国葛洲坝集团股份有限公司与意大利裕信银行股份有限公司上海分行独立保函纠纷案

上海金融法院（2018）沪74民初1419号

案情介绍

2018年2月12日，原告中国葛洲坝集团股份有限公司（以下简称葛洲坝集团公司)与位于意大利的 CMC 公司签订了一份分包合同,约定由原告将科威特南穆特拉住房基础设施建设项目中的部分工程分包给 CMC 公司。双方约定,作为合同生效的一项条件,CMC 公司应当向原告出具一份不可撤销的无条件履约保函,履约保函的金额应为分包合同总价的 10% 。

2018 年 3 月 5 日,被告意大利裕信银行股份有限公司上海分行(以下简称裕信银行上海分行)根据 CMC 公司的申请,向作为受益人的原告开立了编号为 G560 号的履约保函。该保函中载明,鉴于被告被告知 CMO 公司(以下简称申请人)与原告于 2018 年 2 月 12 日签署了金额为 98, 875, 988. 93 科威特第纳尔的分包合同。根据分包合同中的条件,需开具 9, 887, 598. 89 科威特第纳尔的履约保函。因此,应申请人要求,被告作为担保人,不可撤销且无条件地承诺,在收到原告的书面要求 5 天内,将向原告支付任何总额不超过 9, 887, 598. 89 科威特第纳尔的款项,而原告无须证明其提出要求以及要求该具体款额的理由,即使申请人或其代表提出异议,被告亦放弃对原告的追索权。对此,原告的书面要求应当作出下述声明:申请人 CMC 公司违反了其合同义务,以及申请人违约的方面。并且书面要求上的签字应由原告银行向被告发出经认证的 SWIFT 电文(银行国际代码:BROMCNSHXXX)予以确认。该保函中明确,此保函受 URDG 758 的约束。

分包合同生效后,原告按约履行了义务,包括全额支付预付款等。CMC 公司在履行分包合同的过程中出现违约情形,并毫无根据地终止了分包合同,导致工程建设陷入停顿。鉴于 CMC 公司的上述重大违约行为,原告决定按照 G560 号保函的约定进行索赔。2018 年 11 月 24 日,原告向被告发出书面付款通知。通知中称,基于 G560 号保函,基于申请人违反了其合同义务,并且申请人未能按合同条款继续分包合同下的工程,并错误地终止了分包合同,原告作为受益方,要求被告(担保人)支付 9, 887, 598. 89 科威特第纳尔至原告开立于渣打银行(中国)有限公司武汉分行的账户。2018 年 11 月 26 日,渣打银行武汉分行作为原告的收款行,向被告发出 SWIFT 电文,该电文对原告所发付款通知的签章进行了确认。

2018 年 12 月 3 日,针对申请人 CMC 公司于 2018 年 11 月 30 日提交的申请，意大利拉文纳普通法院民事法庭对被申请人意大利裕信银行股份有限公司、意大利联合圣保罗银行股份有限公司及中国银行股份有限公司签发命令。命令载明，在不影响听证结束时可能确认、修改或撤销本命令的情况下，考虑到被申请人参加程序和提交答辩书所需的时间，考虑到见索即付保函的支付可能产生永久性的经济损害风险，日后可能难以恢复，批准申请人的申请可能是恰当的。在此基础上，命令意大利裕信银行不应支付包括本案系争保函在内的各保函项下的请求金额；命令意大利圣保罗银行和中国银行股份有限公司米兰分行，不向意大利裕信银行支付申请中所列的由意大利联合圣保罗银行和中国银行股份有限公司米兰分行提供的反担保保函。

2018 年 12 月 5 日，被告向原告发函称，已于 2018 年 11 月 28 日收到原告要求被告支付本案系争保函的付款要求。鉴于 2018 年 12 月 3 日，拉文纳普通法院发布临时止付令，禁止意大利裕信银行股份有限公司支付保函，因此意大利裕信银行股份有限公司不能以任何方式直接或通过其上海分行（不是独立于意大利裕信银行股份有限公司的一个独立实体）履行本案保函的付款。函件中被告邀请原告在拉文纳普通法院对此未决案件的审理中出庭，以便提出辩护并向法院阐述观点。

2019 年 3 月 8 日，被告得知意大利拉文纳普通法院撤销了对本案保函的止付令。2019 年 3 月 14 日，被告指令裕信银行米兰分行向原告收款银行的代理行渣打银行纽约分行支付 G560 号保函项下原告要求的 9,887,598.89 科威特第纳尔。2019 年 3 月 14 日晚，裕信银行米兰分行向被告发出 SWIFT 电文，告知被告，渣打银行纽约分行不能申请资金，要求提供可接受科威特第纳尔的银行，以便付款，款项暂留，等待答复。2019 年 3 月 15 日，被告向渣打银行武汉分行发出电邮以及 SWIFT 电文，向收款行渣打银行武汉分行告知了渣打银行纽约分行的相关要求。2019 年 3 月 18 日，裕信银行米兰分行向被告发出 SWIFT 电文，转告被告，渣打银行纽约分行告知无法处理付款。2019 年 3 月 28 日，被告向原告开立在汇丰银行中东支行的账号支付了本案保函项下金额。原告于 2019 年 4 月 2 日收到该款项。该笔支付属于逾期支付，故被告仍应承担相应的违约责任，即向原告赔偿因其迟延履行造成的利息损失。

法院裁判

由于本案为涉外案件，对于案件争议的法律适用问题，应当依据冲突法规范予以综合确定。《中华人民共和国涉外民事关系法律适用法》第41条规定："当事人可以协议选择合同适用的法律。当事人没有选择的，适用履行义务最能体现合同特征的一方当事人经常居住地法律或者其他与该合同有最密切联系的法律。"URDG 758具有契约性，当事人在系争保函中明确选择适用URDG 758，从而将URDG 758各条款纳入保函，成为保函约定的内容，对保函当事人具有约束力。对此，原告、被告双方在庭审中明确选择URDG 758作为本案争议处理的依据之一。根据URDG 758第34条a款之规定，"除非保函另有约定，保函的适用法律应为担保人开立保函的分支机构或营业场所所在地的法律"。

上海金融法院认为，本案的争议焦点有两点：第一，对原告因被告迟延支付本案系争保函项下款项所遭受的利息损失，被告是否应承担赔偿责任？第二，如被告负有赔偿责任，则被告的赔偿范围应如何确定？

关于争议焦点一，外币之债的利息支付责任以及利率的计算，一般应依照合同的准据法确定。根据《独立保函司法解释》第1条第1款的规定，独立保函是指银行或非银行金融机构作为开立人，以书面形式向受益人出具的，同意在受益人请求付款并提交符合保函要求的单据时，向其支付特定款项或在保函最高金额内付款的承诺。因此，独立保函是以相符交单为条件的付款承诺，单据作为决定开立人是否付款的唯一依据，开立人只能以受益人提交单据与独立保函文本规定不符为由提出抗辩。只要受益人提交的单据符合保函文本要求，便构成有效索赔，保函开立人应当履行付款义务。同时，根据URDG 758第20条的规定，担保行的审单期限为"从交单翌日起5个营业日内审核该索赔并确定该索赔是否相符"，并且担保行从收到受益人提交的单据的第二天开始为期5个工作日的审单时间通常和付款期限重合。如果在这5个工作日内，担保行认为单据满足"相符交单"的要求，就应当付款。如果担保行未在合理期限内发出拒付通知并且未一次性告诉提交人拒付的每个不符点，将失去拒付的权利。本案中，原告的索赔在程序上和单据上均满足了保函文本中所列明的要求，被告未在审单期限内提出原告提交的单据存在任何不符点,故被告应于2018年12月5日审单期限届满前向原告支付本案系争保函项下的款项。现被告未于上述日期前履行付款义务,已构成保函项下的违约,应当承担相应的违约责任。

被告主张,其系遵守意大利拉文纳普通法院向其发出的临时止付令,构成无法按期支付的正当理由,该事由属于URDG 758第26条a款规定的不可抗力,故对于意大利拉文纳普通法院临时止付令期间的迟延付款,其应免于承担法律责任。

上海金融法院认为,意大利拉文纳普通法院的临时止付令系外国法院针对本案系争保函作出的境外司法行为,仅在该国境内有效,对我国不发生法律效力。因此,上海金融法院在认定被告是否应履行保函项下的付款义务以及被告是否存在迟延付款的正当理由时,不受该临时止付令的约束。其次,URDG 758第26条规定的"不可抗力",是指由于天灾、暴动、骚乱、叛乱、战争、恐怖主义行为或担保人或反担保人无法控制的任何原因而导致担保人或反担保人与本规则有关的营业中断的情况。据此,是否成立URDG 758所规定的不可抗力必须同时考虑如下两个要素:一是存在担保人不能预见、不能避免、不能克服的客观情况;二是该无法控制的客观情况对担保人产生与URDG 758有关的营业中断的影响。本案中,CMC公司在境外启动止付程序的行为,在独立保函业务中属于常见的基础法律关系诉讼,被告作为从事跨境支付业务的银行,法院做出的临时止付令并未造成其营业中断,被告仍有能力继续进行与URDG 758有关的交单、审单以及赔付等经营行为。因此,即便如被告所称,其在事实上受到临时止付令的约束,也并未满足URDG 758第26条a款关于不可抗力的构成要件。故对被告据此主张免责的抗辩意见,上海金融法院不予支持。

被告主张意大利拉文纳普通法院的临时止付令,是其作为意大利商业银行必须履行的义务,否则其将受意大利法律的制裁,在此情形下,如要求其仍承担未付期间的利息,有悖公平原则。

上海金融法院认为,本案系争保函纠纷适用中国法律以及URDG 758。根据《独立保函司法解释》以及URDG 758的规定,被告对本案中原告"相符交单"情况下的有效索赔负有付款义务,被告对此亦未否认。在双方未对本案情形下被告可免于承担违约责任进行明确约定或存在法律除外规定的情况下，原告要求被告付款并就迟延付款行为赔偿利息损失的诉请，具有事实和法律依据。现被告为避免因不遵守其所属国法院命令而产生的不利后果，对其本应于2018年12月5日完成的付款行为选择予以迟延支付，是在考虑当时形势下各因素的利弊后作出的选择，被告对其选择应承担相应的法律后果。如允许被告以此为由免于承担违约责任，则无异于将该部分经济上的不利益转嫁给原告，该结果对原告而言明显有违公平原则。反观被告，即便承担本案的违约责任，其亦可根据《独立保函司法解释》第15条以及其与CMC公司之间的合同关系，对CMC公司的申请止付行为所产生的后果，向止付申请人主张权利，其损失能够得到填补，不存在其所称的有悖公平之处。

综上，被告应于2018年12月5日审单期限届满前向原告支付本案系争保函项下的款项。现因被告迟延支付本案系争保函项下款项导致原告产生的利息损失，被告须承担赔偿责任。

对于第二个争议焦点，即被告承担原告利息损失的赔偿范围应如何确定问题，具体涉及计息期间、计息的币种以及计息的利率标准问题。

关于计息的计息期间，被告抗辩认为，其于2019年3月14日已向原告指定的收款行进行付款，履行了己方的付款义务，系由于原告自身未能提供有效收款账号的原因，导致当日未能付款成功，由此所产生的利息损失不应由被告承担。对于被告主张的上述付款日期，原告于庭审中表示认可，并同意以审单期限届满之次日起至被告向原告付款之前日止，即2018年12月6日至2019年3月13日作为其主张利息的计息期间。鉴于原告对上述计息期间日期的调整未超出其起诉时的期限范围，故本院予以准许。

关于利息应按何币种作为计息基数，按何种利率标准进行计算的问题，原告主张将本案系争保函项下金额，按起诉日汇率换算为人民币，并以换算后的人民币金额为基数，按照中国人民银行公布的同期贷款利率为标准计收。被告则主张，被告的付款是以科威特第纳尔为货币单位，故因付款迟延而产生的利息，也应当以科威特第纳尔为货币单位计算，且利率标准应适用存款利率而非贷款利率。被告主张，本案应当适用科威特中央银行公布的同期存款利率。

上海金融法院认为，利息的币种应与债务支付的币种相一致，当事人就债务支付的币种形成明确合意，也意味着对由此产生的利息币种具有合理预期，除非受诉法院地法律存在强制性规定，否则应尊重当事人对债务支付币种的合意选择。按照 URDG 758 第 21 条之规定，付款的货币为保函中指明的货币。在本案系争保函中，双方当事人约定的付款货币是科威特第纳尔，最终被告的付款行为也是以科威特第纳尔完成的，且最终付款行为在我国境外完成。按照《中华人民共和国中国人民银行法》第 16 条之规定，对于我国境内的公共或私人债务，人民币是法定货币，任何单位和个人不得拒收。而对于支付地不在我国境内的跨境资金流动，我国法律允许当事人约定币种进行支付，并未作出强制性规定。而且，在原告、被告双方未对一方违约情况下以何种币种承担违约责任进行明确约定的情况下，以科威特第纳尔作为计息基数相比原告主张的人民币币种而言，更符合原告、被告双方的预期以及国际金融惯例，于法有据，故本案中的利息损失之币种应以科威特第纳尔为货币单位计算。

鉴于科威特第纳尔并非国际通行货币，外币之债的利率应参照该货币发行国的央行公布利率。本案中，原告与被告均为从事跨境交易的商业主体，计算原告的利息损失应考量商业主体通常的融资成本，宜以银行贷款利率作为参照。如果采纳存款利率标准，将出现所赔偿的利息损失无法覆盖原告实际资金成本的问题，甚至会产生鼓励违约方以低于金融市场价格占用守约方资金，从不法行为中获益的不良导向。故上海金融法院认为，本案应以贷款利率标准而非存款利率标准计算原告的利息损失。现原告、被告均确认，科威特国公布的科威特第纳尔同期同业拆借利率即贷款基准利率为 2.875%，故上海金融法院认为原告的利息损失应当以 9,887,598.89 科威特第纳尔为计息基数，以上述贷款基准利率为计息标准，自 2018 年 12 月 6 日起计算至 2019 年 3 月 13 日止，即 76,594.56 科威特第纳尔。

评析

本案系涉外独立保函纠纷案件，针对被告外资银行以外国法院受理止付程序在先为由主张中国法院对本案不具有管辖权，并以此为由主张外国法院签发的止付令属于不可抗力，其因此无须承担民事责任的抗辩理由，本案生效判决认定，外国法院签发的止付令不属于可被申请承认或执行的民事裁决，不在我国与该国司法协助条约的适用范围之内。在独立保函受 URDG 758 约束的情况下，该外国法院的临时禁令原则上只在其本国境内生效而不具有域外效力，上海金融法院对本案具有排他性管辖权；境外法院关于保函止付的临时禁令不构成 URDG 758 的不可抗力，保函开立人不能据此主张免责。本案的审理结果，既维护了我国的司法主权，也充分保障了“一带一路”倡议推进中我国企业的合法权益，实现了法律效果与社会效果的有效统一。本案在裁判中确定了金钱之债中当事人之间可以对约定的货币进行履行，本案裁判思路与《民法典》中对支付货币规定相同，当事人对支付货币种类有约定的，应尊重当事人的意思表示。故对于金钱之债的货币种类，如果法律另有强制性规定或当事人之间有约定，应以法律或当事人的特别约定为准。

拓展研究

从《民法典》第 514 条的规定可以看出，如果合同履行地在我国内地，则当然以人民币作为支付的货币，除非法律另有规定或当事人另有约定。对于《民法典》第 514 条中所述的“实际履行地的法定货币”在涉外金钱之债的履行问题时应如何把握和理解，《中华人民共和国民法典合同编理解与适用（一）》中认为，对于在我国内地进行仲裁或诉讼，应当适用我国相关程序法的规定对此进行解释。① 即在法律没有特别规定或当事人没有特别约定的情况下，涉外的金钱之债的债权人所在地的法定货币为给付之标的物。对于金钱之债的货币种类，如果法律另有规定或者当事人有特别约定，则应以法律规定或当事人的特别约定为准。

① 参见最高人民法院民法典贯彻实施工作领导小组主编：《中华人民共和国民法典合同编理解与适用（一）》，人民法院出版社 2020 年版，第 370 页。

二、纸质保函中的印章与授权

诉讼争点

保函在银行与当事人之间传递，一般通过 SWIFT 传输，但也有保函以纸质方式载明保函内容向受益人出具。在索赔时，如果银行声称保函上面加盖的银行印章为假印章，或者保函出具未取得内部授权，如何处理？

对此，主要有以下两种观点：

观点一认为，不宜以纸质方式出具保函，保函应以电文如 SWIFT 传输方式传递，才属于《独立保函司法解释》中规定的保函。由纸质方式出具，因难以核验，保函风险较高，不应适用《独立保函司法解释》和 URDG。

观点二认为，纸质保函在国内市场中可以使用，毕竟不是所有保函开立机构都能付费接入 SWIFT 系统，使用纸质方式传递更加节省成本。如果纸质保函出现被调包、印章造假、未经授权等行为，在《独立保函司法解释》中没有规定的，可以适用国内其他相关法律进行处理。

裁判指引

司法实务中笔者认为应采纳观点二。

《独立保函司法解释》中，并未限定独立保函必须以电子方式传输，仅要求以“书面形式”出具，“书面形式”应作广义解释，既包括电子方式，也包括传统的纸质方式。URDG 758 中也不限制纸质方式的使用，要求在保函中明确索赔书或其他单据是否应以纸质和/或电子方式进行提交。因此，保函出具的形式、内容的传递，不限定于 SWIFT 方式。

在国际交易中，由于保函纸质方式转递非常低效，因此极少采用纸质方式出具保函，但在国内市场中，还存在许多纸质保函应用的场景，特别是在非银行金融机构出具保函的情况下，这些非银行金融机构往往没有接入 SWIFT 系统，因此不得不使用纸质保函。

当然纸质保函带来了较大的风险，如有的保函要求索赔需要提交保函原件，但保函在传递过程中可能被调包，在保管过程中可能遗失。除此之外，许多保函上使用的金融机构印章，可能由于各种原因并非金融机构的真实印章；在保函上签名的所谓金融机构负责人，可能并非真实的负责人，或者真实负责人未获得内部以及上级授权……这些都会使保函效力存在争议。

《独立保函司法解释》和URDG对此类情况涉及不多，如果没有相应条款予以应对，则只能使用国内其他法律、法学理论予以解释。这就涉及中国公司法项下印章的意义、加盖印章对保函效力的影响、金融机构负责人签字的效力、如何证明印章为金融机构真实印章等诸多问题，还涉及表见代理等合同法理论。对于这些问题，司法实践中存在一定的分歧意见，会导致保函索赔存在一定的不确定性。因此，应尽量避免使用纸质保函。

相关规定

《独立保函司法解释》

第一条第一款　本规定所称的独立保函，是指银行或非银行金融机构作为开立人，以书面形式向受益人出具的，同意在受益人请求付款并提交符合保函要求的单据时，向其支付特定款项或在保函最高金额内付款的承诺。

URDG 758

第8条　指示的保函的内容

开立保函的指示以及保函本身都应该清晰、准确，避免加列过多细节。建议保函明确如下内容：申请人；受益人；担保人……索赔书或其他单据是否应以纸质和/或电子形式进行提交……

典型案例

浙商财产保险股份有限公司与广发银行真假保函纠纷[①]

案情介绍

2014年12月10日，侨兴集团旗下的惠州侨兴电讯工业有限公司（以下简称侨兴电讯）和惠州侨兴电信工业有限公司（以下简称侨兴电信）在广东金融高新区股权交易中心（以下简称粤股交）分别备案发行了“惠州侨兴电讯工业有限公司2014年私募债券”和“惠州侨兴电信工业有限公司2014年私募债券”（以下简称侨兴债），两笔合计人民币11.46亿元，各分为7期，年化利率7.3%，期限为2年。

随后，该侨兴债由粤股交推荐到上海招财宝金融信息服务有限公司（以下简称招财宝）平台销售，购买了该产品的投资者，可以通过招财宝的“变现”功能处置该产品。于是，私募债被分拆和打包成个人贷产品，销售给其他投资者，从而形成“侨兴私募债发行人—粤股交—招财宝—私募债个人投资者—个人贷投资者”的关系链。

为了减少交易中的市场风险，浙商财险为侨兴债承保了绝对免赔率为零（没有免责条款）的履约保证保险，同时采取了两项反担保措施：侨兴集团董事长吴瑞林为侨兴债的还本付息提供不可撤销的无限连带责任担保，广发银行惠州分行则为其出具了2份无限连带责任的履约保函，为吴瑞林向浙商财险的担保提供履约保证。此外，个人贷产品由众安保险承保个人借款保证保险。根据上述交易结构，一旦侨兴债违约，根据追偿流程，将由浙商财险向相关投资者赔付，然后向侨兴电讯和侨兴电信、吴瑞林和广发银行惠州分行行使代位追偿权。

2016年12月15日，融资方侨兴电信和侨兴电讯无法按时还款，“侨兴债”

---

① 此纠纷发生后，新闻媒体广泛报道，但双方后续是通过民事诉讼还是通过自行和解处理了此事，新闻媒体并未跟进报道。也有可能诉讼后因涉及商业秘密裁判文书未予公开，故无法检索到相关案号。

逾期无法兑现，涉及金额共计人民币3.12亿元。违约发生后，私募债担保方浙商财险启动赔付程序，对上述违约债券本息进行赔付。接下来，浙商财险要求最终兜底方广发银行惠州分行履行担保责任时，却遭到广发银行的拒绝。广发银行公告称，侨兴债文件、公章、私章均系伪造，属于不法分子假冒惠州分行名义出具虚假银行保函，涉嫌金融诈骗，并称已向广东公安机关报案。随后，浙商财险也向当地公安机关报案。

由于本案尚未有最终判决结果，故只能从媒体报道推测履约保函出具的情况。

从媒体透露的信息来看，浙商财险在收到广发银行的保函后，便派工作人员在有侨兴公司人员陪同的情况下，在广发银行惠州分行营业场所办理了银行保函面签手续。后来，广发银行惠州分行在浙商财险前往其营业场所进行保后回访时，出具了盖有分行公章和行长张某个人印章的保函回执；在浙商财险前往广发银行惠州分行核查保函情况时，出具了确认保函"真实合法有效"的《银行履约保函声明》。到2016年12月15日，即侨兴债第1～2期确认到期违约之日，浙商财险两次前往广发银行惠州分行核查保函情况，广发银行惠州分行营业部副总经理和银行部总经理均未对履行保函责任予以明确否认，也未提出保函虚假的异议。

到12月19日，浙商财险向广发银行总行和惠州分行发出《有关银行保函履行事宜的重大风险提示函》，广发银行总行办公室工作人员对保函予以否认；同日下午，广发银行惠州分行相关部门负责人约见浙商财险工作人员，口头表示保函的真实性存在问题，不会履行保函责任。随后，10多家金融机构陆续拿着兜底保函等协议向广发银行询问并主张债权，广发银行表示侨兴债文件、公章、私章均系伪造，并已向公安机关报案。

法院裁判

侨兴违约案件进入了银监会的视野。经立案、调查、审理、审议、告知、陈述申辩、意见复核等一系列法定程序后，银监会于2017年11月21日向广发银行及相关负责人连发4封行政处罚决定书（银监罚决字〔2017〕26～29号），依法查处广发银行违规担保侨兴债案件。

《银监会对广发银行行政处罚信息公开表》(银监罚决字〔2017〕26 号)中的行政处罚认定,广发银行存在出具与事实不符的金融票证、未尽职审查保理业务贸易背景真实性、内控管理严重违反审慎经营规则、以流动资金贷款科目向房地产开发企业发放贷款、未向监管部门报告风险信息等 12 项主要违法违规事实。据此,银监会依据《金融违法行为处罚办法》第 13 条"金融机构……出具与事实不符的……金融票证的……没收违法所得,并处违法所得 1 倍以上 5 倍以下的罚款,没有违法所得的,处 10 万元以上 50 万元以下的罚款",以及《中华人民共和国银行业监督管理法》第 21 条、第 46 条"银行业金融机构违反审慎经营规则处 20 万元以上 50 万元以下罚款"的规定,对机构及责任人员予以处罚。在机构方面,对广发银行总行、惠州分行及其他分支机构的违法违规行为罚没合计 7.22 亿元,其中,没收违法所得 17,553.79 万元,并处以 3 倍罚款 52,661.37 万元,其他违规罚款 2000 万元。在人员方面,对广发银行惠州分行原行长、2 名副行长和 2 名原纪委书记分别给予取消 5 年高管任职资格、警告和经济处罚,对 6 名涉案员工禁止终身从事银行业工作(注:上述处罚中包括广发银行除侨兴债之外的其他违法违规行为)。

相关司法诉讼亦在进行中,从裁判文书网上的多份裁定书来看,浙商财险、上海信托、吉林永吉农商行、吉林环城农商行等机构都向其属地(杭州、上海、吉林等)高级人民法院起诉广发银行惠州分行或侨兴集团;但广发行惠州分行以管辖权为由上诉到最高人民法院,最高人民法院认为这些案件涉及系统性区域性金融风险系列案件,因此裁定撤销原裁定,由广发行惠州分行所属的广东省高级人民法院管辖。但至今结果尚未公布。

评析

这是一起银行内部员工与外部不法分子相互勾结、跨机构、跨行业、跨市场的重大案件,涉案金额巨大,牵涉机构众多,情节严重,性质恶劣,社会影响极坏,为近几年罕见。

该案的行政处罚认定,案发时广发银行公司治理薄弱,存在如下问题。一是内控制度不健全,对分支机构既存在多头管理,又存在管理真空。特别是印章、合同、授权文件、营业场所、办公场所等方面管理混乱,为不法分子从事违法犯罪活动提供了可乘之机。二是对于监管部门三令五申、设定红线的同业、理财等方面的监管禁令,涉案机构置若罔闻,违规“兜底”,承诺保本、保收益,严重违反法律法规,严重扰乱同业市场秩序,严重破坏金融生态。

WS Tankship Ⅱ BV v. The Kwangju Bank Ltd. and another

英国高等法院[2011] EWHC 3103(Comm)

案情介绍

本案中,船舶买方 WS Tankship Ⅱ BV 是一家荷兰集团的子公司,WS Tankship Ⅱ BV 公司与韩国的 G 船厂签订了船舶买卖合同。船舶买卖合同约定,G 船厂应向买方 WS Tankship Ⅱ BV 公司提供一份银行保函作为交付前分批付款的退款担保,即如果 G 船厂违约或者其他情形发生导致买方有权在船舶交付前终止合同,则可以买方 WS Tankship Ⅱ BV 公司可以依据该份退款保函向保函开立银行要求退款。为此,G 船厂申请开立了该保函,开立人系韩国光州银行有限公司(Kwangju Bank Ltd.)。

韩国光州银行有限公司开立了保函,由其在韩国首尔的国际部通过 SWIFT 信息发送给买方银行即阿姆斯特丹的荷兰银行。保函明确载明船舶买方 WS Tankship Ⅱ BV 为受益人,保函规定,在 G 船厂收到分期付款后,保函担保金额将自动增加,担保的最高金额应是为所有分期付款的总额。比较特殊的是,开立银行的名称即光州银行有限公司(Kwangju Bank Ltd.),在保函正文中完全没有出现,在整篇保函中该银行仅仅以第一人称“我们”出现。开立银行的名字只出现在保函的抬头(header)中,它是由 SWIFT 报文系统自动插入的。

此后,因 WS Tankship Ⅱ BV 公司与 G 船厂发生了争议,于是 WS Tankship Ⅱ BV 作为受益人向光州银行有限公司提出索偿,但光州银行有限公司拒绝支付,为此发生保函索赔的争议并起诉至英国高等法院。光州银行有限公司提出了许多抗辩理由,其中主要理由之一是该保函未被“签署”,因为整个独立保函电文的正文中，并没有出现光州银行有限公司的名字，唯一出现名字之处是在抬头之处，而这是由SWIFT报文系统自动插入的，不是光州银行有限公司手动输入的，故不能视为银行签署了该保函。

法院裁判

英国高等法院布莱尔法官作出了判决。他写到，根据保函的用语，本案中以买方为受益人的、通过SWIFT形式出具的退款保函，是保函开立银行承担首要义务的见索即付的独立保函，而不是一个附条件的从属性保函。法院进而考虑了该保函是否符合《反欺诈法》的规定，该法要求保函须经“签署”。本案中，对于是否签署，发生了争议。法官认为，开立银行通过发送信息，使其名字被插入保函的抬头中，虽然这是由SWIFT报文系统自动插入的，但仍构成了《反欺诈法》中的充分签名。光州银行有限公司采用的发送方法是完全符合常规的，并使受益人的银行即荷兰银行能够确定该保函实际上来自声称签发保函的银行。

因此，可以认定光州银行有限公司的保函是正确签发的，得到了充分授权，并打算让受益人信赖。作为一个常识问题，通过发送认证等同于通过签署认证，因此即使不符合《反欺诈法》第4条的文字规定，也符合其精神。《反欺诈法》中的“签署”(signed)一词“不一定涉及个人用墨水笔签名，只要担保人的名字写在或印在文件上就足够了”。法官认为，如果在这种情况下认定保函没有约束力，这一结果将会非常意外。本案中，“光州银行有限公司”的字样出现在了保函SWIFT电文的抬头中，出现银行名称这一事实依据《反欺诈法》已足够作为签名，并且无论它是否由系统自动产生和是否使用全称或缩写均可成立。综上，依据《反欺诈法》的规定，以SWIFT形式出具的保函，虽然没有传统意义上的签名，仍应视为经适当“签署”的。据此，这类保函可以被交易中的当事人所倚赖。

评析

本案是一起比较特殊的通过SWIFT电文方式传递独立保函文件而引发的争议。在国际业务中，交易各方当事人往往处于不同的国家，因此一般使用现代通信方式传递独立保函和相关文件。如果还像国内业务进行纸质文件的传递，则会耗时比较长，而且极为不便。但是在这种情况下如何判断当事人真实的意思表示，则容易出现争议。本案中，就是因为电文信息不够完整，保函开立人的名称没有在正文中出现，而只是在正文抬头中出现，保函开立人否认其通过电文传递的独立保函对其具有约束力。

本案法院的裁判也明确，国际业务中的独立保函，无法像传统的方式那样，去核对当事人的身份信息、签名或印章真实性等，以表明适当“签署”。在这种情况下，为了保障交易的效率，就必须建立相关的规则。考虑到 SWIFT 电文的管理比较严格，每家银行往往有专门的保管措施，发出独立保函电文也有相关的编码要求，每家银行亦有单独的身份代码识别号，在这种情况下发出电文，尽管表述不一定非常严谨和完整，但只要根据相关身份代码能识别为某金融机构的，就应视为该当事人作出了真实意思表示。这样才能保证国际保函使用的效率性，否则，如果每个独立保函开立人都可能提出内部授权缺乏、未经适当签署等争议，将导致独立保函业务无法开展。

拓展研究

保函在使用过程中，往往通过电子方式传输，特别是在国际业务中，交易双方不在一个国家，使用电子方式传输，保障了保函业务的高效性。这种电子方式传输的保函称为电开保函，是通过 SWIFT 电报的形式发给受益人指定的银行，由受益人指定的银行转给受益人，不是通过电话或传真的方式。这种方式被普遍使用。但与此同时，在一些国内业务中，也存在信开保函，即由保函担保人的银行直接出具纸质的保函正本给保函受益人。这两种方法的费用与风险有所不同。

SWIFT 是“Society for Worldwide Interbank Financial Telecommunications”的缩写，中文为“环球银行金融电讯协会”。从名称就可以看出来，这是一个通信组织。SWIFT 官网介绍称，SWIFT 为社群提供报文传送平台和通信标准，提供连接、集成、身份识别、数据分析和合规等领域的产品和服务。因此，它是一个通信系统，而不是银行清算系统。“清算”是银行账户之间的转账结算，SWIFT 只是起到传送这些业务信息、业务报文的作用。它不仅为美元清算服务，还为所有银行之间的业务服务，任何币种信息都可以在系统传递。另外，所有银行业务信息，不仅是支付清算，还有开保函、信用证、后续修改、议付、通知、银行之间一般往来交流都可以在 SWIFT 上传递。目前，全球做跨境交易的银行，基本上都加入了 SWIFT 系统，因为 SWIFT 帮助金融机构解决了两个重要的问题，极大地提升了整个银行业的效率。由于 SWIFT 的存在，银行间不需要互相对接通信，统一接入 SWIFT，复杂度实现了指数级的降低。此外，SWIFT 定义了很多标准，让银行间的通信格式统一了，大家在同一个语境下传递信息，消除了理解上的歧义。

相比之下，其他纸质的保函（又称信开保函），由于盖章或者签字容易被模仿伪造等，存在较多风险。而且不同国家或者地区对盖章或者签字的法律效力，也存在不一样的规定。比如，有的国家允许公司不设置公司印章，而是对外用特定人员的签字表达公司意志。如果要一一弄清楚规则，不仅效率低而且成本高。因此，与其他方式相比，当然是 SWIFT 电开保函更加安全保险，方便核验。实务中，银行核押部门会发送 SWIFT 报文给开证行，报文中引用开证行保函编号、金额、开出日期、受益人、保函签发人的名称及编号（如保函上印有的话）等信息。如果对方往来回复中，确认上述信息，则说明对方确实开出过这样一份保函。这样可以确保双方传递的保函内容要素都一致。对于 SWIFT 保函，报文格式有比较严格的要求，目前向结构化、标准化和数字化的方向发展，如 2021 年 11 月 21 日，SWIFT 保函报文在全球同步升级，此次升级使 SWIFT 保函报文发生了根本性和颠覆性的变化，这也是一次 SWIFT 保函报文发展历史上具有里程碑意义的大事件。因此，使用 SWIFT 标准化电文有助于消除相关的分歧，犯罪分子要伪造也面临更高难度。

相比之下，纸质保函涉及原件问题，有的纸质保函条款要求，索赔一定要提交保函原件，而这一要求增加了许多风险，包括遗失、被调包等。即便是盖有银行公章，发生索赔又会引发银行公章真假的抗辩，甚至有的案件需要公安部门介入调查。

由纸质保函引发的一个相关问题是，目前许多国内使用的融资类保函还存在上网和不上网的区别。上网保函就是银行基于内部审批流程、客户授信及申请而开具的，通过银行自身系统（国内）或SWIFT系统（国际）进行信息传递的正规保函。就融资性保函而言，其出具流程、办理难度与贷款基本相同，是银行给予客户的一种授信业务品种，额度受到客户授信总额的限制。正规的保函不存在上网与不上网的区别，因为不上网就不是正规保函。

不上网保函则是一种灰色区域，是指出函银行以银行名义依据委托人与受益人之间基于彼此签订的合同而产生的债权债务关系或其他权利义务关系进行债务责任担保。

此类不上网的纸质保函，成为流通在市场中的隐性风险。因为不上网保函无法保障真伪，而且可能未得到银行的合法授权。银行法人有上级行的授信限制，不同银行总行对各级行的授信有明确规定，一级分行针对管辖区域的各二级分行、支行又有另行规章制度，这些是银行体系有效管理的基本保障。对于融资类保函，一般支行具备的担保权限仅在千万余元，而且需要由一级分行批复出函。甚至某些银行，直接规定各支行不具备开立融资类保函的权力，开立函权在省一级分行。除此之外，银行保函的申请有一定的要求，委托人还需要支付保证金和提供担保措施，再经贷审会进行研究，报经上级行的批准，银行才可能出函为其委托人的债务进行责任担保，并且各银行也有其制式的保函样本。

实务中，在融资市场上存在不同的非标准保函，保函的内容又混淆于从属性保函和见索即付保函之间。许多不知晓银行业务流程的受益人认为，银行只要根据他们的保函样本出函就可以，对于银行的出函权限、委托人的反担保情况等并不关心，以为只要保函盖银行公章、行长在保函上签字，就形成了安全保障。但事实上，司法实务中，这些不规范的做法会涉及大量风险。

附　　录

最高人民法院关于审理独立保函纠纷案件若干问题的规定

（2016年7月11日最高人民法院审判委员会第1688次会议通过，根据2020年12月23日最高人民法院审判委员会第1823次会议通过的《最高人民法院关于修改〈最高人民法院关于破产企业国有划拨土地使用权应否列入破产财产等问题的批复〉等二十九件商事类司法解释的决定》修正）

为正确审理独立保函纠纷案件，切实维护当事人的合法权益，服务和保障"一带一路"建设，促进对外开放，根据《中华人民共和国民法典》《中华人民共和国涉外民事关系法律适用法》《中华人民共和国民事诉讼法》等法律，结合审判实际，制定本规定。

第一条　本规定所称的独立保函，是指银行或非银行金融机构作为开立人，以书面形式向受益人出具的，同意在受益人请求付款并提交符合保函要求的单据时，向其支付特定款项或在保函最高金额内付款的承诺。

前款所称的单据，是指独立保函载明的受益人应提交的付款请求书、违约声明、第三方签发的文件、法院判决、仲裁裁决、汇票、发票等表明发生付款到期事件的书面文件。

独立保函可以依保函申请人的申请而开立，也可以依另一金融机构的指示而开立。开立人依指示开立独立保函的，可以要求指示人向其开立用以保障追偿权的独立保函。

第二条 本规定所称的独立保函纠纷，是指在独立保函的开立、撤销、修改、转让、付款、追偿等环节产生的纠纷。

第三条 保函具有下列情形之一，当事人主张保函性质为独立保函的，人民法院应予支持，但保函未载明据以付款的单据和最高金额的除外：

（一）保函载明见索即付；

（二）保函载明适用国际商会《见索即付保函统一规则》等独立保函交易示范规则；

（三）根据保函文本内容，开立人的付款义务独立于基础交易关系及保函申请法律关系，其仅承担相符交单的付款责任。

当事人以独立保函记载了对应的基础交易为由，主张该保函性质为一般保证或连带保证的，人民法院不予支持。

当事人主张独立保函适用民法典关于一般保证或连带保证规定的，人民法院不予支持。

第四条 独立保函的开立时间为开立人发出独立保函的时间。

独立保函一经开立即生效，但独立保函载明生效日期或事件的除外。

独立保函未载明可撤销，当事人主张独立保函开立后不可撤销的，人民法院应予支持。

第五条 独立保函载明适用《见索即付保函统一规则》等独立保函交易示范规则，或开立人和受益人在一审法庭辩论终结前一致援引的，人民法院应当认定交易示范规则的内容构成独立保函条款的组成部分。

不具有前款情形，当事人主张独立保函适用相关交易示范规则的，人民法院不予支持。

第六条 受益人提交的单据与独立保函条款之间、单据与单据之间表面相符，受益人请求开立人依据独立保函承担付款责任的，人民法院应予支持。

开立人以基础交易关系或独立保函申请关系对付款义务提出抗辩的，人民法院不予支持，但有本规定第十二条情形的除外。

第七条 人民法院在认定是否构成表面相符时，应当根据独立保函载明的审单标准进行审查;独立保函未载明的,可以参照适用国际商会确定的相关审单标准。

单据与独立保函条款之间、单据与单据之间表面上不完全一致,但并不导致相互之间产生歧义的,人民法院应当认定构成表面相符。

第八条 开立人有独立审查单据的权利与义务,有权自行决定单据与独立保函条款之间、单据与单据之间是否表面相符,并自行决定接受或拒绝接受不符点。

开立人已向受益人明确表示接受不符点,受益人请求开立人承担付款责任的,人民法院应予支持。

开立人拒绝接受不符点,受益人以保函申请人已接受不符点为由请求开立人承担付款责任的,人民法院不予支持。

第九条 开立人依据独立保函付款后向保函申请人追偿的,人民法院应予支持,但受益人提交的单据存在不符点的除外。

第十条 独立保函未同时载明可转让和据以确定新受益人的单据,开立人主张受益人付款请求权的转让对其不发生效力的,人民法院应予支持。独立保函对受益人付款请求权的转让有特别约定的,从其约定。

第十一条 独立保函具有下列情形之一,当事人主张独立保函权利义务终止的,人民法院应予支持:

(一)独立保函载明的到期日或到期事件届至,受益人未提交符合独立保函要求的单据;

(二)独立保函项下的应付款项已经全部支付;

(三)独立保函的金额已减额至零;

(四)开立人收到受益人出具的免除独立保函项下付款义务的文件;

(五)法律规定或者当事人约定终止的其他情形。

独立保函具有前款权利义务终止的情形,受益人以其持有独立保函文本为由主张享有付款请求权的,人民法院不予支持。

第十二条 具有下列情形之一的,人民法院应当认定构成独立保函欺诈:

(一)受益人与保函申请人或其他人串通,虚构基础交易的;

（二）受益人提交的第三方单据系伪造或内容虚假的；

（三）法院判决或仲裁裁决认定基础交易债务人没有付款或赔偿责任的；

（四）受益人确认基础交易债务已得到完全履行或者确认独立保函载明的付款到期事件并未发生的；

（五）受益人明知其没有付款请求权仍滥用该权利的其他情形。

第十三条 独立保函的申请人、开立人或指示人发现有本规定第十二条情形的，可以在提起诉讼或申请仲裁前，向开立人住所地或其他对独立保函欺诈纠纷案件具有管辖权的人民法院申请中止支付独立保函项下的款项，也可以在诉讼或仲裁过程中提出申请。

第十四条 人民法院裁定中止支付独立保函项下的款项，必须同时具备下列条件：

（一）止付申请人提交的证据材料证明本规定第十二条情形的存在具有高度可能性；

（二）情况紧急，不立即采取止付措施，将给止付申请人的合法权益造成难以弥补的损害；

（三）止付申请人提供了足以弥补被申请人因止付可能遭受损失的担保。

止付申请人以受益人在基础交易中违约为由请求止付的，人民法院不予支持。

开立人在依指示开立的独立保函项下已经善意付款的，对保障该开立人追偿权的独立保函，人民法院不得裁定止付。

第十五条 因止付申请错误造成损失，当事人请求止付申请人赔偿的，人民法院应予支持。

第十六条 人民法院受理止付申请后，应当在四十八小时内作出书面裁定。裁定应当列明申请人、被申请人和第三人，并包括初步查明的事实和是否准许止付申请的理由。

裁定中止支付的，应当立即执行。

止付申请人在止付裁定作出后三十日内未依法提起独立保函欺诈纠纷诉讼或申请仲裁的，人民法院应当解除止付裁定。

第十七条 当事人对人民法院就止付申请作出的裁定有异议的,可以在裁定书送达之日起十日内向作出裁定的人民法院申请复议。复议期间不停止裁定的执行。

人民法院应当在收到复议申请后十日内审查,并询问当事人。

第十八条 人民法院审理独立保函欺诈纠纷案件或处理止付申请,可以就当事人主张的本规定第十二条的具体情形,审查认定基础交易的相关事实。

第十九条 保函申请人在独立保函欺诈诉讼中仅起诉受益人的,独立保函的开立人、指示人可以作为第三人申请参加,或由人民法院通知其参加。

第二十条 人民法院经审理独立保函欺诈纠纷案件,能够排除合理怀疑地认定构成独立保函欺诈,并且不存在本规定第十四条第三款情形的,应当判决开立人终止支付独立保函项下被请求的款项。

第二十一条 受益人和开立人之间因独立保函而产生的纠纷案件,由开立人住所地或被告住所地人民法院管辖,独立保函载明由其他法院管辖或提交仲裁的除外。当事人主张根据基础交易合同争议解决条款确定管辖法院或提交仲裁的,人民法院不予支持。

独立保函欺诈纠纷案件由被请求止付的独立保函的开立人住所地或被告住所地人民法院管辖,当事人书面协议由其他法院管辖或提交仲裁的除外。当事人主张根据基础交易合同或独立保函的争议解决条款确定管辖法院或提交仲裁的,人民法院不予支持。

第二十二条 涉外独立保函未载明适用法律,开立人和受益人在一审法庭辩论终结前亦未就适用法律达成一致的,开立人和受益人之间因涉外独立保函而产生的纠纷适用开立人经常居所地法律;独立保函由金融机构依法登记设立的分支机构开立的,适用分支机构登记地法律。

涉外独立保函欺诈纠纷,当事人就适用法律不能达成一致的,适用被请求止付的独立保函的开立人经常居所地法律;独立保函由金融机构依法登记设立的分支机构开立的,适用分支机构登记地法律;当事人有共同经常居所地的,适用共同经常居所地法律。

涉外独立保函止付保全程序,适用中华人民共和国法律。

第二十三条 当事人约定在国内交易中适用独立保函，一方当事人以独立保函不具有涉外因素为由，主张保函独立性的约定无效的，人民法院不予支持。

第二十四条 对于按照特户管理并移交开立人占有的独立保函开立保证金，人民法院可以采取冻结措施，但不得扣划。保证金账户内的款项丧失开立保证金的功能时，人民法院可以依法采取扣划措施。

开立人已履行对外支付义务的，根据该开立人的申请，人民法院应当解除对开立保证金相应部分的冻结措施。

第二十五条 本规定施行后尚未终审的案件，适用本规定；本规定施行前已经终审的案件，当事人申请再审或者人民法院按照审判监督程序再审的，不适用本规定。

第二十六条 本规定自2016年12月1日起施行。

国际商会《见索即付保函统一规则》
[ICC Uniform Rules for Demand Guarantees (URDG 758)]

Article 1 Application of URDG

第1条 本规则的适用范围

a. The Uniform Rules for Demand Guarantees ("URDG") apply to any demand guarantee or counter-guarantee that expressly indicates it is subject to them. They are binding on all parties to the demand guarantee or counter-guarantee except so far as the demand guarantee or counter-guarantee modifies or excludes them.

a.《见索即付保函统一规则》(以下简称本规则)适用于任何在其文本中清楚地表示受本规则约束的见索即付保函或者反担保函。除非见索即付保函或者反担保函修改或者排除本规则的条文，否则本规则对见索即付保函或者反担保函的所有当事各方均具有约束力。

b. Where, at the request of a counter-guarantor, a demand guarantee is issued subject to the URDG, the counter-guarantee shall also be subject to the URDG, unless the counter-guarantee excludes the URDG. However, a demand guarantee does notbecome subject to the URDG merely because the counter-guarantee is subject to the URDG.

b. 如果按照反担保人的要求,见索即付保函是适用于本规则所开立的,那么反担保函将同样适用于本规则,除非反担保函排除了本规则。但是,仅仅因为反担保函适用于本规则,并不能说明见索即付保函也适用于本规则。

c. Where, at the request or with the agreement of the instructing party, a demand guarantee or counter-guarantee is issued subject to the URDG, the instructing party is deemed to have accepted the rights and obligations expressly ascribed to it in these rules.

c. 如果按照指示方的要求或者同意,见索即付保函或者反担保函是适用于本规则所开立的,那么指示方将被视为已经接受了本规则对其所清楚描述的权利和义务。

d. Where a demand guarantee or counter-guarantee issued on or after 1 July 2010 states that it is subject to the URDG without stating whether the 1992 version or the 2010 revision is to apply or indicating the publication number, the demand guarantee or counter-guarantee shall be subject to the URDG 2010 revision.

d. 在 2010 年 7 月 1 日当天或者之后开立的见索即付保函或者反担保函声明其适用于 URDG,但是没有说明是适用于 1992 年版还是 2010 年版或者注明出版编号的情况下,该见索即付保函或者反担保函将被认为适用 URDG 2010 年版。

Article 2 Definitions

第 2 条 定义

In these rules:

就本规则而言:

advising party means the party that advises the guarantee at the request of the guarantor;

“通知方”,是指按照担保人的要求通知保函的一方。

applicant means the party indicated in the guarantee as having its obligation under the underlying relationship supported by the guarantee. The applicant may or may not be the instructing party;

“申请人”,是指在保函中注明的其所担保的基础关系中承担义务的一方。申请人可能是指示方,也可能不是。

application means the request for the issue of the guarantee;

“申请”,是指开立保函的要求。

authenticated, when applied to an electronic document, means that the party to whom that document is presented is able to verify the apparent identity of the sender and whether the data received have remained complete and unaltered;

“已证实”,在要求电子单据时,是指收到单据的一方能够核实发送者的身份以及收到的内容是否保持完整和未被变更。

beneficiary means the party in whose favour a guarantee is issued;

“受益人”是指享受保函担保收益的一方。

business day means a day on which the place of business where an act of a kind subject to these rules is to be performed is regularly open for the performance of such an act;

“营业日”是指在履行本规则所约束行为的地点为了履行该行为而通常开业的一天。

charges mean any commissions, fees, costs or expenses due to any party acting under a guarantee governed by these rules;

“费用”是指当事方因为依照本规则约束的保函行事而产生的任何佣金、手续费、成本或者开支。

complying demand means a demand that meets the requirements of a complying presentation;

“相符索偿要求”,是指满足相符交单需求的索偿要求。

complying presentation under a guarantee means a presentation that is in accordance with, first, the terms and conditions of that guarantee, second, these rules so far as consistent with those terms and conditions and, third, in the absence of a relevant provision in the guarantee or these rules, international standard demand guarantee practice;

"相符交单"在保函项下是指:第一,与保函的条款和条件;第二,与本规则的条款和条件;第三,对于保函或者本规则没有规定的有关条件与国际标准见索即付保函实务相一致的交单。

counter-guarantee means any signed undertaking, however named or described, that is given by the counter-guarantor to another party to procure the issue by that other party of a guarantee or another counter-guarantee, and that provides for payment upon the presentation of a complying demand under the counter-guarantee issued in favour of that party;

"反担保函",是指任何已签署的承诺,无论其名称或者描述如何,该承诺由反担保人向需要获得其他人开出的保函或者另一反担保函的一方做出的,并且保证根据反担保函规定的受益方相符索偿要求的交单提供付款。

counter-guarantor means the party issuing a counter-guarantee, whether in favour of a guarantor or another counter-guarantor, and includes a party acting for its own account;

"反担保人",是指无论是为了担保人还是其他反担保人,也包括为了自己而开立反担保函的一方。

demand means a signed document by the beneficiary demanding payment under a guarantee;

"索偿要求",是指受益人签署的用于索要保函项下金额的一份单据。

demand guarantee or guarantee means any signed undertaking, however named or described, providing for payment on presentation of a complying demand;

"见索即付保函"或者"保函",是指任何已签署的承诺,无论其名称或者描述如何,该承诺保证根据相符索偿要求的交单提供付款。

document means a signed or unsigned record of information, in paper or in electronic form, that is capable of being reproduced in tangible form by the person to whom it is presented. Under these rules, a document includes a demand and a supporting statement;

“单据”,是指一份已签署或者未签署的信息记录,使用纸质形式或者能够被接收人复制为有形形式的电子格式。本规则中,单据包括索偿要求和支持声明。

expiry means the expiry date or the expiry event or, if both are specified, the earlier of the two;

“到期”,是指到期日或者到期事件,如果二者都有,那么系指较早的一个。

expiry date means the date specified in the guarantee on or before which a presentation may be made;

“到期日”,是指保函中规定的可以在当天或者之前做出交单的日期。

expiry event means an event which under the terms of the guarantee results in its expiry, whether immediately or within a specified time after the event occurs, for which purpose the event is deemed to occur only:

“到期事件”,是指保函中规定的导致保函到期的某一事件,无论是立即还是在事件发生之后的特定时间内到期,只有在下列情况下该事件才被视为已发生:

a. when a document specified in the guarantee as indicating the occurrence of the event is presented to the guarantor, or

a. 当保函规定的注明了事件发生的单据被提交给担保人时,或者

b. if no such document is specified in the guarantee, when the occurrence of the event becomes determinable from the guarantor's own records.

b. 如果保函没有规定类似的单据,事件何时发生则根据担保人自己的记录来确定。

guarantee, see demand guarantee;

“保函”,见“见索即付保函”。

guarantor means the party issuing a guarantee, and includes a party acting for its own account;

“担保人”,是指开立保函的一方,亦包括为自己开立保函的一方。

guarantor’s own records means records of the guarantor showing amounts credited to or debited from accounts held with the guarantor, provided the record of those credits or debits enables the guarantor to identify the guarantee to which they relate;

“担保人自己的记录”,是指担保人对自己持有的账户贷记或者借记金额的记录,只要这一贷记或者借记的记录能够让担保人识别与之相关的保函。

instructing party means the party, other than the counter-guarantor, who gives instructions to issue a guarantee or counter-guarantee and is responsible for indemnifying the guarantor or, in the case of a counter-guarantee, the counter-guarantor. The instructing party may or may not be the applicant;

“指示方”,是指反担保人之外做出开立保函或者反担保函指示的一方,并且有责任补偿担保人或者反担保人(如果是反担保函)。指示方可能是申请人,也可能不是。

presentation means the delivery of a document under a guarantee to the guarantor or the document so delivered. It includes a presentation other than for a demand, for example, a presentation for the purpose of triggering the expiry of the guarantee or a variation of its amount;

“交单”,是指向担保人提交保函项下单据的行为或者指按此方式交付的单据。包括提交索偿要求之外的交单,例如,为了出发保函的到期或者保函金额的变化所做的交单。

presenter means a person who makes a presentation as or on behalf of the beneficiary or the applicant, as the case may be;

“交单人”,是指作为或者代表受益人或申请人做出交单的人,根据具体情况而定。

signed, when applied to a document, a guarantee or a counter-guarantee, means that an original of the same is signed by or on behalf of its issuer, whether by an electronic signature that can be authenticated by the party to whom that document, guarantee or counter-guarantee is presented or by handwriting, facsimile signature, perforated signature, stamp, symbol or other mechanical method;

“已签署的”在申请出具单据、保函时，是指在正本（或同于正本的形式）上已经由出具人或者出具人的签字，无论是可以被收到的单据、保函或者反担保函的一方证实的电子签名还是手写、摹样签字、打孔签字、印戳、符号或者其他机械方式。

supporting statement means the statement referred to in either article 15 (a) or article 15 (b);

“支持声明”，是指本规则第 15 条(a)款或(b)款所提及的声明。

underlying relationship means the contract, tender conditions or other relationship between the applicant and the beneficiary on which the guarantee is based.

“基础关系”，是指作为保函基础的申请人和受益人之间的合同、投标条件或者其他关系。

Article 3 Interpretation

第 3 条 解释

In these rules:

就本规则而言：

a. Branches of a guarantor in different countries are considered to be separate entities.

a. 担保人在不同国家的分支机构视为不同的实体。

b. Except where the context otherwise requires, a guarantee includes a counter-guarantee and any amendment to either, a guarantor includes a counter-guarantor, and a beneficiary includes the party in whose favour a counter-guarantee is issued.

b. 除非在文本中另有要求，保函包括反担保函，以及任何与之相关的修改；担保人包括反担保人；受益人包括享受反担保利益的一方。

c. Any requirement for presentation of one or more originals or copies of an electronic document is satisfied by the presentation of one electronic document.

c. 对于任何要求提交一份或多份正本或副本电子单据的要求,提交一份电子单据即满足要求。

d. When used with a date or dates to determine the start, end or duration of any period, the terms:

d. 当使用日期来确定任何期间的开始、结束或者持续时间时:

i. "from", "to", "until", "till" and "between", include; and

i. "从""至""直到……为止""在……之间",包括提及的日期;

ii. "before" and "after" exclude, the date or dates mentioned.

ii. "在……之间"和"在……之后",不包括提及的日期。

e. The term "within", when used in connection with a period after a given date or event, excludes that date or the date of that event but includes the last date of that period.

e. 当"在……之内"和一段特定日期或者特定事件之后的期间连用时,不包括该日期或者该事件的发生日期,但是包括这一期间最后一天的日期。

f. Terms such as "first class", "well-known", "qualified", "independent", "official", "competent" or "local" when used to describe the issuer of a document allow any issuer except the beneficiary or the applicant to issue that document.

f. 当时用诸如"第一流的""著名的""合格的""独立的""正式的""有资格的"或者"本地的"等词语描述单据的出单人时,除受益人或申请人之外,允许任何人出具该单据。

Article 4 Issue and effectiveness

第 4 条 开立和生效

a. A guarantee is issued when it leaves the control of the guarantor.

a. 保函脱离担保人的控制即为开立。

b. A guarantee is irrevocable on issue even if it does not state this.

b. 保函是不可撤销的，即使没有如此说明。

c. The beneficiary may present a demand from the time of issue of the guarantee or such later time or event as the guarantee provides.

c. 受益人可以自保函开立之时，或者在保函规定的开立之后的时间后者事件发生时提交索偿要求。

Article 5　Independence of guarantee and counter-guarantee

第 5 条　保函和反担保函的独立性

a. A guarantee is by its nature independent of the underlying relationship and the application, and the guarantor is in no way concerned with or bound by such relationship. A reference in the guarantee to the underlying relationship for the purpose of identifying it does not change the independent nature of the guarantee. The undertaking of a guarantor to pay under the guarantee is not subject to claims or defences arising from any relationship other than a relationship between the guarantor and the beneficiary.

a. 就其性质而言，保函与基础关系和申请是独立的，担保人绝不需要关心这些关系或者受它们的约束。即使在保函中为了识别的目的而对基础关系有所援引，也不改变保函的独立性质。保函项下担保人的支付承诺不受担保人和受益人关系之外的任何关系而产生的请求或者抗辩的影响。

b. A counter-guarantee is by its nature independent of the guarantee, the underlying relationship, the application and any other counter-guarantee to which it relates, and the counter-guarantor is in no way concerned with or bound by such relationship. A reference in the counter-guarantee to the underlying relationship for the purpose of identifying it does not change the independent nature of the counter-guarantee. The undertaking of a counter-guarantor to pay under the counter-guarantee is not subject to claims or defences arising from any relationship other than a relationship between the counter-guarantor and the guarantor or other counter-guarantor to whom the counter-guarantee is issued.

b. 就其性质而言，反担保函与保函、基础关系、申请和其他任何相关的反担保函是独立的，反担保人绝不需要关心这些关系或者受他们的约束。即使在反担保函中为了识别的目的而对基础关系有所援引，也不改变反担保函的独立性质。反担保函项下反担保人的支付承诺不受反担保人和担保人或者开立其他反担保函的反担保人关系之外的任何关系而产生的请求或者抗辩的影响。

Article 6　Documents v. goods, services or performance

第 6 条　单据与货物、服务或者履约行为

Guarantors deal with documents and not with goods, services or performance to which the documents may relate.

担保人处理的是单据，而不是单据可能涉及的货物、服务或者履约行为。

Article 7　Non-documentary conditions

第 7 条　非单据条件

A guarantee should not contain a condition other than a date or the lapse of a period without specifying a document to indicate compliance with that condition. If the guarantee does not specify any such document and the fulfilment of the condition cannot be determined from the guarantor's own records or from an index specified in the guarantee, then the guarantor will deem such condition as not stated and will disregard it except for the purpose of determining whether data that may appear in a document specified in and presented under the guarantee do not conflict with data in the guarantee.

除日期或者时间间隔外，保函不应规定没有指定单据表明已经满足该项条件的条件。如果保函没有指定这种单据，并且该条件的满足不能够通过担保人自己的记录或者保函里规定的索引来确定，那么担保人将视该条件未作规定并且不予理会，除非为了确定可能出现在保函项下提交的单据上的内容与保函的其他内容是否冲突。

Article 8　Content of instructions and guarantees

第8条　指示和保函的内容

All instructions for the issue of guarantees and guarantees themselves should be clear and precise and should avoid excessive detail. It is recommended that all guarantees specify：

所有开立保函的指示和保函自身的指示应该是清楚和简洁的，应该避免过多的细节。推荐所有的保函应规定：

a. the applicant；

a. 申请人；

b. the beneficiary；

b. 受益人；

c. the guarantor；

c. 担保人；

d. a reference number or other information identifying the underlying relationship；

d. 识别基础关系的参考号码或者其他信息；

e. a reference number or other information identifying the issued guarantee or, in the case of a counter-guarantee, the issued counter-guarantee；

e. 识别开立的保函或反担保函(如有)的参考号码或者其他信息；

f. the amount or maximum amount payable and the currency in which it is payable；

f. 可支付的金额或者最高金额和支付的货币；

g. the expiry of the guarantee；

g. 保函的到期；

h. any terms for demanding payment；

h. 要去付款的条件；

i. whether a demand or other document shall be presented in paper and/or electronic form；

i. 索偿要求或其他单据应该用纸质形式还是电子形式提交；

j. the language of any document specified in the guarantee; and

j. 保函规定的单据所使用的语言；

k. the party liable for the payment of any charges.

k. 负责支付费用的人。

Article 9　Application not taken up

第9条　拒绝接受申请

Where, at the time of receipt of the application, the guarantor is not prepared or is unable to issue the guarantee, the guarantor should without delay so inform the party that gave the guarantor its instructions.

如果在收到申请时,担保人不准备或者不能够开立保函,那么担保人应该毫不延迟地将此情况告知向担保人做出指示的人。

Article 10　Advising of guarantee or amendment

第10条　保函或者保函修改的通知

a. A guarantee may be advised to a beneficiary through an advising party. By advising a guarantee, whether directly or by utilizing the services of another party ("second advising party"), the advising party signifies to the beneficiary and, if applicable, to the second advising party, that it has satisfied itself as to the apparent authenticity of the guarantee and that the advice accurately reflects the terms and conditions of the guarantee as received by the advising party.

a. 保函可以由通知方通知受益人。无论是直接还是利用其他人("第二通知方")的服务,通知方向受益人或者第二通知方(如有)通知保函的行为表明其已经确认了其作为通知方所收保函的表面真实性,以及该通知准确地反映了所保留的条款和条件。

b. By advising a guarantee, the second advising party signifies to the beneficiary that it has satisfied itself as to the apparent authenticity of the advice it has received and that the advice accurately reflects the terms and conditions of the guarantee as received by the second advising party.

b. 第二通知方向受益人通知保函的行为表明其已经确认了其作为第二通知方所收保函的表面真实性，以及该通知准确地反映了所收保函的条款和条件。

c. An advising party or a second advising party advises a guarantee without any additional representation or any undertaking whatsoever to the beneficiary.

c. 通知方或者第二通知方通知保函的行为并不意味着对受益人做出额外表示或承担任何承诺。

d. If a party is requested to advise a guarantee or an amendment but is not prepared or is unable to do so, it should without delay so inform the party from whom it received that guarantee, amendment or advice.

d. 如果被要求通知保函或者保函修改的一方，不准备或者不能够通知，则应毫不延迟地告知从其处收到保函、保函修改或者通知的一方。

e. If a party is requested to advise a guarantee, and agrees to do so, but cannot satisfy itself as to the apparent authenticity of that guarantee or advice, it shall without delay so inform the party from whom the instructions appear to have been received. If the advising party or second advising party elects nonetheless to advise that guarantee, it shall inform the beneficiary or second advising party that it has not been able to satisfy itself as to the apparent authenticity of the guarantee or the advice.

e. 如果被要求通知保函的一方，同意通知但是自己不能够确认保函或通知的表面真实性，其应该毫不延迟地告知从其处收到指示的一方。如果通知方或者第二通知方仍然决定通知该保函，则应告知受益人或第二通知方其不能够确认保函或通知的表面真实性的情况。

f. A guarantor using the services of an advising party or a second advising party, as well as an advising party using the services of a second advising party, to advise a guarantee should whenever possible use the same party to advise any amendment to that guarantee.

f. 利用通知方或第二通知方服务通知保函担保人,以及利用第二通知方的服务通知保函的通知方,应该经过相同的一方通知保函其后的任何修改。

Article 11 Amendments

第11条 修改

a. Where, at the time of receipt of instructions for the issue of an amendment to the guarantee, the guarantor for whatever reason is not prepared or is unable to issue that amendment, the guarantor must without delay so inform the party that gave the guarantor its instructions by telecommunication or, if that is not possible, by other expeditious means.

a. 如果收到保函修改的指示时,无论何种原因,担保人不准备或者不能够进行该修改,那么担保人应该毫不延迟地将此情况告知向担保人做出指示的人。

b. An amendment made without the agreement of the beneficiary is not binding on the beneficiary except where the guarantee otherwise provides. Nevertheless the guarantor is irrevocably bound by an amendment as from the time it issues the amendment and unless and until the beneficiary rejects the amendment.

b. 没有得到受益人同意的修改对受益人没有约束力。然而,担保人自修改函出具之时起不可撤销地受其约束,除非或者直到受益人拒绝该修改。

c. Except where made in accordance with the terms of the guarantee, an amendment of the guarantee may be rejected by the beneficiary until the time it notifies its acceptance of the amendment or makes a presentation that complies only with the guarantee as amended.

c. 除要依照保函的条款行事以外,受益人可以在任何时候拒绝保函的修改,直到其做出接受修改的通知或做出符合修改后保函的交单为止。

d. An advising party must without delay inform the party from which it has received the amendment of the beneficiary's notification of acceptance or rejection of that amendment.

d. 通知方应毫不延迟地告知发出修改的一方关于受益人做出的接受或拒绝

修改的通知。

e. Partial acceptance of an amendment is not allowed and will be deemed to be notification of rejection of the amendment.

e. 部分接受修改的内容是不允许的,并且将被认为是拒绝修改的通知。

f. A provision in an amendment to the effect that the amendment shall take effect unless rejected within a certain time shall be disregarded.

f. 修改中关于除非在一定时间内拒绝修改否则修改即生效的将被不予置理。

Article 12　Extent of guarantor's liability under guarantee

第12条　保函项下担保人责任的范围

A guarantor is liable to the beneficiary only in accordance with, first, the terms and conditions of the guarantee and, second, these rules so far as consistent with those terms and conditions, up to the guarantee amount.

担保人仅在符合保函的条款和条件以及与这些条款和条件相关的本规则的内容的前提下,承担对受益人最高至保函金额的责任。

Article 13　Variation of amount of guarantee

第13条　保函金额的变动

A guarantee may provide for the reduction or the increase of its amount on specified dates or on the occurrence of a specified event which under the terms of the guarantee results in the variation of its amount, and for this purpose the event is deemed to have occurred only:

保函可以约定在特定日期或发生特定事件时,保函金额根据保函有关条款减少或增加。只有在下列特定情况下该特定事件才视为已经发生:

a. when a document specified in the guarantee as indicating the occurrence of the event is presented to the guarantor, or

a. 当保函规定的注明了事件发生的单据被提交给担保人时,或者,

b. if no such document is specified in the guarantee, when the occurrence of the event becomes determinable from the guarantor's own records or from an index specified in the guarantee.

b. 如果保函没有规定类似的单据,事件何时发生则根据担保人自己的记录或保函规定的索引来确定。

Article 14 Presentation

第 14 条 交单

a. A presentation shall be made to the guarantor:

a. 交单应该向担保人做出:

i. at the place of issue, or such other place as is specified in the guarantee and,

i. 在保函的开立地点,或者保函之中规定的其他地点;

ii. on or before expiry.

ii. 在到期时或到期之前。

b. A presentation has to be complete unless it indicates that it is to be completed later. In that case, it shall be completed on or before expiry.

b. 除非交单本身声明交单将在以后完成,则交单即已完成。如果有此声明,那么交单应在到期前完成。

c. Where the guarantee indicates that a presentation is to be made in electronic form, the guarantee should specify the format, the system for data delivery and the electronic address for that presentation. If the guarantee does not so specify, a document may be presented in any electronic format that allows it to be authenticated or in paper form. An electronic document that cannot be authenticated is deemed not to have been presented.

c. 如果保函规定交单使用电子形式做出,那么保函应注明其格式、数据传递的系统和交单的电子地址。如果保函没有注明上述要求,那么单据可以使用任何可以被证实的电子形式或者以纸质形式提交。电子单据如果不能被证实,将被视为没有提交。

d. Where the guarantee indicates that a presentation is to be made in paper form through a particular mode of delivery but does not expressly exclude the use of another mode, the use of another mode of delivery by the presenter shall be effective if the presentation is received at the place and by the time indicated in paragraph (a) of this article.

d. 如果保函规定交单使用纸质形式通过特定的传递方式做出,但是没有清楚地排除另一种传递方式的使用,只要交单是在本条(a)款规定的地点和时间内被收到,那么交单人使用另一种传递方式是有效的。

e. Where the guarantee does not indicate whether a presentation is to be made in electronic or paper form, any presentation shall be made in paper form.

e. 如果保函没有规定交单使用电子形式还是纸质形式,任何同纸质形式做出的交单都是可以接受的。

f. Each presentation shall identify the guarantee under which it is made, such as by stating the guarantor's reference number for theguarantee. If it does not, the time for examination indicated in article 20 shall start on the date of identification. Nothing in this paragraph shall result in an extension of the guarantee or limit the requirement in article 15 (a) or (b) for any separately presented documents also to identify the demand to which they relate.

f. 每一次交单都必须能识别其凭以提示的保函,如注明担保人对保函的参考编号。如果没有这样做,第20条所规定的审单时间将从识别出保函的日期开始。本款内容将不会引起保函的延期或者限制第15条(a)款或(b)款与任何单独提示单据,也不影响识别这些单据相关的索偿要求。

g. Except where the guarantee otherwise provides, documents issued by or on behalf of the applicant or the beneficiary, including any demand or supporting statement, shall be in the language of the guarantee. Documents issued by any other person may be in any language.

g. 除非保函另有规定,单据,包括任何索偿要求或支持声明,应由申请人或者受益人或者他们的代理人使用保函的语言出具。其他人则可以使用任何语言出具单据。

Article 15 Requirements for demand

第 15 条 对索偿要求的要求

a. A demand under the guarantee shall be supported by such other documents as the guarantee specifies, and in any event by a statement, by the beneficiary, indicating in what respect the applicant is in breach of its obligations under the underlying relationship. This statement may be in the demand or in a separate signed document accompanying or identifying the demand.

a. 保函项下的索偿要求应该被保函规定的其他单据所支持,以及在任何情况下都需要被受益人做出的注明申请人在哪个方面违反了保函基础关系义务的声明所支持。该声明可以在索偿要求中做出或者在伴随或认定索偿要求的单独已签署的单据中做出。

b. A demand under the counter-guarantee shall in any event be supported by a statement, by the party to whom the counter-guarantee was issued, indicating that such party has received a complying demand under the guarantee or counter-guarantee issued by that party. This statement may be in the demand or in a separate signed document accompanying or identifying the demand.

b. 反担保函项下的索偿要求在任何情况下都应该被出具反担保函的一方做出的注明其已经收到保函项下的相符索偿要求的声明所支持。该说明可以在索偿要求中做出或者在伴随或认定索偿要求的单独已签署的单据中做出。

c. The requirement for a supporting statement in paragraph (a) or (b) of this article applies except to the extent the guarantee or counter-guarantee expressly excludes this requirement. Exclusion terms such as "The supporting statement under article 15[(a)][(b)] is excluded" satisfy the requirement of this paragraph.

c. 在本条(a)款或(b)款中对于支持声明的要求适用于除保函或者反担保函明确地排除这些要求的情况。诸如第 15 条(a)款、(b)款项下的支持声明被排除或类似的条款,即符合本款的要求。

d. Neither the demand nor the supporting statement may be dated before the date when the beneficiary is entitled to present a demand. Any other document may be dated before that date. Neither the demand, nor the supporting statement, nor any other document may be dated later than the date of its presentation.

d. 索偿要求或者支持声明上注明的日期都不能早于受益人被赋予提交索偿要求权利的日期。其他单据上注明的日期都可以早于该日期。索偿要求、支持声明或者其他任何单据上注明的日期都不可以晚于其交单日期。

Article 16 Information about demand

第 16 条 关于索偿要求的告知

The guarantor shall without delay inform the instructing party or, where applicable, the counter-guarantor of any demand under the guarantee and of any request, as an alternative, to extend the expiry of the guarantee. The counter-guarantor shall without delay inform the instructing party of any demand under the counter-guarantee and of any request, as an alternative, to extend the expiry of the counter-guarantee.

担保人应毫不延迟地告知指示方或反担保人(如有)任何保函项下的索偿要求或者作为替代付款的延展保函到期的请求。反担保人应毫不延迟地告知指示方任何反担保函项下的索偿要求或者作为任何替代付款的延展反担保函到期的请求。

Article 17 Partial demand and multiple demands; amount of demands

第 17 条 部分索偿要求和多次索偿要求,索偿要求的金额

a. A demand may be made for less than the full amount available (“partial demand”).

a. 索偿要求可以按照少于可使用的全部金额做出(“部分索偿要求”)。

b. More than one demand (“multiple demands”) may be made.

b. 可以做出多于一次以上的索偿要求(“多次索偿要求”)。

c. The expression "multiple demands prohibited" or a similar expression means that only one demand covering all or part of the amount available may be made.

c.“禁止多次索偿要求”或类似用语意指只能做一次索偿,其金额可以是可使用的全部金额,也可以是部分金额。

d. Where the guarantee provides that only one demand may be made, and that demand is rejected, another demand can be made on or before expiry of the guarantee.

d. 如果保函规定只能做一次索偿,且该索偿要求被拒绝时,在保函到期时或到期之前还可以做另一次索偿。

e. A demand is a non-complying demand if:

e. 如存在以下情况,索偿要求是不相符的:

i. it is for more than the amount available under the guarantee, or

i. 其金额超过了保函可使用的全部金额,或者

ii. any supporting statement or other documents required by the guarantee indicate amounts that in total are less than the amount demanded.

ii. 支持声明或其他保函要求的单据注明总金额少于索偿要求的金额。

Conversely, any supporting statement or other document indicating an amount that is more than the amount demanded does not make the demand a non-complying demand.

相反,如果支持声明或其他保函要求的单据注明的金额超出索偿要求的金额,该索偿要求仍然构成相符索偿要求。

Article 18 Separateness of each demand

第 18 条 每一次索偿要求的独立性

a. Making a demand that is not a complying demand or withdrawing a demand does not waive or otherwise prejudice the right to make another timely demand, whether or not the guarantee prohibits partial or multiple demands.

a. 无论保函是否禁止部分或多次索偿要求,做出一次不符索偿要求或者收

回一次索偿要求,并不放弃或者损害另一次及时做出索偿要求的权利。

b. Payment of a demand that is not a complying demand does not waive the requirement for other demands to be complying demands.

b. 对一次非相符索偿要求的支付并不代表放弃对其他索偿要求也需要是相符的要求。

Article 19 Examination

第 19 条 审核

a. The guarantor shall determine, on the basis of a presentation alone, whether it appears on its face to be a complying presentation.

a. 担保人应该在每次交单的基础上,审核其是否在表面上构成相符交单。

b. Data in a document required by the guarantee shall be examined in context with that document, the guarantee and these rules. Data need not be identical to, but shall not conflict with, data in that document, any other required document or the guarantee.

b. 保函要求的单据上所载的数据需要依据单据、保函和本规则的内容审核。这些数据并不需要和载有它们的单据本身、其他单据或者保函所载的数据相一致,但是不得冲突。

c. If the guarantee requires presentation of a document without stipulating whether it needs to be signed, by whom it is to be issued or signed, or its data content, then:

c. 如果保函要求提交一份单据但是没有说明其是否需要被签署,由谁出具或签署,或者数据的内容,那么:

i. the guarantor will accept the document as presented if its content appears to fulfill the function of the document required by the guarantee and otherwise complies with article 19 (b), and

i. 如果提交的单据的内容表面上符合保函所要求单据的功能,而且其他方面符合第 19 条(b)款的要求,那么担保人将接受该单据;

ii. if the document is signed, any signature will be accepted and no indication of name or position of the signatory is necessary.

ii. 如果单据被签署了,那么任何签字都将被接受,而且不需要注明签字人的名字或者身份。

d. If a document that is not required by the guarantee or referred to in these rules is presented, it will be disregarded and may be returned to the presenter.

d. 如果提交了一份保函没有规定或者本规则没有提及的单据,该单据将被不予理会而且可以被退还给交单人。

e. The guarantor need not re-calculate a beneficiary's calculations under a formula stated or referenced in a guarantee.

e. 担保人不需要重新计算受益人按照保函注明的或者援引的公式所计算出的结果。

f. The guarantor shall consider a requirement for a document to be legalized, visaed, certified or similar as satisfied by any signature, mark, stamp or label on the document which appears to satisfy that requirement.

f. 担保人应认为单据已符合和履行合法化手续、签证、证明或类似要求,只要单据看来已经通过任何签字、标记、印戳或者标签表面上满足了这些要求。

Article 20　Time for examination of demand; payment

第 20 条　审核索偿要求的时间;付款

a. If a presentation of a demand does not indicate that it is to be completed later, the guarantor shall, within five business days following the day of presentation, examine that demand and determine if it is a complying demand. This period is not shortened or otherwise affected by the expiry of the guarantee on or after the date of presentation. However, if the presentation indicates that it is to be completed later, it need not be examined until it is completed.

a. 如果一次索偿要求的交单没有注明其将在日后完成,那么担保人应该在交单次日起的 5 个营业日内审核索偿要求并确定其是否构成相符索偿要求。这一审单期限不会因为交单是否在保函到期时或者到期之后而缩短或者受到影响。但是，如果交单注明将在日后完成，那么不需要审核此交单，直到交单完成为止。

b. When the guarantor determines that a demand is complying, it shall pay.

b. 当担保人确定索偿要求是相符的，其应该付款。

c. Payment is to be made at the branch or office of the guarantor or counter-guarantor that issued the guarantee or counter-guarantee or such other place as may be indicated in that guarantee or counter-guarantee ("place for payment").

c. 付款可以在担保人或反担保人开立保函或者反担保函的分支机构做出，或者在保函或反担保函注明的其他地点做出（"付款地"）。

Article 21 Currency of payment

第 21 条 支付的货币

a. The guarantor shall pay a complying demand in the currency specified in the guarantee.

a. 担保人应使用保函所规定的货币支付相应的索偿要求。

b. If, on any date on which a payment is to be made under the guarantee:

b. 如果在保函项下做出付款的当日：

i. the guarantor is unable to make payment in the currency specified in the guarantee due to an impediment beyond its control; or

i. 担保人因为其不能控制的障碍而不能使用保函规定的货币支付，或

ii. it is illegal under the law of the place for payment to make payment in the specified currency, the guarantor shall make payment in the currency of the place for payment even if the guarantee indicates that payment can only be made in the currency specified in the guarantee. The instructing party or, in the case of a counter-guarantee, the counter-guarantor, shall be bound by a payment made in such currency. The guarantor or counter-guarantor may elect to be reimbursed either in the currency in which payment was made or in the currency specified in the guarantee or, as the case may be, the counter-guarantee.

ii. 支付规定的货币不符合付款地的法律,担保人应使用付款地的货币付款,即使保函要求只能使用保函规定的货币支付。指示方或反担保人(如有反担保函)应接受这种货币付款的约束。担保人或反担保人可以选择被偿付的货币是实际付款的货币或者保函或反担保函(如有)所规定的货币。

c. Payment or reimbursement in the currency of the place for payment under paragraph (b) is to be made according to the applicable rate of exchange prevailing there when payment or reimbursement is due. However, if the guarantor has not paid at the time when payment is due, the beneficiary may require payment according to the applicable rate of exchange prevailing either when payment was due or at the time of actual payment.

c. 本条(b)款项下付款地货币的付款或者偿付应当履行付款或偿付时通行的可适用的汇率。但是,如果担保人在应付款的时候没有支付,受益人可以要求付款依照应付款时或者实际付款时通行的可适用的汇率。

Article 22 Transmission of copies of complying demand

第 22 条 相符索偿要求副本的传递

The guarantor shall without delay transmit a copy of the complying demand and of any related documents to the instructing party or, where applicable, to the counter-guarantor for transmission to the instructing party. However, neither the counter-guarantor nor the instructing party, as the case may be, may withhold payment or reimbursement pending such transmission.

担保人应毫不延迟地将相符索偿要求和其他相关单据的副本传递给指示方,或者如适用,传递给反担保人以便其传递给指示方。但是,无论反担保人还是指示方,根据具体情况,都不可以因为传递没有完成而拖延付款或偿付。

Article 23 Extend or pay

第 23 条 展期或付款

a. Where a complying demand includes, as an alternative, a request to extend the expiry, the guarantor may suspend payment for a period not exceeding 30 calendar days following its receipt of the demand.

a. 当相符索偿要求包含作为替代付款的延展效期的请求,担保人可以在不超过收到索偿要求次日起 30 个日历日的期间内暂停付款。

b. Where, following such suspension, the guarantor makes a complying demand under the counter-guarantee that includes, as an alternative, a request to extend the expiry, the counter-guarantor may suspend payment for a period not exceeding four calendar days less than the period during which payment of the demand under the guarantee was suspended.

b. 如果在上述付款暂停期间,担保人做出的反担保项下的相符索偿要求包含作为替代付款的延展到期的请求,反担保人可以在不超过保函项下索偿要求付款暂停期间的 4 个日历日的期间内暂停付款。

c. The guarantor shall without delay inform the instructing party or, in the case of a counter-guarantee, the counter-guarantor, of the period of suspension of payment under the guarantee. The counter-guarantor shall then inform the instructing party of such suspension and of any suspension of payment under the counter-guarantee. Complying with this article satisfies the information duty under article 16.

c. 担保人应毫不延迟地告知指示方或者反担保人(如有反担保函)保函项下的付款暂停期间。然后,反担保人应告知指示方该暂停期间以及反担保函项下的暂停期间。符合本款要求亦即满足第 16 条项下的告知责任。

d. The demand for payment is deemed to be withdrawn if the period of extension requested in that demand or otherwise agreed by the party making that demand is granted within the time provided under paragraph (a) or (b) of this article. If no such period of extension is granted, the complying demand shall be paid without the need to present any further demand.

d. 如果在本条(a)款或(b)款规定的时间内,在索偿要求中或经做出索偿要求的一方同意的其他协议中的展期请求获得同意,那么要求付款的索偿要求将被认为已经撤回。如果上述展期没有获得同意,相符索偿要求应被支付而不需要提交任何进一步的索偿要求。

e. The guarantor or counter-guarantor may refuse to grant any extension even if instructed to do so and shall then pay.

e. 担保人或反担保人可以拒绝同意展期然后进行付款,及时得到同意展期的指示。

f. The guarantor or counter-guarantor shall without delay inform the party from whom it has received its instructions of its decision to extend under paragraph (d) or to pay.

f. 担保人或反担保人应毫不延迟地将其基于本条(d)款同意展期还是将进行付款的决定告知从其处受到指示的一方。

g. The guarantor and the counter-guarantor assume no liability for any payment suspended in accordance with this article.

g. 担保人和反担保人对于符合本条的暂停付款不承担任何责任。

Article 24 Non-complying demand, waiver and notice

第24条 非相符索偿要求,放弃决定和通知

a. When the guarantor determines that a demand under the guarantee is not a complying demand, it may reject that demand or, in its sole judgment, approach the instructing party, or in the case of a counter-guarantee, the counter-guarantor, for a waiver of the discrepancies.

a. 当担保人确定保函项下的索偿要求不构成相符索偿要求时,可以拒绝该索偿要求,或者基于其自己的独立判断,接洽指示方或者反担保人(如有反担保函),寻求其对不符点的放弃决定。

b. When the counter-guarantor determines that a demand under the counter-guarantee is not a complying demand, it may reject that demand or, in its sole judgment, approach the instructing party for a waiver of the discrepancies.

b. 当反担保人确定反担保函项下的索偿要求不构成相符要求时,可以拒绝

该索偿要求，或者基于其自己的独立判断，接洽指示方寻求其对不符点的放弃决定。

c. Nothing in paragraphs (a) or (b) of this article shall extend the period mentioned in article 20 or dispense with the requirements of article 16. Obtaining the waiver of the counter-guarantor or of the instructing party does not oblige the guarantor or the counter-guarantor to waive any discrepancy.

c. 本条(a)款或(b)款的内容不应延展第 20 条提及的审核期限或者忽略第 16 条的要求。获得反担保人或者指示方的放弃决定并不能赋予担保人或反担保人放弃不符点的要求。

d. When the guarantor rejects a demand, it shall give a single notice to that effect to the presenter of the demand. The notice shall state:

d. 当担保人拒绝索偿要求时，应向索偿要求的交单人提供一次单独的表示拒绝的通知。该通知应说明：

i. that the guarantor is rejecting the demand, and

i. 担保人拒绝索偿要求，及

ii. each discrepancy for which the guarantor rejects the demand.

ii. 担保人拒绝索偿要求所依据的每一个不符点。

e. The notice required by paragraph (d) of this article shall be sent without delay but not later than the close of the fifth business day following the day of presentation.

e. 本条(d)款要求的通知应被毫不延迟地发出，但是不能迟于自交单日次日起第 5 个营业日。

f. A guarantor failing to act in accordance with paragraphs (d) or (e) of this article shall be precluded from claiming that the demand and any related documents do not constitute a complying demand.

f. 未能按照本条(d)款或(e)款行事的担保人将无权宣称索偿要求和相关单据没有构成相符索偿要求。

g. The guarantor may at any time, after providing the notice required in paragraph (d) of this article, return any documents presented in paper form to the presenter and dispose of the electronic records in any manner that it considers appropriate without incurring any responsibility.

g. 担保人提供本条(d)款要求的通知之后,可以在任何时候将提交的纸质单据退还给交单人,亦可以采取其认为恰当的任何方式处理掉电子记录而不承担任何责任。

h. For the purpose of paragraphs (d), (f) and (g) of this article, guarantor includes counter-guarantor.

h. 就本条(d)、(g)、(f)款的意义而言,担保人包括反担保人。

Article 25 Reduction and termination

第 25 条 减额与终止

a. The amount payable under the guarantee shall be reduced by any amount:

a. 保函项下的可支付金额将根据以下情况扣减相应的金额:

i. paid under the guarantee,

i. 保函项下已经进行支付的,

ii. resulting from the application of article 13, or

ii. 因为适用第 13 条的情况而引起的,或,

iii. indicated in the beneficiary's signed partial release from liability under the guarantee.

iii. 受益人签署的部分解除保函项下债务的指令注明的。

b. Whether or not the guarantee document is returned to the guarantor, the guarantee shall terminate:

b. 无论保函是否被退还担保人,在以下情况保函都将被终止:

i. on expiry,

i. 保函项下已经进行支付的,

ii. when no amount remains payable under it, or

ii. 保函项下可支付金额已经用尽时,

iii. on presentation to the guarantor of the beneficiary's signed release from liability under the guarantee.

iii. 函项下债务的指令提交给担保人时。

c. If the guarantee or the counter-guarantee states neither an expiry date nor an expiry event, the guarantee shall terminate after the lapse of three years from the date of issue and the counter-guarantee shall terminate 30 calendar days after the guarantee terminates.

c. 如果保函或反担保函既没有规定到期日也没有规定到期事件,那么保函将在开立之日起 3 年之后终止,反担保函将在保函终止之后的 30 个日历日终止。

d. If the expiry date of a guarantee falls on a day that is not a business day at the place for presentation of the demand, the expiry date is extended to the first following business day at that place.

d. 如果保函的到期日当天不是索偿要求的交单地点的营业日,到期日将顺延至交单地恢复营业的第一个营业日。

e. Where, to the knowledge of the guarantor, the guarantee terminates as a result of any of the reasons indicated in paragraph (b) above, but other than because of the advent of the expiry date, the guarantor shall without delay so inform the instructing party or, where applicable, the counter-guarantor and, in that case, the counter-guarantor shall so inform the instructing party.

e. 当担保人获悉保函因为上述(b)款提及的原因,但不是因为到期日而终止,那么担保人应还不延迟地告知指示方或反担保人(如适用),在后者的情况下,反担保人应立即告知指示方。

Article 26　Force majeure

第 26 条　不可抗力

a. In this article, "force majeure" means acts of God, riots, civil commotions, insurrections, wars, acts of terrorism or any causes beyond the control of the guarantor or counter-guarantor that interrupt its business as it relates to acts of a kind subject to these rules.

a. 本条所述的"不可抗力"系指导致担保人或反担保人中断与本规则所规定的相关行为营业活动的天灾、暴动、骚乱、叛乱、恐怖主义等行为或者任何担保人或反担保人无法控制的原因。

b. Should the guarantee expire at a time when presentation or payment under that guarantee is prevented by force majeure:

b. 如果在不可抗力引起保函项下交单或付款中断的期间该保函到期:

i. each of the guarantee and any counter-guarantee shall be extended for a period of 30 calendar days from the date on which it would otherwise have expired, and the guarantor shall as soon as practicable inform the instructing party or, in the case of a counter-guarantee, the counter-guarantor, of the force majeure and the extension, and the counter-guarantor shall so inform the instructing party;

i. 每一份保函和任何反担保函将有从其到期之日起为期 30 个日历日的展期,担保人应在实际可行时告知指示方或者反担保人(如有反担保函)不可抗力和展期的情况,反担保人亦应如此通知指示方;

ii. the running of the time for examination under article 20 of a presentation made but not yet examined before the force majeure shall be suspended until the resumption of the guarantor's business; and

ii. 在不可抗力发生前所做但是尚未审核的交单,第 20 条所规定的审核时间将被暂停计算,直到担保人恢复营业;及

iii. a complying demand under the guarantee presented before the force majeure but not paid because of the force majeure shall be paid when the force majeure ceases even if that guarantee has expired, and in this situation the guarantor shall be entitled to present a demand under the counter-guarantee within 30 calendar days after cessation of the force majeure even if the counter-guarantee has expired.

iii. 在不可抗力发生前提交但是尚未支付的保函项下相符索偿要求将在不可抗力结束后支付,即使保函此时已经到期;在这种情况下,担保人将有权在不

可抗力结束后30个日历日内提交反担保函项下的索偿要求,即使反担保函此时已经到期。

c. Should the counter-guarantee expire at a time when presentation or payment under that counter-guarantee is prevented by force majeure：

c. 如果在不可抗力引起反担保函项下交单或付款中断的期间该反担保函到期：

i. the counter-guarantee shall be extended for a period of 30 calendar days from the date on which the counter-guarantor informs the guarantor of the cessation of the force majeure. The counter-guarantor shall then inform the instructing party of the force majeure and the extension；

i. 反担保函将有从反担保人告知担保人不可抗力结束之日起为期30个日历日的展期,反担保人随后应通知指示方不可抗力和展期的情况；

ii. the running of the time for examination under article 20 of a presentation made but not yet examined before the force majeure shall be suspended until the resumption of the counter-guarantor's business； and

ii. 在不可抗力发生前所做但是尚未审核的交单,第20条所规定的审核时间将被暂停计算,直到反担保人恢复营业；及

iii. a complying demand under the counter-guarantee presented before the force majeure but not paid because of the force majeure shall be paid when the force majeure ceases even if that counter-guarantee has expired.

iii. 在不可抗力发生前提交但是尚未支付的反担保函项下相符索偿要求将在不可抗力结束后支付,即使反担保函此时已经到期。

d. The instructing party shall be bound by any extension, suspension or payment under this article.

d. 指示方将受本条项下的任何展期、暂停或支付的约束。

e. The guarantor and the counter-guarantor assume no further liability for the consequences of the force majeure.

e. 担保人和反担保人对于不可抗力引起的后果不承担责任。

Article 27 Disclaimer on effectiveness of documents

第 27 条 关于单据有效性的免责

The guarantor assumes no liability or responsibility for:

对以下情况,担保人不承担任何责任或义务:

a. the form, sufficiency, accuracy, genuineness, falsification, or legal effect of any signature or document presented to it;

a. 任何签字或单据的形式、充分性、准确性、真实性、虚假性或法律有效性;

b. the general or particular statements made in, or superimposed on, document presented to it;

b. 单据中规定的或添加的一般或特殊条件;

c. the description, quantity, weight, quality, condition, packing, delivery, value or existence of the goods, services or other performance or data represented by or referred to in any document presented to it; or

c. 任何单据中对货物、服务或其他履约行为的描述、数量、重量、品质、状况、包装、交付、价值或存在与否,或单据中其他数据或援引的内容;

d. the good faith, acts, omissions, solvency, performance or standing of any person issuing or referred to in any other capacity in any document presented to it.

d. 单据的出单人或单据援引的任何其他身份的人,他们的诚信、作为、不作为、偿付能力、履约情况或资信情况。

Article 28 Disclaimer on transmission and translation

第 28 条 关于传递和翻译的免责

a. The guarantor assumes no liability or responsibility for the consequences of delay, loss in transit, mutilation or other errors arising in the transmission of any document, if that document is transmitted or sent according to the requirements stated in the guarantee, or when the guarantor may have taken the initiative in the choice of the delivery service in the absence of instructions to that effect.

a. 如果单据的传递或者发送符合保函的规定,或者因保函未做递送指示获得担保人可以自主选择递送服务时,对于单据在传递过程中的延误、丢失、残缺或其他错误引起的任何后果,担保人不承担任何责任或义务。

b. The guarantor assumes no liability or responsibility for errors in translation or interpretation of technical terms and may transmit all or any part of the guarantee text without translating it.

b. 担保人对技术术语的翻译或解释上的错误不承担任何责任或义务,并且可以不加翻译地传递保函的全部或者任何部分文本。

Article 29　Disclaimer for acts of another party

第 29 条　关于其他当事方行为的免责

A guarantor using the services of another party for the purpose of giving effect to the instructions of an instructing party or counter-guarantor does so for the account and at the risk of that instructing party or counter-guarantor.

为了执行指示方或反担保人的指示,担保人利用了其他当事方的服务,其费用和风险由指示方或反担保人承担。

Article 30　Limits on exemption from liability

第 30 条　责任豁免的限度

Articles 27 to 29 shall not exempt a guarantor from liability or responsibility for its failure to act in good faith.

第 27 条至第 29 条不能豁免担保人因未能善意行事引起的责任或义务。

Article 31　Indemnity for foreign laws and usages

第 31 条　外国法律和惯例的补偿

The instructing party or, in the case of a counter-guarantee, the counter-guarantor, shall indemnify the guarantor against all obligations and responsibilities imposed by foreign laws and usages, including where those foreign laws and usages impose terms into the guarantee or the counter-guarantee that override its specified terms. The instructing party shall indemnify the counter-guarantor that has indemnified the guarantor under this article.

指示方或反担保人(如有反担保函)应补偿担保人被外国法律和惯例所加诸的所有义务和责任,包括外国法律和惯例强制加入凌驾于保函或反担保函所规定的条款之上的条款。指示方应补偿反担保人已经依据本条对担保人所做的补偿。

Article 32 Liability for charges

第32条 关于费用的责任

a. A party instructing another party to perform services under these rules is liable to pay that party's charges for carrying out its instructions.

a. 指示另一方履行本规则项下服务的一方有责任负担被指示方执行指示产生的费用。

b. If a guarantee states that charges are for the account of the beneficiary and those charges cannot be collected, the instructing party is liable to pay those charges. If a counter-guarantee states that charges relating to the guarantee are for the account of the beneficiary and those charges cannot be collected, the counter-guarantor remains liable to the guarantor, and the instructing party to the counter-guarantor, to pay those charges.

b. 如果保函规定费用由受益人承担,而这些费用未能被收取,指示方有责任支付这些费用。如果反担保函规定与保函相关的费用由受益人承担,而这些费用未能被收取,反担保人仍然有责任向担保人、反担保函的指示方支付这些费用。

c. Neither the guarantor nor any advising party should stipulate that the guarantee, or any advice or amendment of it, is conditional upon the receipt by the guarantor or any advising party of its charges.

c. 担保人和任何通知方都不应规定保函、任何通知或保函修改以担保人和任何通知方收到费用为条件。

Article 33　Transfer of guarantee and assignment of proceeds

第33条　保函的转让和款项让渡

a. A guarantee is transferable only if it specifically states that it is “transferable”, in which case it may be transferred more than once for the full amount available at the time of transfer. A counter-guarantee is not transferable.

a. 只有在特别说明其是“可转让”时，保函才是可以转让的，在此情况下保函可以按照全部可使用金额转让多次。反担保函是不可以转让的。

b. Even if a guarantee specifically states that it is transferable, the guarantor is not obliged to give effect to a request to transfer that guarantee after its issue except to the extent and in the manner expressly consented to by the guarantor.

b. 即使保函特别说明其是可以转让的，除非担保人对转让的范围和方式明确表示同意，否则担保人没有义务在保函开立后执行有关转让保函的要求。

c. A transferable guarantee means a guarantee that may be made available by the guarantor to a new beneficiary (“transferee”) at the request of the existing beneficiary (“transferor”).

c. 可转让保函意指可以被担保人在既有的受益人(“转让人”)要求之下转给新的受益人(“受让人”)兑用的保函。

d. The following provisions apply to the transfer of a guarantee:

d. 以下规定适用于保函的转让：

i. a transferred guarantee shall include all amendments to which the transferor and guarantor have agreed as of the date of transfer; and

i. 已转让的保函包括转让人和担保人到转让当日为止已经同意的所有修改；及

ii. a guarantee can only be transferred where, in addition to the conditions stated in paragraphs (a), (b) and (d)(i) of this article, the transferor has provided a signed statement to the guarantor that the transferee has acquired the transferor's rights and obligations in the underlying relationship.

ii. 除本条(a)款、(b)款和(d)款(i)项的规定之外，只有转让人已经向担保人提供了说明受让人已经获得了基础关系项下权利和义务的已签署的声明时，保函才可以被转让。

e. Unless otherwise agreed at the time of transfer, the transferor shall pay all charges incurred for the transfer.

e. 除非在转让时另有约定，转让人将支付所有的转让费用。

f. Under a transferred guarantee, a demand and any supporting statement shall be signed by the transferee. Unless the guarantee provides otherwise, the name and the signature of the transferee may be used in place of the name and signature of the transferor in any other document.

f. 在已转让的保函项下，索偿要求和任何支持声明将由受让人签署。除非保函另有规定，其他单据上可以用受让人的名称和签字替代转让人的名称和签字。

g. Whether or not the guarantee states that it is transferable, and subject to the provisions of the applicable law:

g. 无论保函是否说明其可转让，都可以根据适用的法律规定：

i. the beneficiary may assign any proceeds to which it may be or may become entitled under the guarantee;

i. 受益人可以让渡保函项下其可能有权或可能成为有权获得的款项；

ii. however, the guarantor shall not be obliged to pay an assignee of these proceeds unless the guarantor has agreed to do so.

ii. 但是除非担保人已经同意，否则其没有义务必须支付这些款项给受让人。

Article 34 Governing law

第 34 条 管辖法律

a. Unless otherwise provided in the guarantee, its governing law shall be that of the location of the guarantor's branch or office that issued the guarantee.

a. 除非保函另有规定，否则其适用的法律应当是担保人开立保函的分支机构所在地点的法律。

b. Unless otherwise provided in the counter-guarantee, its governing law shall be that of the location of the counter-guarantor's branch or office that issued the counter-guarantee.

b. 除非反担保函另有规定,否则其适用的法律应当是反担保人开立反担保函的分支机构所在地点的法律。

Article 35 Jurisdiction

第 35 条 司法管辖权

a. Unless otherwise provided in the guarantee, any dispute between the guarantor and the beneficiary relating to the guarantee shall be settled exclusively by the competent court of the country of the location of the guarantor's branch or office that issued the guarantee.

a. 除非保函另有规定,任何担保人和受益人之间与保函有关的争议,应由担保人开立保函的分支机构所在地点的国家有管辖权的法院排他性地解决。

b. Unless otherwise provided in the counter-guarantee, any dispute between the counter-guarantor and the guarantor relating to the counter-guarantee shall be settled exclusively by the competent court of the country of the location of the counter-guarantor's branch or office that issued the counter-guarantee.

b. 除非反担保函另有规定,任何反担保人和担保人之间与反担保函有关的争议,应由反担保人开立反担保函的分支机构所在地点的国家有管辖权的法院排他性地解决。

后　　记

独立保函纠纷相关问题的裁判是金融司法审判实务的难点之一。为促进独立保函纠纷裁判标准统一,上海金融法院银行业法官专业委员会于 2020 年成立独立保函纠纷研究小组,梳理难题,查找案例,逐一解析。经过了两年多的心血与努力,分头撰写并多次讨论修改,最终形成了本书。在研讨撰写中,研究小组经历了从有所困惑到逐步释疑的过程,在研究类案的过程中,对涉及独立保函的相关国内外案件进行分析,对立法目的、司法解释立场以及审判思路有了更深刻的领悟。

本书系《金融类案诉讼争点与裁判指引》系列丛书的第一册,从独立保函纠纷的立案管辖为始,涉及准据法、独立性的识别、独立保函的效力、欺诈、付款、转让、追偿等多方面问题,并囊括相关问题的诉讼争点、裁判指引、相关规定及典型案例。本书写作的初始目的是让法官在遇到独立保函纠纷时能够尽快识别具体问题和明确审判思路。当然,律师、企业法务工作者亦可以通过研究本书,充分了解交易中使用独立保函的全过程以及每一环节可能遇见的问题与风险,提前做好应对与防范措施,也可在此类纠纷发生时及时制定解决方案,并对法院裁判结果形成预判。此外,鉴于独立保函纠纷作为中国企业涉外领域的常见纠纷之一,本书希望能从类案分析、实证分析的角度,为推动涉外法治建设贡献自己的绵薄之力。

本书的写作分工如下:

第一章由朱婧婧撰写;第二章由符望撰写;第三章由虞憬、黄婧共同撰写;第四章由虞憬撰写;第五章由周荃撰写;第六章由朱婧婧撰写;第七章由朱婧婧撰写；第八章由黄婧撰写；第九章由周荃撰写；第十章由符望撰写；第十一章由符望、朱婧婧共同撰写。

全书由林晓镍、符望统稿审定。

在本书写作和论证研讨过程中，得到了法官同行和其他法律界专家的指导和帮助，他们在本书撰写过程中提出了不少宝贵意见，在此表示感谢。但因学识所限，书中难免有错漏不当之处，恳请各位读者批评指正。

编者

2023 年 3 月